Speth
(Hrsg.)

Wirtschaft
für das kaufmännische Berufskolleg II
Wirtschaftsassistentin/Wirtschaftsassistent

Speth
(Hrsg.)

Wirtschaft

für das kaufmännische Berufskolleg II
Wirtschaftsassistentin/Wirtschaftsassistent

Merkur
Verlag Rinteln

Wirtschaftswissenschaftliche Bücherei für Schule und Praxis
Begründet von Handelsschul-Direktor Dipl.-Hdl. Friedrich Hutkap †

Herausgeber:

Dr. Hermann Speth

Verfasser:

Dr. Hermann Speth, Dipl.-Hdl., Wangen im Allgäu

Dr. Eberhard Boller, Dipl.-Hdl., Siegen

Gernot B. Hartmann, Dipl.-Hdl., Emmendingen

Friedrich Härter, Dipl.-Volkswirt, Sexau

* * * * *

4. Auflage 2013

Gesamtherstellung:
MERKUR VERLAG RINTELN Hutkap GmbH & Co. KG, 31735 Rinteln

E-Mail: info@merkur-verlag.de
lehrer-service@merkur-verlag.de

Internet: www.merkur-verlag.de

ISBN 978-3-8120-**0584-5**

Vorwort

Dieses Lehrbuch umfasst alle im Lehrplan „Wirtschaft (Wahlfach), Zusatzprogramm zum Erwerb des Abschlusses *Staatlich geprüfter Wirtschaftsassistent/Staatlich geprüfte Wirtschaftsassistentin*" für

- das kaufmännische Berufskolleg II,
- das kaufmännische Berufskolleg Fremdsprachen (Schuljahr 2),
- das kaufmännische Berufskolleg Wirtschaftsinformatik (Schuljahr 2)

des Landes Baden-Württemberg geforderten Lerngebiete und Lerninhalte.

Für Ihre Arbeit mit dem vorgelegten Lehrbuch möchten wir auf Folgendes hinweisen:

- Das Buch hat mehrere Zielsetzungen. Es soll Ihnen
  - alle Informationen liefern, die zur Erarbeitung des Lernstoffs notwendig sind;
  - dabei helfen, die im Lehrplan enthaltenen Lerninhalte in Allein-, Partner- oder Teamarbeit zu erarbeiten, Entscheidungen zu treffen, diese zu begründen und über die Ergebnisse verbal oder schriftlich zu berichten;
  - fächerübergreifende Zusammenhänge näherbringen.
- Die Lerninhalte werden zu klar abgegrenzten Einheiten zusammengefasst, die sich in die Bereiche Stoffinformation, Zusammenfassungen und Übungsaufgaben aufgliedern. Viele Merksätze, Beispiele und Schaubilder veranschaulichen die praxisbezogenen Lerninhalte.
- Fachwörter, Fachbegriffe und Fremdwörter werden grundsätzlich im Text oder in Fußnoten erklärt.
- Ein ausführliches Stichwortverzeichnis hilft Ihnen dabei, Begriffe und Erläuterungen schnell aufzufinden.

Wir wünschen Ihnen einen guten Lehr- und Lernerfolg!

Die Verfasser

Inhaltsverzeichnis

Lehrplaneinheit 1: Analyse mikroökonomischer Prozesse

Lehrplaneinheit 2: Rechtsformen der Unternehmen

Lehrplaneinheit 3: Unternehmensbezogene Finanzierungsarten

Lehrplaneinheit 1: Analyse mikroökonomischer Prozesse

1 Handlungen unterschiedlicher Wirtschaftssektoren analysieren

1.1 Bedürfnisse

1.1.1 Begriff Bedürfnisse

Der Mensch hat zahlreiche Bedürfnisse. Wenn er Durst hat, hat er das Bedürfnis zu trinken. Hat er Hunger, will er essen. Friert er, wird in ihm der Wunsch nach warmer Kleidung und/oder nach einer Behausung wach. Die Reihe der Beispiele ließe sich beliebig fortsetzen. Um noch ein nicht körperliches Bedürfnis zu nennen: Ist es dem Menschen langweilig, hat er z.B. den Wunsch, sich zu unterhalten oder sich unterhalten zu lassen. Er möchte z.B. ein Buch lesen, eine CD hören, ins Kino gehen oder ein Konzert besuchen.

Merke:

Unter **Bedürfnissen** versteht man Mangelempfindungen der Menschen, die diese zu beheben bestrebt sind. Die Bedürfnisse sind die Antriebe (Motive) für das wirtschaftliche Handeln der Menschen.

1.1.2 Arten der Bedürfnisse (Auswahl)

(1) Gliederung der Bedürfnisse nach der Dringlichkeit

Die wichtigste Unterscheidung der Bedürfnisse ist die nach ihrer Dringlichkeit.

Arten der Bedürfnisse	Erläuterungen	Beispiele
Existenzbedürfnisse	Sie sind körperliche Bedürfnisse. Sie müssen befriedigt werden: Ihre Befriedigung ist lebensnotwendig.	Hunger; Durst; das Bedürfnis, sich vor Kälte schützen zu wollen.
Kulturbedürfnisse	Sie entstehen mit zunehmender kultureller, also auch technischer, wirtschaftlicher oder künstlerischer Entwicklung, weil die Ansprüche, die der Einzelne an das Leben stellt, wachsen.	Sich modisch kleiden wollen; der Wunsch nach einer Ferienreise; ein eigenes Auto fahren wollen.
Luxusbedürfnisse	Es handelt sich um Bedürfnisse auf Sachgüter oder Dienstleistungen, die sich in einer bestimmten Gesellschaft nur wenige Begüterte leisten können.	Modellkleider, eine Villa mit Schwimmbecken und/oder eine Segeljacht besitzen wollen.

Eine genaue Abgrenzung zwischen Kultur- und Luxusbedürfnissen ist nicht möglich. Gemeinsam ist ihnen, dass ihre Befriedigung **nicht** unbedingt lebensnotwendig ist.

(2) Gliederung der Bedürfnisse nach dem Bedürfnisträger

Die Bedürfnisse können auch danach gegliedert werden, ob ein Bedürfnis eher von einer einzelnen Person ausgeht oder ob Mitglieder einer Gesellschaft gemeinsam (kollektiv)[1] dieses Bedürfnis äußern.

Arten der Bedürfnisse	Erläuterungen	Beispiele
Individualbedürfnisse[1]	Sie richten sich auf Güter, die der Einzelne für sich allein (bzw. innerhalb seiner Familie, d.h. seines privaten Haushalts) konsumieren kann.	Die Wünsche, Brot zu essen, Getränke zu sich zu nehmen, ein eigenes Auto zu besitzen.
Kollektivbedürfnisse[2]	Sie werden mit Gütern befriedigt, die allen Mitgliedern der Gesellschaft zur Nutzung zur Verfügung stehen sollten.	Wünsche, auf einer Landstraße Motorrad zu fahren, ein öffentliches Verkehrsmittel zu benutzen, seine Kinder in eine öffentliche Schule zu schicken; das Bedürfnis, in einer sauberen Umwelt zu leben.

Mit zunehmender Industrialisierung ist zu beobachten, dass die Kollektivbedürfnisse wachsen. Die Ansprüche an den Staat werden immer umfangreicher (z.B. Forderungen nach besseren Schulen, mehr Universitäten, mehr Umweltschutz, bessere Krankenhäuser). Allerdings ist damit nicht gesagt, dass nur der Staat in der Lage sei, Kollektivbedürfnisse zu befriedigen. Die Bereitstellung von kollektiv genutzten Gütern kann auch durch private Unternehmen erfolgen (z.B. private Autobahnen, private Telefon- und Eisenbahnnetze, private Universitäten).

(3) Bedürfnispyramide nach Maslow

Der Mensch wird, wenn er vernünftig (rational) handelt, zunächst die Bedürfnisse zu befriedigen suchen, die ihm am dringlichsten erscheinen. Der amerikanische Psychologe Abraham Maslow hat deshalb das Konzept einer Bedürfnispyramide entwickelt. Nach Maslow wird der Wunsch zur Befriedigung der Bedürfnisse einer höheren Pyramidenstufe erst dann erreicht, wenn die Bedürfnisse der Vorstufe weitestgehend befriedigt sind.

A. Maslow

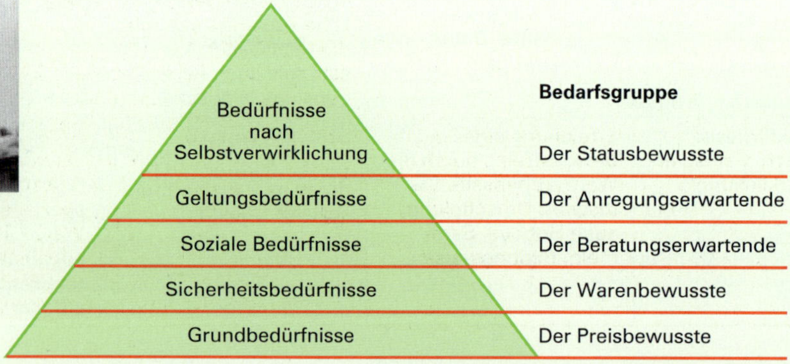

1 Individualbedürfnisse: Bedürfnisse des Einzelnen (von Individuum: Einzelwesen).
2 Kollektiv: Gesamtheit, Gemeinschaft.

Beispiel:

Ein Schüler kauft einen Pullover und erfüllt damit ein **Grundbedürfnis,** weil er nicht frieren möchte. Fordert er bewusst eine gute Faserqualität, so erreicht er damit das **Sicherheitsbedürfnis.** Mit der Auswahl von Farbe und Design befriedigt er das **soziale Bedürfnis** und zum Teil das Geltungsbedürfnis. Beim Einkauf erwartet er Beratung und Anregung zum Kombinieren mit Hemd, Krawatte, Tuch und befriedigt damit sein **Geltungsbedürfnis.** Indem er eine besondere Marke kauft (der Pullover trägt das Label einer Premiummarke) in der Absicht, einen Lebensstil zu erreichen, wird ein Statuskauf vorgenommen. So trägt der Pullover durch die Selbststilisierung zur **Selbstverwirklichung** bei.

Den Zusammenhang zwischen der Bedürfnispyramide nach Maslow, der Bedarfsgruppe und Erwartungen der Bedarfsgruppe am Beispiel des Einkaufens zeigt die nachfolgende Tabelle auf:

Pyramidenstufe	Bedürfnisse der Stufe	Charakterisierung der Bedarfspyramide	Erwartungen der Bedarfsgruppe an das Geschäft
Grundbedürfnisse	Zum Hungerstillen, zum Durststillen, sich kleiden, wohnen, sich pflegen, sich informieren.	**Preisbewusste:** Schnell und unkompliziert einkaufen können.	Korrektes Angebot, preiswerte Waren im Sortiment und hilfsbereite Mitarbeiter, Informationen.
Sicherheitsbedürfnisse	Ausbildung, Vorräte sammeln, Vorsorge, Gesundheit, Gebrauchssicherheit der Ware.	**Qualitätsbewusste:** Das Suchen nach Qualität und Auswahl, die Warenkenntnis wird ständig erweitert.	Markenprodukte, eine gute Auswahl im Sortiment und Fachkompetenz der Mitarbeiter.
Soziale Bedürfnisse	Beratung, kundenorientiertes Sortiment, besonders für Kinder, behindertengerecht.	**Beratungserwartende:** Kontaktbedürfnisse, eine fachkompetente Bedienung und Service sind hier gefragt.	Erklärbereitschaft, großes Fachsortiment, beratungswillige Mitarbeiter.
Geltungsbedürfnisse	Atmosphäre, Anerkennung beim Einkaufen.	**Anregungserwartende:** Hier wird Anerkennung erwartet, die persönliche Ansprache durch die Mitarbeiter, Verständnis auch für ausgefallene Wünsche.	Spitzenprodukte im Sortiment und eine individuelle Betreuung.
Bedürfnisse nach Selbstverwirklichung	Erreichung eines neuen Bewusstseins durch die Ware, Lebensstil, Statuswert, Umschulung, auch Hobbys, Sammeln, Bildungsreisen.	**Statusbewusste:** Hohe Ansprüche, Produkte mit geistiger und sozialer Qualität.	Anregungen zur Selbstverwirklichung und Selbststilisierung, spezielle Auswahl an Waren, besonders engagierte, kompetente und dialogfreudige Mitarbeiter.

1.2 Bedarf

Bedürfnisse hat jeder Mensch. Ob er sie alle befriedigen kann, hängt in der Regel von seinem Vermögen und/oder von seinem Einkommen (Gehalt, Lohn, Rente, Pension, Arbeitslosengeld usw.), also der **Kaufkraft** ab.

Merke:

Die mit Kaufkraft versehenen Bedürfnisse bezeichnet man als **Bedarf**.

Beispiel:

Der 17-jährige Philipp, der sein monatliches Taschengeld schon aufgebraucht hat, würde sich gerne den neuesten James-Bond-Film im Kino ansehen. Leider bleibt dieser Wunsch zunächst ein Bedürfnis. Erst wenn er zu Beginn des neuen Monats von seinen Eltern seine 50,00 EUR Taschengeld erhält, könnte er sich den Film im Kino anschauen. Das Bedürfnis wird nunmehr zum konkreten Bedarf.

Welcher Teil der mannigfaltigen Bedürfnisse des Einzelnen zum Bedarf wird, setzt voraus, dass sich der Mensch **entscheiden** muss, welche der Bedürfnisse er sich erfüllen möchte. Diese Entscheidung, welche seiner vielen Bedürfnisse er **zuerst** befriedigt, welche später und auf welche er wegen fehlender (finanzieller) Mittel vielleicht ganz verzichtet, ist nicht einfach.

Im Allgemeinen versucht er deshalb, die vorhandenen Bedürfnisse nach **Dringlichkeit** geordnet in eine **Reihenfolge** zu bringen, um diese Wahlentscheidung treffen zu können. Ziel ist es, mit den vorhandenen (finanziellen) Mitteln einen möglichst großen **Nutzen,** also einen möglichst hohen **Grad an Bedürfnisbefriedigung,** zu erzielen. Der Einzelne versucht somit für sein Geld möglichst **viele** Güter zu bekommen und dadurch entsprechend viele seiner vorhandenen Bedürfnisse zu befriedigen.

1.3 Nachfrage

Merke:

Die **Nachfrage** ist der **Teil des Bedarfs** an Gütern und Dienstleistungen, der **tatsächlich** am Markt **nachgefragt** wird.

Der Bedarf muss nicht in vollem Umfang mit der am Markt tatsächlich nachgefragten Gütermenge übereinstimmen, da unterschiedliche Gründe dazu führen können, dass Güter, die in den Bedarfskreis des Einzelnen fallen, letztlich nicht nachgefragt werden.

Beispiel:

Der Schüler Carsten Clever verspürt in der ersten Pause großen Hunger auf eine Pizzaschnecke, ein Eis und Schokolade.

An der Preistafel des Schulkiosks informiert er sich über das aktuelle Angebot.

Bei Durchsicht seiner Geldbörse stellt er allerdings fest, dass er nur über 1,80 EUR Bargeld verfügt, sodass er nicht alle seine Bedürfnisse mit den ihm zur Verfügung stehenden finanziellen Mitteln befriedigen kann. Zwar könnte er sich theoretisch zwei Schokoriegel und eine Eiskugel kaufen, aufgrund der nach seinem Empfinden zu hohen Preisforderung für eine Eiskugel entscheidet er sich jedoch für drei Schokoriegel, sodass ihm 0,30 EUR verbleiben. Der Bedarf, also die mit Kaufkraft ausgestatteten Bedürfnisse, wurde nicht in vollem Umfang als Nachfrage am Markt (Schulkiosk) wirksam.

Preisliste

Kakao	0,60 EUR	Pizzaschnecke	2,50 EUR
Kaffee	0,75 EUR	Kleiner Salat	2,75 EUR
Limonade	0,90 EUR	Müsliriegel	0,60 EUR
Orangensaft	1,10 EUR	Schokoriegel	0,50 EUR
belegte Brötchen	0,75 EUR	Eiskugel	0,80 EUR
Nussecke	1,25 EUR		

1.4 Güter

1.4.1 Begriff Güter

Bedürfnisse wollen befriedigt werden. Wer Hunger hat, braucht Nahrung. Wer Durst hat, braucht Getränke, um seinen Durst zu stillen. Wer friert, braucht Kleidung. Wer Neues wissen will, braucht Informationen (z.B. eine Zeitung, das Internet). Und wer krank ist, braucht eine ärztliche Beratung. Der Gebrauch oder Verbrauch aller Sachen und Dienstleistungen, die der Bedürfnisbefriedigung dienen, erhöht das Wohlbefinden des Menschen. Man sagt, dass die Bedürfnisbefriedigung „Nutzen" stiftet.

Merke:

Die Mittel, die dem Menschen Nutzen stiften, heißen **Güter**.

1.4.2 Arten der Güter

(1) Freie Güter und wirtschaftliche Güter

Freie Güter. Die freien Güter, d.h. solche, die in unbeschränktem Maße zur Verfügung stehen (z.B. Luft, Sonnenstrahlen, Meerwasser), können von jedem Menschen nach Belieben in Anspruch genommen werden. Sie sind nicht Gegenstand des Wirtschaftens. Allerdings ist zu bemerken, dass sich die Zahl der freien Güter durch den Raubbau an der Natur (Vernichtung der Tierwelt, Verschmutzung der Binnengewässer, der Meere und der Luft) immer mehr verringert. Die ehemals freien Güter werden zu wirtschaftlichen Gütern und es gilt, sie mit Verstand (rational) zu verwalten und zu verteilen.

Beispiel:

Zwischen den Begriffen **Knappheit** und **Seltenheit** besteht ein Unterschied. Malt der Sonntagsmaler Fröhlich z.B. ein Bild, so besteht dieses Bild nur ein Mal auf der Welt. Das Bild ist „selten". Will indessen kein Mensch dieses Bild haben, geschweige denn kaufen, ist das Bild nicht knapp. Knappheit liegt nur vor, wenn die Bedürfnisse nach bestimmten Gütern größer sind als die Zahl dieser verfügbaren Güter.

Wirtschaftliche Güter. Die meisten Güter, die der Mensch benötigt, stellt die Natur nur beschränkt zur Verfügung, d.h., sie sind knapp. Mit knappen Gütern muss gewirtschaftet werden. Sie sind dann wirtschaftliche Güter. Sie werden am Markt angeboten und erzielen einen Preis. Die menschliche Bedürfnisbefriedigung richtet sich vor allem auf die knappen Güter.

(2) Sachgüter (materielle Güter), Dienstleistungen und Rechte (immaterielle Güter)

Die Güter können **Sachgüter** (z.B. Lebensmittel, Kleidung, Fahrzeug), **Dienstleistungen** (z.B. Unterricht, Beratung durch einen Rechtsanwalt, Durchführung eines Dauerauftrags durch die Bank) oder **Rechte** (z.B. Planung, Gebrauchsmuster, Firmenwert) sein.

Dienstleistungen und Rechte kann man unter dem Oberbegriff **„immaterielle Güter"** zusammenfassen, Sachgüter stellen **materielle Güter** dar.

(3) Konsumgüter und Produktionsgüter

Arten der Güter	Erläuterungen	Beispiele
Konsumgüter[1]	Das sind Güter, die der unmittelbaren Bedürfnisbefriedigung dienen. Man spricht deshalb auch von **Gegenwartsgütern.**	Laptop, eine Tafel Schokolade, Smartphone, eine Kiste Mineralwasser.
Produktionsgüter	Das sind Güter, die zur Produktion von Wirtschaftsgütern benötigt werden. Weil die Produktionsgüter letztlich der Erzeugung von Konsumgütern dienen sollen, heißen sie auch **Zukunftsgüter.**	Rohstoffe, Fabrikgebäude, Verwaltungsgebäude, maschinelle Anlagen, Transportanlagen, Werkzeuge.

1.5 Ökonomisches Prinzip

(1) Notwendigkeit des wirtschaftlichen Handelns

Den unbegrenzten Bedürfnissen des Menschen stehen nur begrenzte Mittel (knappe Güter) gegenüber. Aus der Knappheit der Gütervorräte folgt, dass der Mensch bestrebt sein muss, mit den vorhandenen Gütern vernünftig (z.B. sparsam) umzugehen, um die bestmögliche Bedürfnisbefriedigung zu erzielen. Der Mensch ist gezwungen zu wirtschaften.

Unbegrenzte Bedürfnisse

Knappe Güter

— Lösung → Wirtschaftliches Handeln

1 Konsumieren: verzehren.

Merke:

- Unter **Wirtschaften** versteht man ein planvolles menschliches Handeln, um eine optimale Bedürfnisbefriedigung zu erreichen.
- Sind die Bedürfnisse größer als die Gütermenge, die zu ihrer Befriedigung bereitsteht, liegt **Knappheit** vor.

(2) Begriff ökonomisches Prinzip

Bei vernünftigem (rationalem) Verhalten erfolgt das Bewirtschaften der knappen Güter nach dem so genannten **ökonomischen Prinzip.** Zur Umsetzung des wirtschaftlichen Handelns sind zwei Handlungsmöglichkeiten denkbar:

Maximalprinzip

Das **Maximalprinzip** besagt: Mit den **gegebenen Mitteln** ist der **größtmögliche (maximale) Erfolg (Nutzen)** anzustreben.

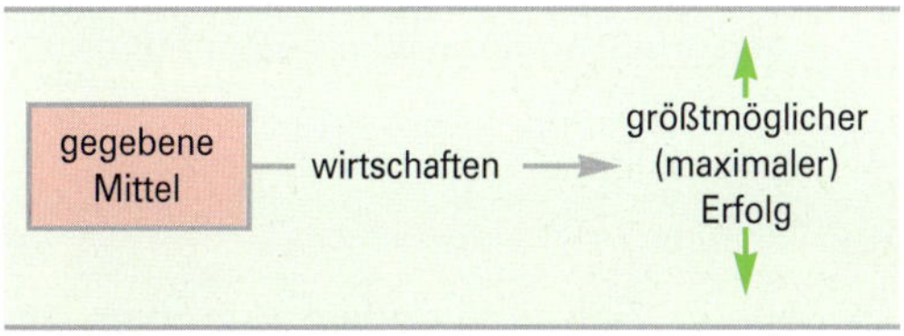

Beispiel:

Das Lebensmittelhaus Hans Wetzel e.Kfm. setzt sich zum Ziel, mit der vorhandenen Anzahl an Mitarbeitern den größtmöglichen Gewinn zu erzielen.

Minimalprinzip

Das **Minimalprinzip** besagt: Einen **geplanten Erfolg** (Nutzen) mit dem **geringsten (minimalen) Einsatz an Mitteln** zu erreichen.

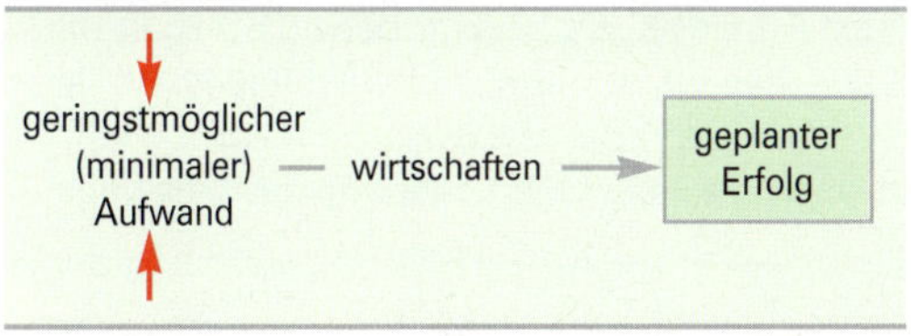

Beispiel:

Eine Fast-Food-Kette möchte die Umsatzerlöse des vergangenen Jahres beibehalten. Zugleich soll allerdings die Mitarbeiterzahl drastisch reduziert werden.

Unsinnig, d.h. logisch nicht umsetzbar, wäre die Formulierung des ökonomischen Prinzips dergestalt, dass mit geringstmöglichen Mitteln ein größtmöglicher Erfolg angestrebt werden soll. So ist es beispielsweise undenkbar, ohne jeglichen Lernaufwand alle Prüfungsaufgaben richtig zu beantworten.

(3) Anwendungsbeispiele für das wirtschaftliche Prinzip

Private Haushalte

Ein **privater Haushalt** (z.B. ein einzelner Verbraucher [Einpersonenhaushalt] oder eine Familie [Mehrpersonenhaushalt]) handelt dann nach dem ökonomischen Prinzip, wenn er sein Nettoeinkommen (gegebene Mittel) so verwendet, dass er einen höchstmöglichen Nutzen erzielt **(Nutzenmaximierung)** oder ein geplantes Einkommen mit dem geringstmöglichen Arbeitsaufwand erreichen möchte **(Aufwandsminimierung).**

2 Speth - ISBN 978-3-8120-0584-5

Beispiel:

Kauft eine Person für ihren Haushalt „blindlings“ ein, ohne auf Preise und Qualitäten zu achten, verschwendet sie ihr Haushaltsgeld. Auf diese Weise wird sie für sich und ihre Familie nicht den höchstmöglichen Nutzen erzielen, der mit dem gegebenen Budget (geplante Ausgabensumme) erreichbar wäre. Nach dem ökonomischen Prinzip, und zwar nach dem Maximalprinzip, handelt die Person dann, wenn sie die Preise vergleicht und die jeweils günstigsten Kaufmöglichkeiten wahrnimmt, um so mit dem vorhandenen Budget möglichst viele Güter einkaufen zu können.

Betriebe

Ein **Betrieb** richtet sich dann nach dem ökonomischen Prinzip, wenn er mit den geplanten Kosten je Zeitabschnitt einen größtmöglichen Gewinn zu erzielen trachtet **(Gewinnmaximierung)**. Der Betrieb handelt auch dann nach dem ökonomischen Prinzip, wenn er einen geplanten Gewinn mit dem geringstmöglichen Mitteleinsatz erreichen möchte **(Kostenminimierung)**.

Beispiel:

Ein Handwerksmeister, der nicht darauf achtet, dass sparsam mit Material und sorgfältig mit Maschinen und Werkzeug umgegangen wird, verstößt gegen das ökonomische Prinzip, in diesem Fall gegen das Sparprinzip (Minimalprinzip).

(4) Weitere Prinzipien des Wirtschaftens

Neben dem ökonomischen Prinzip werden in neuerer Zeit auch andere Prinzipien genannt.

- Viele kleinere Betriebe (z.B. Einzelhandelsbetriebe, Handwerker) handeln nach dem **Angemessenheitsprinzip.** Sie sind zufrieden, wenn der Betrieb nach Ansicht der Geschäftsinhaber einen **angemessenen Gewinn** abwirft.
- Das **Humanprinzip** zielt auf den Leistungsfaktor Arbeit ab. Es besagt, dass die Arbeit der **Selbstverwirklichung und -bestätigung** dient und sich unter humanen Bedingungen vollziehen soll.
- Das **Prinzip der geringstmöglichen Umweltbelastung** zielt auf die Schonung des Leistungsfaktors **Natur** (Umwelt) ab.

Zusammenfassung

- Unter **Bedürfnissen** versteht man **Mangelempfindungen** der Menschen, die diese zu beheben bestrebt sind. Die Bedürfnisse sind die **Antriebe** (Motive) für das wirtschaftliche Handeln der Menschen.
- Bedürfnisse lassen sich beispielsweise unterscheiden nach der **Dringlichkeit** oder dem **Bedürfnisträger.**
- Die mit **Kaufkraft** versehenen Bedürfnisse bezeichnet man als **Bedarf.**
- Unter **Nachfrage** versteht man den Teil des Bedarfs, der **tatsächlich** am Markt nachgefragt wird.
- Die Mittel, die dem Menschen **Nutzen** stiften, heißen **Güter.**
- Unter **Wirtschaften** versteht man ein planvolles menschliches Handeln, um eine **optimale** Bedürfnisbefriedigung zu erreichen. Bei derartigem Verhalten erfolgt das Bewirtschaften der knappen Güter nach dem **ökonomischen Prinzip.**

Übungsaufgaben

1

1. Bilden Sie zu der folgenden Aussage vier Beispiele und begründen Sie Ihre Ansicht!

   „Die Feststellung, dass die Bedürfnisse den ganzen wirtschaftlichen Prozess in Gang setzen, ist eine Vereinfachung und wird der heutigen Wirklichkeit nicht voll gerecht. Es ist nicht immer so, dass zuerst Bedürfnisse vorhanden sind und als solche empfunden und dann durch Kaufentschluss und Kaufkraft zur wirksamen Nachfrage werden, dass dann Güter und Mittel produziert werden, um dem Bedürfnis zu entsprechen. Immer häufiger geht die Produktion einfach neue Wege und schafft Güter, für die zunächst keine Nachfrage vorhanden sein kann, weil niemand diese Güter kennt: Die Nachfrage muss vielmehr erst geweckt werden ...“

   (Aus: Störig, Wirtschaft im Entscheidungsbereich, 6. Aufl., Frankfurt/München 1971, S. 27).
2. Nennen Sie je fünf eigene Beispiele für lebensnotwendige und nicht lebensnotwendige Bedürfnisse!
3. Erklären Sie an einem eigenen Beispiel, warum in der Bundesrepublik Deutschland die heutigen Kulturbedürfnisse vor wenigen Jahrzehnten noch Luxusbedürfnisse waren!
4. Erläutern Sie kurz, worin sich die Existenzbedürfnisse von den Kulturbedürfnissen unterscheiden!

2

1. In den Betrieben werden Sachgüter und Dienstleistungen erzeugt.

   Aufgaben:

   1.1 Erläutern Sie, welchem Zweck die Bereitstellung der Güter durch die Volkswirtschaft dient!

   1.2 Ordnen Sie die folgenden Güter den entsprechenden Begriffen zu:
   - Verpackungsmaschine im Verkaufslager,
   - Kacheln für den Swimmingpool eines Privatmannes,
   - Flugreise eines kaufmännischen Angestellten zu einem Badeurlaub,
   - Beratung eines Unternehmers durch den Steuerberater,
   - Kraftstoff für den Betriebs-Lkw,
   - Rennrad einer Verkäuferin zur Freizeitgestaltung,
   - Flasche Apfelsaftschorle.

   Verwenden Sie zur Lösung das nachfolgende Schema:

	Sachgüter und Dienstleistungen	
	für Produktion	für Konsum
Dienstleistungen		
Gebrauchsgut (keine Dienstleistung)		
Verbrauchsgut (keine Dienstleistung)		

2. 2.1 Verdeutlichen Sie, worin sich die freien Güter von den wirtschaftlichen Gütern unterscheiden!

   2.2 Bilden Sie hierzu jeweils zwei Beispiele!
3. Es ist nicht selten, dass ein Gut einmal ein Produktionsgut, einmal ein Konsumgut ist. Beispiel: Strom im Industriebetrieb – Strom im Haushalt.

   Aufgabe:

   Nennen Sie mindestens vier weitere Beispiele!

4. Ordnen Sie folgende Mittel der Bedürfnisbefriedigung den Sachgütern oder den Dienstleistungen zu:

   Nahrungsmittel, Kohle, Arbeitsleistung des Bankangestellten, Gebäude, Auto, Maschinen, Leistungen des Zahnarztes, Kran, Blumenstrauß, Unternehmertätigkeit.

5. Begründen Sie, warum die Luft und das Wasser zunehmend zu wirtschaftlichen Gütern werden!

6. Übertragen Sie das Schaubild in Ihr Hausheft und füllen Sie es mit jeweils zwei Beispielen aus!

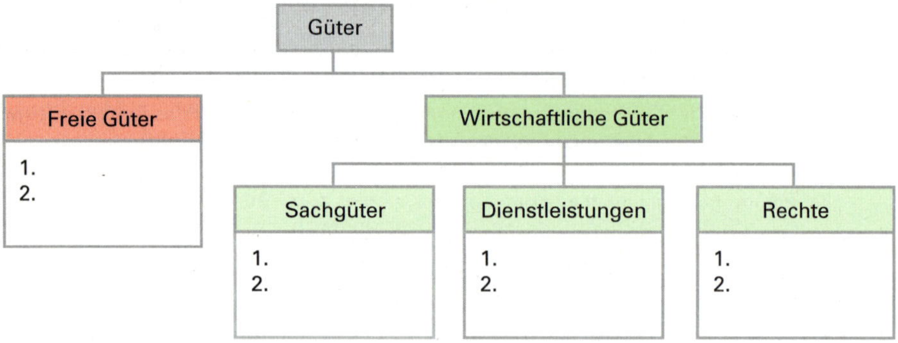

3 **Textauszug:**

„In den hoch industrialisierten Ländern wird zwar der Mensch dazu erzogen, viel zu konsumieren. So hängt sein Sozialprestige, also das Ansehen, das der Einzelne in der Gesellschaft genießt, von dem Konsumstandard ab, den er sich leisten kann. ‚Es verwundert deshalb nicht, wenn der Einzelne durch Steigerung seines Konsums seine soziale Position zu verbessern oder zumindest zu erhalten sucht und wenn auf diese Weise die Bedürfnisse immer schneller steigen ... Es gibt andere Kultursysteme, in denen der Mensch zur Selbstgenügsamkeit erzogen wird. Hier ist keineswegs selbstverständlich, dass die Bedürfnisse mit der Produktion zunehmen'.[1] Aber selbst in den entwickelten Ländern scheint das Wachstum der Bedürfnisse abzuflachen. Wie anders wäre es sonst erklärlich, dass das Problem der Absatzschwierigkeiten und der damit verbundenen Arbeitslosigkeit sich in den Vordergrund schiebt. Die Unternehmen werden gezwungen, den Absatzmarkt planmäßig zu gestalten (Marketing), um ihren Absatz zu sichern und auszuweiten. ‚Es hieße die Augen vor der Wirklichkeit verschließen, wollte man auch hier noch davon sprechen, dass die Bewältigung der Knappheit das einzige und wichtige Problem sei.' "[2]

Aufgaben:

1. Definieren Sie den Begriff Bedürfnis!

2. Teilen Sie die Bedürfnisse

   2.1 nach ihrer Dringlichkeit und

   2.2 nach den gesellschaftlichen Befriedigungsmöglichkeiten ein!

3. Nach weit verbreiteter Auffassung sind die Bedürfnisse der Menschen unbegrenzt. Lesen Sie zunächst den obigen Text durch und nehmen Sie sodann Stellung zu dieser These!

4 1. Nennen Sie zwei eigene Beispiele für das Handeln nach dem ökonomischen Prinzip

   1.1 im privaten Haushalt und

   1.2 im wirtschaftlichen Betrieb!

2. Begründen Sie, warum Minimalprinzip und Maximalprinzip zwei Ausprägungen des wirtschaftlichen Prinzips darstellen!

---

1 KÜLP, B.: Grundfragen der Wirtschaft, S. 49.

2 KÜLP, B.: Grundfragen der Wirtschaft, S. 50.

3. Fräulein Rudolph ist Sekretärin und verdient monatlich 2300,00 EUR netto. Sie legt monatlich 300,00 EUR von vornherein bei ihrer Bank an, den Rest gibt sie für Miete, Lebensmittel, Kleidung, Körperpflege, Genussmittel und Unterhaltung aus. Sie macht regelmäßig Preisvergleiche und informiert sich beim Kauf von Gebrauchsgütern in Verbraucherzeitschriften über Preise und Qualitäten, sodass sie grundsätzlich so preiswert wie möglich kaufen kann.

   Aufgabe:

   Nach welchem Prinzip **und** nach welcher Ausprägungsform dieses Prinzips handelt sie?

   A nach dem wirtschaftlichen Prinzip?
   B nach dem Minimalprinzip?
   C nach dem Maximalprinzip?
   D nach dem Bedarfsprinzip?
   E nach dem Angemessenheitsprinzip?

   Kreuzen Sie die richtige Antwortkombination an! (Falls Ihnen das Buch nur leihweise überlassen wurde, schreiben Sie die Lösungsnummer bitte in Ihr Heft!)

3.1 A, C ①	3.3 A, D ③	3.5 B, E ⑤	3.7 A, E ⑦
3.2 A, B ②	3.4 A, E ④	3.6 B, D ⑥	3.8 D, E ⑧

4. Beurteilen Sie diese Formulierung des ökonomischen Prinzips:

   „Mit möglichst geringem Aufwand an Mitteln soll der größtmögliche Erfolg erzielt werden."!

5. Zwischen dem ökonomischen Prinzip und den Prinzipien der Humanisierung der Arbeit und der Schonung der Natur besteht ein inneres Spannungsverhältnis.

   Aufgaben:

   5.1 Formulieren Sie ein Beispiel, wo es zwischen diesen Prinzipien zu Spannungen kommen kann!

   5.2 Diskutieren Sie die Frage, ob zwischen den drei Prinzipien eine Abstufung nach der Dringlichkeit möglich ist!

1.6 Volkswirtschaftliche Produktionsfaktoren

1.6.1 Begriff Produktionsfaktoren

Das Produzieren im volkswirtschaftlichen Sinn, also das Beschaffen, Erzeugen und Verteilen von Gütern, geht auf die Vereinigung der beiden Grundelemente **Natur**[1] und menschliche **Arbeit** zurück. Diese beiden Grundelemente werden daher auch als **ursprüngliche (originäre) Produktionsfaktoren**[2] bezeichnet.

Merke:

Produktionsfaktoren sind alle Hilfsmittel (Ressourcen), die bei der Produktion mitwirken.

Neben den **originären Produktionsfaktoren Natur** und **Arbeit** setzt der Mensch als weitere Hilfsmittel noch die Produktionsfaktoren **Kapital** und **Bildung** ein, um den Erfolg seiner Arbeit zu erhöhen.

1 Da der Boden bei der Produktion eine ganz wesentliche Rolle spielt, wird in der Volkswirtschaftslehre statt vom Produktionsfaktor „Natur" vom Produktionsfaktor „Boden" gesprochen.

2 Faktor: Mitbewirker, mitbestimmender Grund.

1.6.2 Produktionsfaktor Natur

Merke:

- Der **Produktionsfaktor Natur** umfasst die **Erdoberfläche** und **alle von der Natur bereitgestellten Ressourcen** (z.B. Bodenschätze, Wind, Sonne, Klima, Wasser, Pflanzen, Tiere).
- Der Produktionsfaktor Natur dient dem Menschen als **Anbaufaktor,** als **Abbaufaktor** und als **Standortfaktor.**

Anbaufaktor	Die Natur liefert uns den **Boden,** die **Luft,** das **Wasser** und die **Sonnenenergie.** Vor allem der Boden dient der Produktion auf vielfache Weise. In der landwirtschaftlichen Produktion ist er Anbaufaktor, indem mit seiner Hilfe Nahrungsmittel (z.B. Getreide) oder Rohstoffe (z.B. Baumwolle) hervorgebracht werden. Der Boden liefert der Forstwirtschaft den wichtigen Rohstoff Holz (z.B. zur Herstellung von Möbeln, Baumaterialien oder Papier).
Abbaufaktor	Zugleich ist der Boden ein Abbaufaktor, indem er uns Rohstoffe wie z.B. Kohle, Erze, Erdgas oder Erdöl liefert. Die Bodenschätze sind jedoch nicht unerschöpflich und es lässt sich absehen, dass diese bald ausgebeutet sein werden. Damit wird sich die Menschheit einem neuen Knappheitsproblem gegenübersehen, dem nicht mit primär wirtschaftlichen, sondern nur mit technischen Mitteln begegnet werden kann (z.B. Entwicklung neuer Technologien zur Erschließung weiterer Energiequellen).
Standortfaktor	Ferner gibt uns der Boden die Flächen, die wir für die Erstellung von Fabrikanlagen, Handelsgeschäften oder land- und forstwirtschaftlichen Betrieben benötigen. Der Boden dient als Standortfaktor.

Für die Produktion wirtschaftlicher Güter sind die übrigen Kräfte der Natur nicht weniger wichtig. Bedeutsamer Produktionsfaktor für die Landwirtschaft ist z.B. das Klima. Die Kräfte der Flüsse dienen der Elektrizitätsgewinnung, die Gewässer der Fischwirtschaft. Mit Hilfe der Sonnen- und/oder der Windenergie hofft man, in Zukunft ausreichend „saubere" Energie gewinnen zu können.

1.6.3 Produktionsfaktor Arbeit

Der zweite ursprüngliche Produktionsfaktor ist die Arbeit. Wir leben nicht im Schlaraffenland, in dem uns die gebratenen Tauben in den Mund fliegen. Selbst dort, wo uns die Natur Nahrungsmittel liefert, ohne dass sie angebaut bzw. erzeugt werden müssen (z.B. Pilze, Waldbeeren), bedarf es einer gewissen Anstrengung, sie zu suchen, zu pflücken und zuzubereiten. Es sind also geistige und körperliche Anstrengungen des Menschen notwendig.

Manche Arbeiten erfordern vorwiegend geistige Kräfte (anordnende, verwaltende, organisierende Tätigkeiten). Andere Arbeiten wiederum sind vorwiegend körperlicher Natur (Handarbeit, Arbeit an Maschinen, Führen von Fahrzeugen usw.) Im ersten Fall spricht man von **geistiger Arbeit,** im zweiten von **körperlicher Arbeit.**

Merke:

Arbeit im Sinne der Volkswirtschaftslehre ist die auf Bedarfsdeckung, d.h. auf Erzielung von Ertrag bzw. Einkommen gerichtete **körperliche und geistige Tätigkeit** der Menschen.

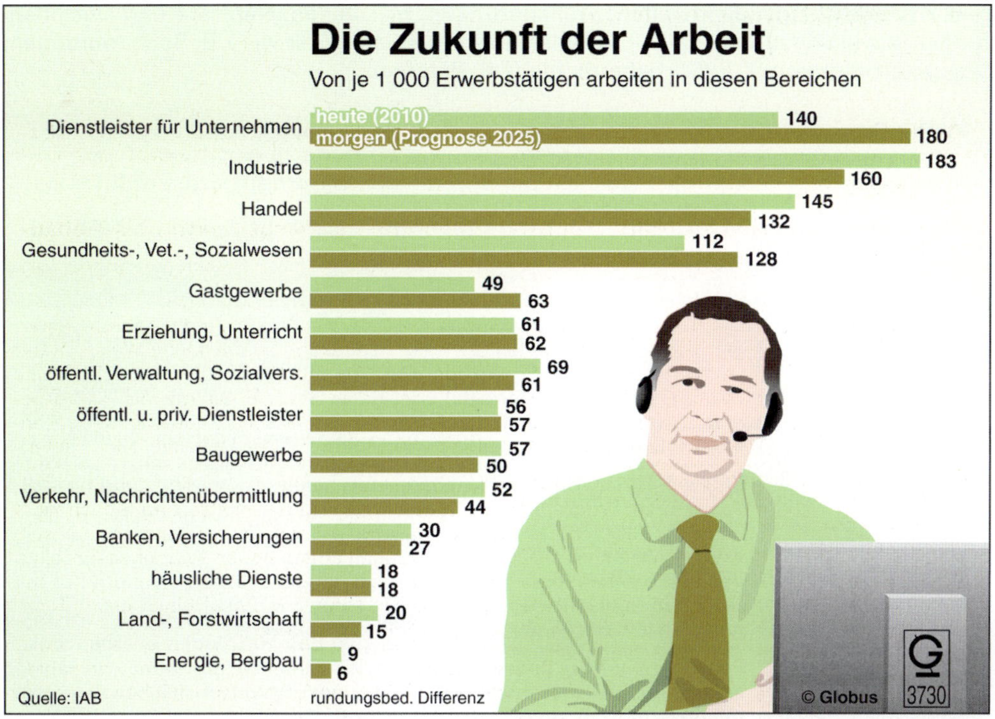

Die Zukunft der Arbeit liegt im Dienstleistungsbereich. Waren dort Mitte der 90er-Jahre weniger als zwei Drittel aller Erwerbstätigen beschäftigt, so sind es heute rund 73 Prozent. Bis zum Jahr 2025 wird ihr Anteil weiter auf fast 77 Prozent steigen. Das geht aus einer Studie des Instituts für Arbeitsmarkt- und Berufsforschung (IAB) hervor. Neue Arbeitsplätze werden vor allem bei den Dienstleistungen für Unternehmen entstehen: Heute sind dort 140 von je 1000 Erwerbstätigen beschäftigt; im Jahr 2025 werden es 180 von je 1000 sein. Darin sind auch die Firmen enthalten, deren Dienste vorher von den Industrieunternehmen selbst erbracht wurden und heute unter dem Stichwort Outsourcing vermehrt zugekauft werden.

1.6.4 Produktionsfaktor Kapital

1.6.4.1 Begriff Kapital und die Kapitalbildung

(1) Begriff Kapital

Das Produzieren ist bereits durch **Kombination**[1] der beiden ursprünglichen Produktionsfaktoren **Arbeit** und **Natur** möglich. In der Regel setzt der Mensch jedoch ein weiteres Hilfsmittel – das **Kapital** – ein, um den Erfolg seiner Arbeit zu erhöhen. Solche Hilfsmittel

1 Kombination: Zusammenwirken.

sind z. B. Werkzeuge, Jagdwaffen, Transportmittel, Maschinen, Nutztiere und Nutzpflanzungen sowie immaterielle (nicht gegenständliche) Anlagegüter wie z. B. Suchbohrungen, Computerprogramme und Urheberrechte (z. B. Patente).

Merke:

Unter **Kapital** im volkswirtschaftlichen Sinne verstehen wir **produzierte Produktionsmittel** materieller und immaterieller Art.

Beispiel:

Um uns den Begriff des Kapitals klarzumachen, greifen wir zu einem sehr vereinfachenden naturalwirtschaftlichen[1] Modell.

Angenommen, eine kleine Gruppe Schiffbrüchiger landet auf einer einsamen Insel. Die Leute haben nichts gerettet außer den Kleidern, die sie auf dem Leib tragen. Um ihre Existenz zu sichern, ernähren sie sich tagelang nur von Früchten, Wurzeln und Kleingetier. An den Ufern und in den Bächen gibt es jedoch Fische genug und in den Wäldern lebt Wild in Hülle und Fülle. Da wenig Hoffnung auf Rettung besteht, beschließen die Schiffbrüchigen, einige geschickte Leute vom Früchtesammeln freizustellen, damit diese Angelgeräte und Jagdwaffen herstellen können. Dieser Entschluss bedeutet für die Schiffbrüchigen zunächst teilweisen Verzicht auf die gewohnte Menge Nahrungsmittel, also Konsumverzicht. Nach Fertigstellung der Jagdgeräte (des „Kapitals") erhöht sich jedoch die täglich zur Verfügung stehende Nahrungsmittelmenge (Fisch, Fleisch). Die Befriedigung der Existenzbedürfnisse ist gesichert. Weiterer Konsumverzicht fällt den Schiffbrüchigen leichter, wenn sie z. B. ihren Lebensstandard durch das Anfertigen von Kleidung oder den Bau von Hütten erhöhen wollen.

Durch den vorläufigen Verzicht auf die Produktion von Konsumgütern können Produktionsgüter hergestellt werden. Diese Produktionsgüter erleichtern anschließend die Herstellung von Konsumgütern und erhöhen gleichzeitig die Wirksamkeit der Arbeit (Arbeitsproduktivität). In welchem Umfang die Arbeitsproduktivität gesteigert werden kann, hängt dabei nicht nur von der Menge, sondern auch von der Qualität (dem technischen Fortschritt) der Produktionsgüter ab.

(2) Kapitalbildung

Das mit Hilfe der beiden ursprünglichen Produktionsfaktoren Arbeit und Natur geschaffene Kapital im volkswirtschaftlichen Sinne stellt einen dritten **abgeleiteten (derivativen) Produktionsfaktor** dar, der der Erleichterung und Erweiterung der Produktion dienen kann.

Merke:

Die Herstellung von Kapital im volkswirtschaftlichen Sinne erfordert **Konsumverzicht (Sparen).**

1 Eine Naturalwirtschaft ist eine Wirtschaft ohne Geld als Zwischentauschgut.

Die Höhe der Kapitalbildung ist bedeutsam für das **Wachstum der Wirtschaft**.

Bedeutung der Kapitalbildung für die Produktion

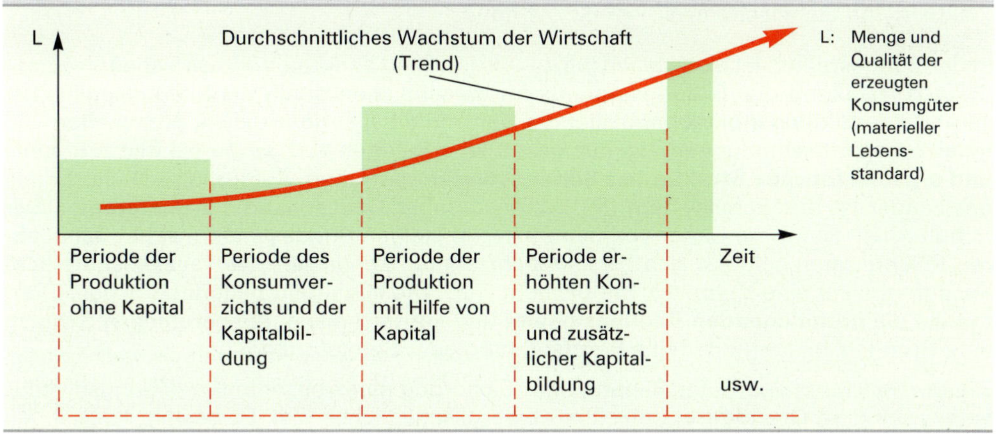

1.6.4.2 Kapitalbildung und Investition

In einer **Geldwirtschaft** erfolgt das **Sparen** i.d.R. nicht durch Vorratsbildung, sondern durch Verzicht auf vollständige Ausgabe des Geldeinkommens. Dort wird also zunächst **Geldkapital** gebildet, das anschließend zur **Investition** (Bildung von **Kapital** im volkswirtschaftlichen Sinne) führen **kann.** Das Sparen führt nämlich nur dann zur Kapitalbildung, wenn die gesparten Mittel von den Wirtschaftssubjekten (den wirtschaftlich Handelnden) in Produktivvermögen investiert werden.

Merke:

Die Anlage von Geld- und Sachkapital in Produktivvermögen wird als **Investition** bezeichnet.

1.6.5 Produktionsfaktor Bildung

Mit unserem Schiffbrüchigenbeispiel (vgl. S. 24) haben wir Jahrtausende der Menschheitsentwicklung im Zeitraffer zusammengefasst. Die Menschheit brauchte sehr lange, bis sie es verstand, die Produktion mit Hilfe von Werkzeugen (Kapital) zu steigern.

Die Schiffbrüchigen konnten die Werkzeuge nur deswegen so schnell bauen, weil sie ein bestimmtes Maß an Bildung im weitesten Sinne, hier also **technisches Wissen** (Know-how,[1] Human Capital[2]), aus der Zivilisation mitbrachten. Umfang und Qualität der Produktion hängen somit nicht nur von den Produktionsfaktoren Natur, Arbeit und Kapital, sondern auch vom **technischen Fortschritt** der wirtschaftenden Menschen ab.

Da Bildung und Ausbildung dem Menschen nicht von vornherein gegeben sind, sondern oft mühevoll erworben werden müssen, handelt es sich bei der Bildung ebenfalls um einen **abgeleiteten** (derivativen) **Produktionsfaktor.**

1 Know-how (engl.): gewusst wie.

2 Human Capital (engl.): menschliches Kapital (Bildung, technisches Wissen und Können, Ausbildungsstandard).

Merke:

Unter dem **Produktionsfaktor Bildung** versteht man die Summe an organisatorischem und technischem Wissen (Know-how).

In der Bundesrepublik Deutschland wird – wie in vielen anderen Volkswirtschaften auch – die Ausgestaltung des Bildungssystems im Wesentlichen durch die Bildungspolitik bestimmt. Die **Bildungspolitik** beinhaltet die Gesamtheit aller **finanziellen, personellen** und **inhaltlichen** Entscheidungen, die das gesetzliche Rahmenwerk sowie die **institutionelle und organisatorische Struktur des Bildungswesens** betreffen. Aufgrund der Kulturhoheit der Länder ist das Schulsystem der Bundesrepublik Deutschland sehr **heterogen.** Der Schulbesuch ist für die Dauer von **neun** (bzw. in einigen Bundesländern **zehn**) **Schuljahren Pflicht,** daran schließt sich bis zum achtzehnten Lebensjahr die **Teilzeitschulpflicht** an, sofern nicht eine Vollzeitschule besucht wird. Die **allgemein bildenden** Schulen vermitteln die **grundlegenden Bildungsinhalte** und Lerntechniken, die **beruflichen Schulen** eine Grundausbildung oder eine **Berufsbildung** oder Berufsfortbildung.

Die Bereitstellung des Gutes Bildung bzw. Sicherung eines bestimmten Bildungsniveaus ist ein aus dem **Grundgesetz** ableitbares gesellschaftliches Ziel. Es besteht faktisch ein **Monopol des Staates** als **Bildungsanbieter;** begründet dadurch, dass Bildung als **öffentliches Gut** bezeichnet wird, sowie mit der These, nur der Staat kann die von der Verfassung geforderte **Einheitlichkeit der Lebensverhältnisse** gewährleisten. Schließlich gilt die **persönliche Qualifikation** nach wie vor als **wichtigste Erwerbsquelle** und stellt somit eine wesentliche Grundlage für den **individuellen Wohlstand** dar. Nicht zuletzt deshalb muss eine gezielte Förderung der Bildung von „Humankapital" als Teil einer auf mehr **Chancengleichheit** abstellenden **Vermögenspolitik** angesehen werden.

Merke:

Mit Blick darauf, dass das Bildungsniveau eines Landes wesentlichen Einfluss auf den Wohlstand dieser Volkswirtschaft hat, werden Ausgaben in diesem Bereich als **Investitionen für die Zukunft** verstanden.

Zusammenfassung

- **Produktionsfaktoren** sind alle Grundelemente, die bei der Produktion mitwirken.
- Wir unterscheiden folgende **Arten von volkswirtschaftlichen Produktionsfaktoren:**

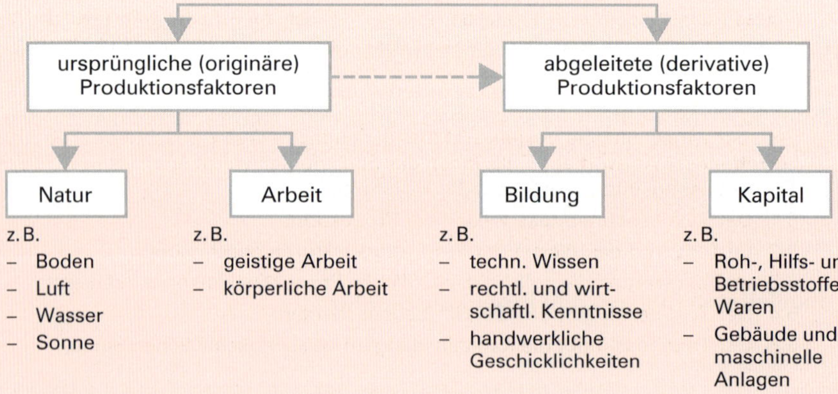

Übungsaufgaben

5 1. Der Anteil der Produktionsfaktoren an einem Gut kann unterschiedlich hoch sein. Übertragen Sie die nachstehende Tabelle in Ihr Hausheft und füllen Sie diese aus, indem Sie die Bedeutung der volkswirtschaftlichen Produktionsfaktoren angeben! (1: große Bedeutung; 2: mittlere Bedeutung; 3: verhältnismäßig geringe Bedeutung)

Gut	Bedeutung der Produktionsfaktoren		
	Arbeit	Natur	Kapital
Ölraffinerie Friseur Bank Spielwarengeschäft Bauernhof			

2. Präsident Lincoln verbot 1865 in den USA die Sklaverei. „Mit einem Schlag hat er damit einen großen Teil des Kapitals zerstört, das der Süden im Laufe der Jahre angesammelt hatte."

   Aufgabe:

   Nehmen Sie zu dieser Aussage Stellung!

3. Erklären Sie den Vorgang der Kapitalbildung an einem selbst gewählten Beispiel!

4. Begründen Sie, warum angespartes Geldkapital volkswirtschaftlich kein Sachkapital darstellt!

5. Lesen Sie zunächst sorgfältig nachstehenden Text durch!

   Das Produzieren geht auf die Vereinigung der beiden Grundelemente Boden (Natur) und Arbeit (Mensch) zurück. Um den Sachverhalt klarzumachen, sei ein einfaches Beispiel gewählt. Angenommen, ein einzelner Mensch lebe auf einer Insel und könne bei normaler Anstrengung pro Tag ein Kaninchen mit der Hand fangen, das er auch am gleichen Tag zur Erhaltung seiner Lebensfähigkeit verzehren muss. Den Rest des Tages muss er schlafen. Es ist ohne weiteres einzusehen, dass unter diesen Umständen eine Produktionssteigerung, also eine Verbesserung seines **Lebensstandards,** nicht möglich ist. Die Wirtschaft unseres Robinsons ist **stationär** (auf gleicher Stufe stehen bleibend). Nehmen wir aber weiter an, dass sich unser Inselbewohner eines Tages dazu entschließt, einen Tag lang zu hungern und währenddessen eine Falle zu bauen. Die Falle erfüllt ihren Zweck und künftig fängt Robinson im Durchschnitt 2 Kaninchen, sodass er sich sogar Vorräte an Trockenfleisch anlegen kann. Die so frei gewordene Arbeitszeit verwendet Robinson zum Bau weiterer Fallen, zur Schaffung von Jagd- und Angelgeräten und zum Bau einer Unterkunft ...

   Aufgabe:

   Welcher wirtschaftliche Vorgang ist hier auf einfache Weise beschrieben? Kreuzen Sie die **zutreffendste** Antwort an! (Falls Ihnen das Buch nur leihweise überlassen wurde, schreiben Sie die Lösungsnummern bitte in Ihr Hausheft!)

   5.1 Der Text beschreibt das Wesen der Produktion. [1]

   5.2 Im Text wird das Wesen der Produktionsfaktoren beschrieben. [2]

   5.3 Im Text werden die volkswirtschaftlichen Produktionsfaktoren definiert. [3]

   5.4 Der Text beschreibt den Begriff „Lebensstandard". [4]

   5.5 Der Text beschreibt die Kapitalbildung im volkswirtschaftlichen Sinne. [5]

6 1. Unterscheiden Sie die originären und die derivativen volkswirtschaftlichen Produktionsfaktoren!

2. Interpretieren Sie nachstehende Textauszüge (Häuptling Seattle, 1855, in seiner Stellungnahme an den Präsidenten der Vereinigten Staaten zu dessen Angebot, die Gebiete seines Stammes zu kaufen)!

„Wenn wir unser Land verkaufen, so müsst ihr euch daran erinnern und eure Kinder lehren: Die Flüsse sind unsere Brüder – und eure –, und ihr müsst von nun an den Flüssen eure Güte geben, so wie jedem anderen Bruder auch ... Wir wissen, dass der weiße Mann unsere Art nicht versteht. Ein Teil des Landes ist ihm gleich jedem anderen, denn er ist ein Fremder, der kommt in der Nacht und nimmt von der Erde, was immer er braucht. Die Erde ist sein Bruder nicht, sondern Feind, und wenn er sie erobert hat, schreitet er weiter. Er lässt die Gräber seiner Väter zurück – und kümmert sich nicht. Er stiehlt die Erde von seinen Kindern – und kümmert sich nicht. Seiner Väter Gräber und seiner Kinder Geburtsrecht sind vergessen. Er behandelt seine Mutter, die Erde, und seinen Bruder, den Himmel, wie Dinge zum Kaufen und Plündern, zum Verkaufen wie Schafe oder glänzende Perlen. Sein Hunger wird die Erde verschlingen und nichts zurücklassen als eine Wüste ...

Ich bin ein Wilder und verstehe es nicht anders. Ich habe tausend verrottende Büffel gesehen, vom weißen Mann zurückgelassen – erschossen aus einem vorüberfahrenden Zug. Ich bin ein Wilder und kann nicht verstehen, wie das qualmende Eisenpferd wichtiger sein soll als der Büffel, den wir nur töten, um am Leben zu bleiben. Was ist der Mensch ohne die Tiere? Wären alle Tiere fort, so stürbe der Mensch an großer Einsamkeit des Geistes. Was immer den Tieren geschieht – geschieht bald auch den Menschen. Alle Dinge sind miteinander verbunden. Was die Erde befällt, befällt auch die Söhne der Erde ...

Es ist unwichtig, wo wir den Rest unserer Tage verbringen. Es sind nicht mehr viele. Noch wenige Stunden, ein paar Winter – und kein Kind der großen Stämme, die einst in diesem Land lebten oder jetzt in kleinen Gruppen durch die Wälder streifen, wird mehr übrig sein, um an den Gräbern eines Volkes zu trauern – das einst so stark und voller Hoffnung war wie das eure. Aber warum soll ich trauern über den Untergang meines Volkes; Völker bestehen aus Menschen – nichts anderem. Menschen kommen und gehen wie die Wellen im Meer.

Auch die Weißen werden vergehen, eher vielleicht als alle anderen Stämme. Fahret fort, euer Bett zu verseuchen, und eines Nachts werdet ihr im eigenen Abfall ersticken. Aber in eurem Untergang werdet ihr hell strahlen – angefeuert von der Stärke des Gottes, der euch in dieses Land brachte – und euch bestimmte, über dieses Land und den roten Mann zu herrschen ...“

3. Begründen Sie, warum man den volkswirtschaftlichen Produktionsprozess als sinnvolle Kombination von Produktionsfaktoren bezeichnen kann!

7 1. „Adam Smith beginnt sein bedeutendes Buch ‚Eine Untersuchung über die Natur und die Ursachen des Volkswohlstandes' (**‚Inquiry into the nature and causes of the wealth of nations')** mit den Worten: ‚Die Arbeit des Volkes ist der Fonds, aus dem es ursprünglich mit allen erforderlichen Unterhaltsmitteln, deren es bedarf, versehen wird. Dieser Fonds besteht sowohl aus den unmittelbaren Produkten der Arbeit als auch aus denjenigen, die man im Tausch für diese Produkte im Ausland hat kaufen können.'

Die wirtschaftliche Ergiebigkeit der Arbeit ist im Lauf der Jahrhunderte stets größer und größer geworden. Smith erklärt dies aus der Arbeitsteilung. Um seine These zu verdeutlichen, konstruiert er das berühmte Nadel-Beispiel: Während ein Arbeiter vielleicht eine, aber sicher nicht mehr als 20 Nadeln pro Tag verfertigen kann, verfertigen in einer kleinen Fabrik, die Smith besucht, zehn Arbeiter – von denen der eine den Draht zieht, der andere ihn schneidet, ein dritter die Spitzen schärft usw. – 48000 Nadeln täglich. Dank der hier geübten Arbeitsteilung gelang es also, die Produktivität eines Arbeiters von höchstens 20 auf 4800 Nadeln, d.h. um das 240fache zu steigern.“[1]

1 Quelle: ZIMMERMANN, L.J.: Geschichte der theoretischen Volkswirtschaftslehre, S. 55f.

Aufgaben:

1.1 Ermitteln Sie, wer ADAM SMITH war!

1.2 Erläutern Sie, von welcher Art Arbeitsteilung im ersten Absatz des Textes die Rede ist!

1.3 Bestimmen Sie, welche Art Arbeitsteilung ADAM SMITH mit seinem Stecknadelbeispiel beschreibt!

2. Erläutern Sie, warum das Sparen Voraussetzung der Neukapitalbildung ist!

3. Beurteilen Sie die Aussage „Sparen führt nicht in jedem Fall zur Neukapitalbildung"!

2 Nutzentheorie

2.1 Begrifflichkeit

Der Begriff „Nutzen" lässt sich auf zweierlei Art verwenden. So zieht man den Nutzenbegriff einerseits zur **Erklärung menschlichen Handelns** heran, indem man beispielsweise folgende Aussage trifft: „Das einzelne Wirtschaftssubjekt verhält sich so, dass es seinen Nutzen möglichst maximiert."

Andererseits kann der Begriff des Nutzens auch bei der **Beurteilung von Alternativen** verwendet werden. Wirtschaftssubjekte treffen beispielsweise Konsumentscheidungen, indem sie verschiedene Konsumalternativen auf der Basis einer **subjektiven Nutzeneinschätzung** sortieren, um dann schließlich ihre Wahl zu treffen.

Beispiel:

Leonie und Michel machen gemeinsam mit ihren Eltern einen Sonntagsausflug mit dem Fahrrad. Bei einer Rast an einem Ausflugslokal dürfen sie sich entweder ein Erfrischungsgetränk oder ein Eis aussuchen. Beide entscheiden sich jeweils für eine Flasche Apfelschorle, da ihnen das Getränk unter den gegebenen Umständen offensichtlich einen **größeren** Nutzen stiftet als ein Eis.

In der ökonomischen Theorie versteht man unter dem Nutzen das Maß für die Fähigkeit eines Gutes oder einer Gütergruppe, die Bedürfnisse eines wirtschaftlichen Akteurs (z.B. eines Privathaushalts) zu befriedigen.

Merke:

Der **Nutzen** ist ein **Maß für die Bedürfnisbefriedigung,** die ein Konsument durch den Konsum von Gütern erzielt.

2.2 Erstes Gossen'sches Gesetz[1]

(1) Gesamtnutzen und Grenznutzen

Den meisten Menschen ist bewusst, dass bei zunehmender Bedürfnisbefriedigung irgendwann einmal eine **Sättigung** eintritt. Wir hören dies tagtäglich im Radio und im Fernsehen, wenn z.B. gesagt wird, dass der Absatz an DVD-Playern stagniere oder gar zurückgehe, weil der Markt gesättigt sei. Ähnliche Feststellungen werden auch bei anderen Produkten getroffen. Wir wollen untersuchen, was es damit auf sich hat.

Beispiel:

Angenommen, ein Jugendlicher isst für sein Leben gern Bananen. Er plant eine durchschnittliche tägliche Ausgabe von 3,60 EUR für Bananen. Sein Nutzen (der Umfang seiner individuellen Zufriedenheit) entwickelt sich mit zunehmendem Bananenverzehr wie in nachfolgender Tabelle angegeben. Dabei unterstellen wir, dass der Nutzen messbar ist.

Preis je Banane in EUR	Gekaufte Menge in Stück	Gesamtnutzen (willkürliche Maßeinheiten)	Grenznutzen (willkürliche Maßeinheiten)
3,60	1	20	20
1,80	2	35	15
1,20	3	45	10
0,90	4	50	5
0,72	5	50	0
0,60	6	45	– 5

Die Tabelle bedarf einiger Erläuterungen. Man erkennt, dass unser Verbraucher seinen Nutzen steigern kann, wenn die Preise sinken und er sich demzufolge mit zusätzlichen Bananen versorgen kann. Bei einer Preissenkung von 0,90 auf 0,72 EUR könnte er sich sogar 5 Bananen kaufen, falls er bei seinem Haushaltsplan bleiben möchte. Wenn er jedoch ökonomisch handelt, wird er dies nicht tun, sondern sein Geld für andere Zwecke ausgeben, weil sein Grenznutzen mit zunehmendem Bananenkonsum nicht mehr steigt. Der Grund: Mehr als $4\,^1/_2$ Bananen will er pro Tag unter keinen Umständen essen; die Bananen werden ihm zuwider. Die Sättigungsgrenze ist bei viereinhalb Bananen erreicht.

Merke:

- Der Nutzen ist **ordinal,**[2] nicht aber **kardinal**[3] messbar, weil niemand sagen kann, um das Wievielfache der Nutzen steigt oder fällt, wenn die ihm zur Verfügung stehenden Wirtschaftsgüter vermehrt oder vermindert werden.
- Die individuellen Nutzenempfindungen weichen voneinander ab.

1 HERMANN HEINRICH GOSSEN (1810–1858) war der Begründer der so genannten Grenznutzenschule. Seine Erkenntnisse fanden in der damaligen Zeit jedoch keine Beachtung.

2 **Ordinal:** der Ordnung nach, der Reihenfolge nach (z.B. besser – schlechter, schöner – weniger schön – hässlich).

3 Eine **kardinale** Messung liegt vor, wenn mithilfe eines Maßstabs (kg, m^2, m^3 usw.) eine exakte Unterscheidung vorgenommen werden kann. „Kardinal" (lat.) heißt wörtlich „Haupt...", „Grund...". Die Kardinalzahl ist die Hauptzahl.

In den beiden nachfolgenden Abbildungen ist die Entwicklung des **Gesamtnutzens** mit zunehmender Güterversorgung dargestellt. Der Gesamtnutzen steigt **unterproportional**[1] bis zur **Sättigungsgrenze**. Wird die Sättigungsgrenze überschritten, nimmt der Gesamtnutzen ab.

Da der Gesamtnutzen mit zunehmender Güterversorgung nur degressiv zunimmt, nimmt der **Grenznutzen** ab. Der Grenznutzen wird **negativ,** wenn der Konsument die **Sättigungsgrenze überschreitet**.

Im oberen Teil der Abbildung stellen die grünen Felder die Grenznutzen (Nutzenzuwachs je zusätzliche Gütereinheit) dar.[2] Sie entsprechen dem Inhalt der Felder im unteren Teil der Abbildung. Der Gesamtnutzen im oberen Teil der Abbildung ergibt sich aus der Addition der grünen Felder bzw. aus der **Gesamtnutzenkurve.** Aus der Grafik ist ersichtlich, dass z.B. der Gesamtnutzen bei 4 Gütereinheiten 50 Nutzeneinheiten (Maßstab für die Intensität der Nutzenempfindung) beträgt.

Das rote Feld im oberen Teil der Abbildung zeigt die Abnahme des Gesamtnutzens, wenn die Sättigungsgrenze überschritten wird. Der Gesamtnutzen sinkt auf 45 Nutzeneinheiten. Der Grenznutzen ist also negativ, wie das rote Feld im unteren Teil der Abbildung erkennen lässt.

Gesamtnutzen und Grenznutzen

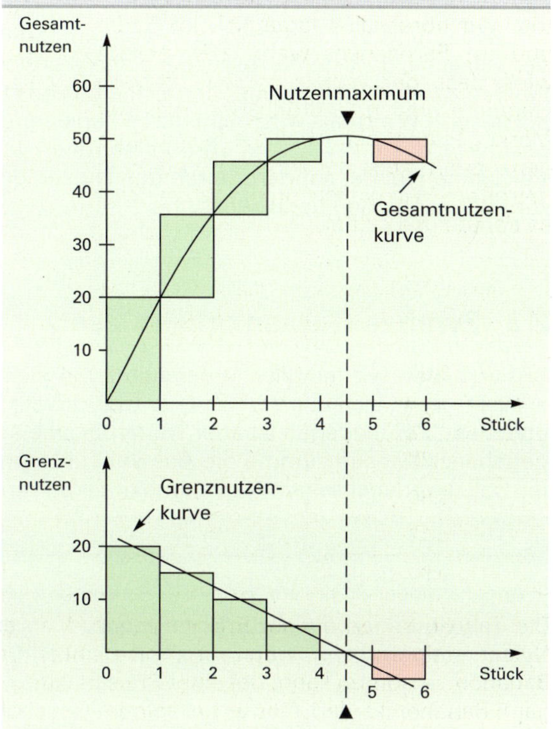

Merke:

- Der **Gesamtnutzen** ist die Summe aller Nutzenempfindungen eines Verbrauchers bei einem bestimmten Versorgungsniveau.
- Der **Grenznutzen** ist der Nutzenzuwachs, der dann entsteht, wenn der Verbraucher eine zusätzliche Gütereinheit konsumiert.

(2) Gesetz der Wertabnahme

Der Zusammenhang zwischen Versorgungsniveau und Nutzenentwicklung ist der Volkswirtschaftslehre schon seit langem bekannt. Er wurde von HERMANN HEINRICH GOSSEN erstmalig formuliert und daher als „Erstes Gossen'sches Gesetz" bezeichnet.

1 Proportional: im gleichen Verhältnis; unterproportional: langsamer zunehmend als eine Bezugsgröße.

2 Grenzwerte sind Zwischenwerte. Sie müssen daher in einer grafischen Darstellung auch als Zwischenwerte eingetragen werden.

Merke:

Das **Erste Gossen´sche Gesetz** besagt: Mit zunehmender Bedürfnisbefriedigung nimmt der Grenznutzen ab.[1]

(3) Bedeutung des Gesetzes vom abnehmenden Grenznutzen

Die Bedeutung des Gesetzes vom abnehmenden Grenznutzen besteht in der Erklärung der Tatsache, dass der Verbraucher seine Wertvorstellungen von einem Gut nach der letzten ihm zur Verfügung stehenden Einheit dieses Gutes ausrichtet. „Der Platz des Wassers auf unserer Wertskala wird nicht durch den unendlich großen Nutzen eines Glases Wasser bestimmt, das uns vor dem Verdursten retten würde, wenn uns nur dieses eine Glas zur Verfügung stünde, sondern durch den Nutzen der letzten Dosis, die wir zum Baden oder zum Blumengießen benutzen."[2]

2.3 Zweites Gossen'sches Gesetz

Bisher haben wir lediglich untersucht, wie sich **Gesamtnutzen** und **Grenznutzen** entwickeln, wenn sich der Verbraucher (der private Haushalt) **einem Wirtschaftsgut** gegenübersieht. Zu überlegen ist aber weiterhin, wie sich der Verbraucher verhält, wenn er bei gegebener Konsumsumme die **Auswahl** unter **mehreren Arten von Konsumgütern** treffen soll und dabei seinen Nutzen maximieren möchte.

Beispiel:

Angenommen, ein privater Haushalt (ein Verbraucher) hat folgende Bedürfnisstruktur:

Getränke	Brot	Fleisch	Gemüse	Seife	Genussmittel	
6						vom Haushalt gekaufte Gütermenge
5	5					
4	4	4				
3	3	3	3			
2	2	2	2	2		nicht befriedigte Bedürfnisse
1	1	1	1	1	1	

Die Zahlen bedeuten die Grenznutzen je Einheit der genannten Güter. Die Versorgung mit einer ersten Einheit Getränke (z. B. einer Flasche Milch) bringt beispielsweise einen Nutzenzuwachs von 6 Einheiten, die Beschaffung einer ersten Einheit Gemüse (z. B. 1 kg Rotkraut) schafft dem Haushalt nur einen Nutzen von 3 Einheiten. Noch weniger Wert legt der Haushalt auf Genussmittel (z. B. 1 Tafel Schokolade). Die Grenznutzenwerte in der Tabelle drücken also zugleich die Dringlichkeit der Bedürfnisse nach den einzelnen Gütern aus. Nehmen wir weiter an, dass unser Haushalt 10 GE zur Verfügung hat und jede Gütereinheit 1 GE kostet, so wird er 4 Einheiten Getränke, 3 Einheiten Brot, 2 Einheiten Fleisch und 1 Einheit Gemüse kaufen. Der Rest der Bedürfnisse bleibt unbefriedigt. Ein restloser Nutzenausgleich ist nur möglich, wenn die Güter vollständig teilbar sind. Bei nicht restlos teilbaren Gütern wäre z. B. ein vollständiger Nutzenausgleich nicht möglich, wenn der Haushalt 12 GE ausgeben wollte. Bei 15 GE hingegen kann der Ausgleich wieder geschaffen werden.

1 Andere sprechen vom „Gesetz der Wertabnahme". „Gesetze" im volkswirtschaftlichen Sinne stellen keine Naturgesetze dar. Es handelt sich vielmehr um Tendenzen, die immer wieder von Ausnahmen durchbrochen sein können.

2 RÖPKE, W.: Die Lehre von der Wirtschaft, S. 25.

Unser Beispiel zeigt, dass das **Maximum der Bedürfnisbefriedigung** dann erreicht ist, wenn sich die **Grenznutzen der zur Verfügung stehenden Güter ausgleichen.** Jede andere Verwendungskombination erbringt einen niedrigeren Gesamtnutzen (Summe aller Grenznutzen).

Beweis:

Kauft der Haushalt mit seinen 10 GE 4 Einheiten Getränke, 3 Einheiten Brot, 2 Einheiten Fleisch und 1 Einheit Gemüse, beträgt sein Gesamtnutzen 40 Nutzeneinheiten (6 + 5 + 4 + 3 + 5 + 4 + 3 + 4 + 3 + 3).

Kauft er hingegen statt Gemüse eine zusätzliche Einheit Fleisch, beträgt sein Gesamtnutzen nur 39 Nutzeneinheiten (18 Nutzeneinheiten bei den Getränken, 12 beim Brot und 9 beim Fleisch). Nur im Fall des Grenznutzenausgleichs hat er ökonomisch gehandelt, also seinen Gesamtnutzen maximiert.

Merke:

Das **Zweite Gossen'sche Gesetz** besagt: Der private Haushalt (der Verbraucher) hat dann seinen Nutzen maximiert, wenn sich die Grenznutzen der von ihm verwendeten Güter ausgleichen **(Gesetz des Nutzenausgleichs).**

Zusammenfassung

- Der **Nutzen** eines Gutes ist nur **ordinal** messbar, der Konsument kann also bei der Wahl von Konsumalternativen lediglich eine natürliche **Reihenfolge** bestimmen.
- Unter **Grenznutzen** versteht man den **Nutzenzuwachs,** der durch den Konsum **einer zusätzlichen** Gütereinheit entsteht.
- Das **Erste Gossen'sche Gesetz** lautet: Mit **zunehmender** Bedürfnisbefriedigung durch ein Gut **nimmt** der **Grenznutzen ab.**
- Das **Zweite Gossen'sche Gesetz** besagt: Der Konsument erreicht dann sein **Nutzenmaximum,** wenn er seine Konsumsumme so verteilt, dass die verschiedenen **konsumierten Güterarten** jeweils den **gleich hohen Grenznutzen** erbringen.

Übungsaufgabe

8

1. Unterscheiden Sie die Begriffe Gesamtnutzen und Grenznutzen!
2. Beschreiben Sie kurz, warum der Nutzen nicht kardinal messbar ist!
3. Der Grenznutzen eines privaten Verbrauchers je 100 g zusätzliche Einheit Brot entwickelt sich mit zunehmender Brotmenge wie folgt:

Brotmenge insgesamt	100	200	300	400	500	600
Grenznutzen je 100 g Brot in Nutzeneinheiten	60	35	25	15	10	0

Aufgaben:

3.1 Zeichnen Sie die Gesamtnutzenkurve und die Grenznutzenkurve!

3.2 Beschreiben Sie kurz, welche Aussagen sich aufgrund dieser Kurven treffen lassen!

3 Speth - ISBN 978-3-8120-0584-5

4. Erklären Sie, welche Bedeutung der Grenznutzen für die Nutzenerwägungen eines Haushalts hat!
5. Formulieren Sie das Erste Gossen´sche Gesetz!
6. Beweisen Sie mithilfe eines selbst gewählten Beispiels (mindestens drei Güter bzw. Gütergruppen), dass ein privater Haushalt sein Nutzenmaximum dann erreicht, wenn die Grenznutzen der ihm zur Verfügung stehenden Güter gleich sind!
7. Definieren Sie das Zweite Gossen´sche Gesetz!

3 Bestimmung der Nachfrage

3.1 Individuelle Nachfrage

3.1.1 Individuelle Nachfragekurve in Abhängigkeit vom Preis eines Gutes

Aufgrund der Lebenserfahrung wissen wir, dass zwischen den Güterpreisen und der Nachfrage nach Gütern ein Zusammenhang besteht. Dies liegt einmal daran, dass uns bei hohen Preisen der Besitz des Geldes mehr Wert ist (mehr „Nutzen" bringt) als der Besitz des Gutes, zum anderen aber daran, dass wir uns mit unserem Einkommen bestimmte Güter einfach nicht mehr „leisten" können, wenn sie zu teuer werden.

Wir können also davon ausgehen, dass ein privater Haushalt (z.B. ein Mehrpersonenhaushalt, ein Single-Haushalt) unter sonst gleichen Bedingungen in der Regel bei steigenden Preisen weniger Wirtschaftsgüter, bei fallenden Preisen mehr Wirtschaftsgüter nachfragt. Dieser Sachverhalt wird mit dem „Gesetz der Nachfrage" beschrieben.

Merke:

Nach dem **„Gesetz der Nachfrage"** steigt die Nachfrage mit sinkendem Preis und sinkt die Nachfrage mit steigendem Preis des nachgefragten Gutes.

Die meisten privaten Haushalte verhalten sich nach dem „Gesetz der Nachfrage". Man spricht deshalb vom normalen Nachfrageverhalten oder kurz von der **normalen Nachfrage**.

In der nebenstehenden Abbildung ist unterstellt, dass das Budget des Haushalts und seine Bedürfnisstruktur gegeben sind. Da das Budget eines Haushalts aber auch von seinem Einkommen abhängig ist, kann man auch sagen, dass die individuelle Nachfrage nach einem Gut nur dann in Beziehung zum Preis dieses Gutes gesetzt werden kann, wenn die Bedürfnisstruktur und das Einkommen des Haushalts konstant sind.

Individuelle Nachfrage eines Vier-Personen-Haushalts nach Kartoffeln

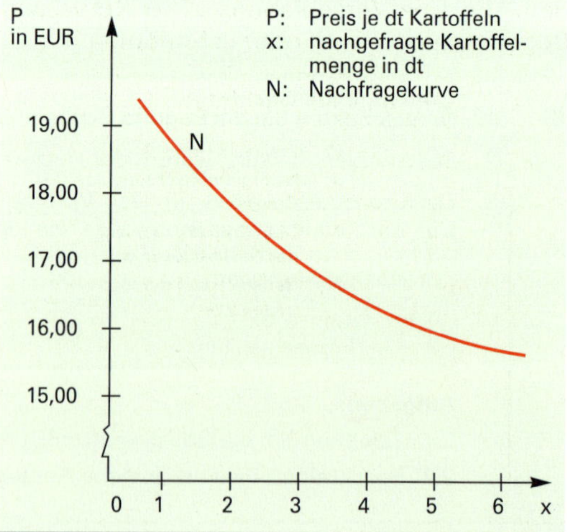

Merke:

Ändert sich der **Preis** unter sonst gleichen Bedingungen, findet eine **Bewegung auf der Kurve** statt. Um eine Bewegung auf der Kurve zum Ausdruck zu bringen, verwenden wir die Begriffe **„steigen"** oder **„sinken"**.

Die Nachfragekurven der einzelnen Haushalte, also ihre **individuellen Nachfragekurven,** sind verschieden, weil sie unterschiedliche Bedürfnisstrukturen haben.

Beispiele:

- Ein Haushalt, der z.B. wenig Wert auf Fleisch legt, wird bei Fleischpreiserhöhungen leichten Herzens auf größere Fleischeinkäufe verzichten. Seine **Nachfragekurve** nach Fleisch verläuft verhältnismäßig **flach.**
- Für einen anderen Haushalt sind z.B. Kartoffeln das wichtigste Lebensmittel überhaupt. Er wird seine Nachfrage kaum einschränken, wenn die Kartoffelpreise steigen. Seine **Nachfragekurve** verläuft **sehr steil.**
- Ein anderer schließlich verhält sich wie ein „Snob". Er kauft nur, wenn die Ware teuer ist und wenn andere sich die Ware nicht mehr leisten können. Seine individuelle Nachfrage ist **anomal.**

3.1.2 Einkommensänderungen und individuelle Nachfrage

Steigt das Einkommen eines privaten Haushalts und damit sein Budget, wird sich seine Nachfragekurve nach „rechts" verschieben. Diese Verschiebung (von N_0 nach N_1) bedeutet, dass der Haushalt gewillt ist, bei **jedem** denkbaren Preis **mehr** als bisher zu kaufen.

Die **Verschiebung einer Kurve** ist von der Bewegung auf einer Kurve scharf zu unterscheiden. Um eine Verschiebung einer Kurve zum Ausdruck zu bringen, verwenden wir die Begriffe **„zunehmen"** oder **„abnehmen"**.

Zunehmende Nachfrage

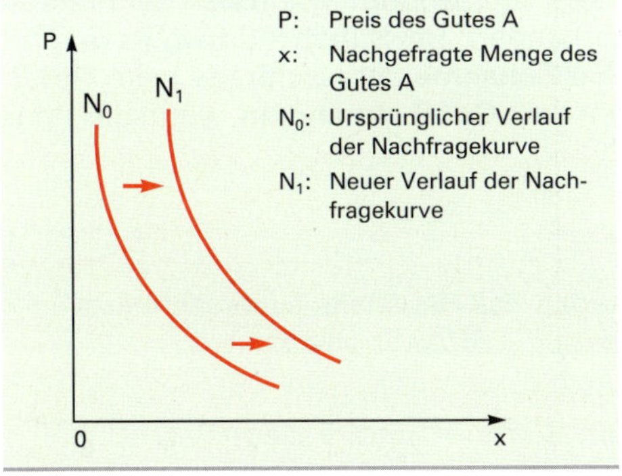

Abnehmende Nachfrage

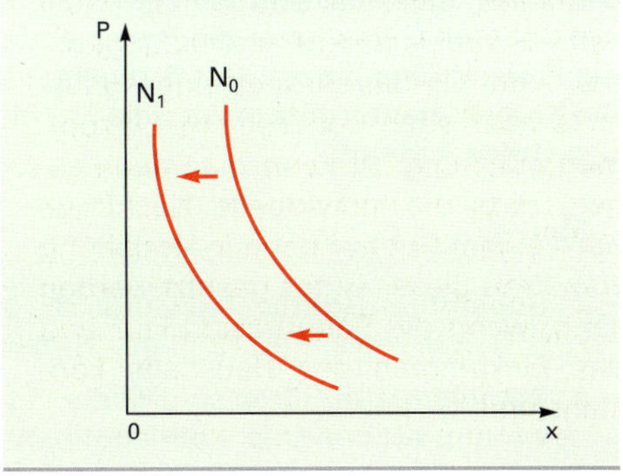

Merke:

- Die **individuelle Nachfrage** hängt von der **Bedürfnisstruktur des Haushalts**, dem **Preis eines Gutes** und von der **Höhe des Einkommens** ab.
- **Steigt** das Einkommen, **nimmt** die Nachfrage **zu** (**Rechtsverschiebung** der Nachfragekurve).
- **Sinkt** das Einkommen, **nimmt** die Nachfrage **ab** (**Linksverschiebung** der Nachfragekurve).

3.1.3 Änderungen der Bedürfnisstruktur und individuelle Nachfrage

Eine Verschiebung der Nachfragekurve kann auch durch eine Veränderung der **individuellen Bedürfnisstruktur** bewirkt werden.

Beispiel:

Aufgrund der Antiraucherkampagne mag es sein, dass ein Haushalt (ein Verbraucher) seinen Zigarettenkonsum zu reduzieren wünscht. Hat er bisher bei einem Preis von 4,00 EUR je Zigarettenschachtel täglich 2 Schachteln erworben, kauft er nunmehr bei gleichem Preis und gleich bleibendem Einkommen nur noch eine Schachtel. Die Nachfragekurve verschiebt sich nach **„links"**.

Merke:

- Die individuelle Haushaltsnachfrage ist – unter sonst gleich bleibenden Bedingungen – von der **individuellen Bedürfnisstruktur** des Haushalts abhängig.
- Nimmt die **Intensität** des Bedürfnisses nach einem Gut **zu,** nimmt auch die **Nachfrage zu.**
- Nimmt die **Intensität** des Bedürfnisses **ab,** nimmt auch die **Nachfrage ab.**

3.1.4 Preisänderungen anderer Güter und individuelle Nachfrage

Die Nachfrage nach einem bestimmten Gut kann sich auch ändern, wenn sich der Preis eines anderen Gutes (oder die Preise anderer Güter) ändert. Bei **Substitutionsgütern** führt die **Preiserhöhung** beim **Gut A** regelmäßig zu einer **Zunahme** der Nachfrage beim **Gut B.** Bei **Komplementärgütern** wird die Nachfrage nach dem **Gut B abnehmen,** wenn der **Preis** des **Gutes A steigt.**

Merke:

- **Substitutionsgüter** sind Güter, die in den Augen des Haushalts austauschbar sind (z. B. Bier – Wein; Kartoffeln – Nudeln; Feuerzeug – Streichhölzer).
- **Komplementärgüter** sind Güter, die nur zusammen verbraucht bzw. gebraucht werden können (z. B. Kaffeebohnen – Wasser; Benzin – Auto; Teller – Besteck).

Beispiele:

Steigt der Preis für Kartoffeln, wird die Nachfrage nach Nudeln zunehmen. Oder: Steigt der Preis für Schweinefleisch, nimmt die Nachfrage nach Rindfleisch zu (Substitutionsgüter).

Steigt der Preis für Superbenzin stark an, mag es sein, dass die Nachfrage nach großen und teuren Autos mit hohem Superbenzinverbrauch zurückgeht, obwohl sich der Preis dieser Autos nicht geändert hat (Komplementärgüter).

Merke:

- Die Nachfrage des privaten Haushalts nach einem bestimmten Gut ist unter sonst gleichen Bedingungen von dem **Preis eines anderen Gutes** bzw. vom Preis anderer Güter abhängig.
- Die Richtung der Nachfrageänderung bestimmt sich danach, ob es sich um Substitutionsgüter oder um Komplementärgüter handelt.[1]

3.1.5 Weitere Bestimmungsgründe der individuellen Nachfrage

Bestimmungsgründe individueller Nachfrage	Beispiele
Höhe und Aufbau des Vermögens	Ein Arbeitnehmer, der sein Vermögen in einer Eigentumswohnung angelegt hat, wird bei steigenden Preisen und gleich bleibendem Einkommen seine Nachfrage nach den Gütern des täglichen Bedarfs einschränken müssen. Ein anderer, der ein gleich großes Vermögen auf dem Bankkonto hat, unterliegt diesem Zwang in gleicher Situation nicht.
Erwartung künftiger politischer und wirtschaftlicher Ereignisse	Erwartet der Haushalt steigende Preise, mag es sein, dass er zu den jetzt noch günstigen Preisen kauft. Die Erwartung sinkender Einkommen (die Erwartung steigender Arbeitslosigkeit) wird zu abnehmender Nachfrage und steigender Ersparnis führen.

1 Beeinflusst eine Preisänderung beim Gut A (z.B. Bier) die Nachfrage nach einem Gut B (z.B. Radiergummi) überhaupt nicht oder nicht merklich, spricht man von **„indifferenten Gütern"**.

Zusammenfassung

- Das Verhalten der Nachfrager folgt dem so genannten **Nachfragegesetz,** wonach die am Markt nachgefragte Menge eines Gutes umso **kleiner** ist, je **höher** der Preis dieses Gutes ist. Umgekehrt **steigt** die am Markt nachgefragte Menge, wenn der Preis für dieses Gut **sinkt.**
- **Ändert** sich der **Preis** des Gutes unter sonst gleichen Bedingungen, findet eine Bewegung **auf** der Kurve statt.
- **Substitutionsgüter** sind Güter, die in den Augen der Nachfrager austauschbar sind.
- **Komplementärgüter** sind Güter, die nur zusammen verbraucht bzw. gebraucht werden können.
- Überblick über die **Einflussfaktoren der individuellen Haushaltsnachfrage:**

Die **Nachfrage** des Haushalts nach einem bestimmten Gut A **nimmt ab,** wenn	Die **Nachfrage** des Haushalts nach einem bestimmten Gut A **nimmt zu,** wenn
■ die Intensität des Bedürfnisses nach dem Gut A abnimmt, ■ sein Einkommen sinkt, ■ der Preis eines Komplementärgutes B steigt, ■ der Preis eines Substitutionsgutes B sinkt, ■ der Haushalt pessimistische Zukunftserwartungen hegt.	■ die Intensität des Bedürfnisses nach dem Gut A wächst, ■ sein Einkommen steigt, ■ der Preis eines Komplementärgutes B sinkt, ■ der Preis eines Substitutionsgutes B steigt, ■ der Haushalt optimistische Zukunftserwartungen hegt.

3.2 Ableitung der Marktnachfrage (Gesamtnachfrage) für ein Gut

(1) Begriff Marktnachfrage

Im vorigen Kapitel haben wir gesehen, dass ein Haushalt unter sonst gleichen Bedingungen in der Regel bei steigenden Preisen weniger Wirtschaftsgüter, bei fallenden Preisen mehr Wirtschaftsgüter nachfragt. Dabei ist zu berücksichtigen, dass die Nachfrageänderungen aufgrund von Preisänderungen bei den **einzelnen Haushalten** unterschiedlich sind, weil jeder Haushalt eine andere Bedürfnisstruktur besitzt. Wollen wir wissen, wie sich die Nachfrage **aller Haushalte** nach einem Gut bei Preisänderungen dieses Gutes verhält, müssen wir gedanklich die individuellen Nachfragen aller Haushalte nach diesem Gut **zusammenfassen** (aggregieren).

Merke:

Die **Marktnachfrage (Gesamtnachfrage)** für ein Gut ist die **Nachfrage aller privaten Haushalte** für dieses Gut. Sie ergibt sich aus der **Aggregation**[1] (Queraddition) **aller individuellen Haushaltsnachfragen.**

1 Aggregation: Vereinigung, Zusammenfassung.

(2) Mengenmäßige Marktnachfrage

Beispiel:

Die Preisabhängigkeit der Nachfrage zweier Haushalte sei wie folgt festgelegt:

Preis in EUR je kg	Nachgefragte Mengeneinheiten (kg Kartoffeln) je Zeiteinheit (je Woche) durch die Haushalte		Marktnachfrage nach Kartoffeln beider Haushalte (1) + (2)
	Müller (1)	Schmidt (2)	
1,00	–	–	–
0,80	0,5	–	0,5
0,60	1	1	2
0,40	1,5	2	3,5
0,20	2	3	5
0,00	2,5	4	6,5

Aggregation der individuellen mengenmäßigen Haushaltsnachfragekurven zur mengenmäßigen Marktnachfragekurve

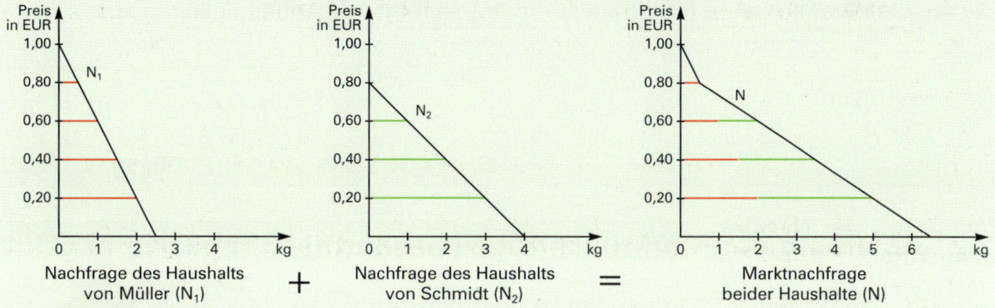

Die **mengenmäßige Marktnachfrage** („mengenmäßig" deshalb, weil Preis und nachgefragte Menge in Beziehung gesetzt werden) verhält sich demnach wie folgt **(Gesetz der Nachfrage)**:

Merke:

- Bei einem konstanten Gesamteinkommen steigt die Marktnachfrage mit sinkenden Preisen.
- Bei einem konstanten Gesamteinkommen fällt die Marktnachfrage mit steigenden Preisen.

(3) Monetäre Marktnachfrage

Derselbe Zusammenhang lässt sich auch mit einer **monetären Nachfragekurve** darstellen. Dabei gehen wir von einer **linearen Nachfragekurve** aus (vgl. Abbildung oben links auf S. 40).

Die **monetäre Nachfragekurve** (Umsatzkurve) zeigt an, welche Umsätze (Menge · Preis) bei verschiedenen Preisen und gegebener Nachfragereaktion möglich sind (vgl. Abbildung rechts).

Mengenmäßige Marktnachfragekurve

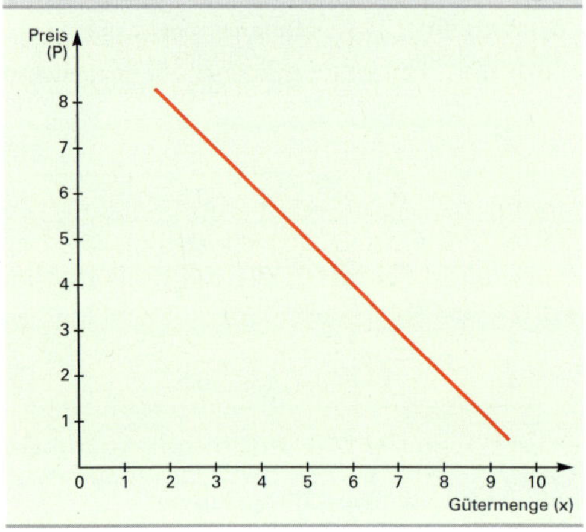

Monetäre Marktnachfragekurve

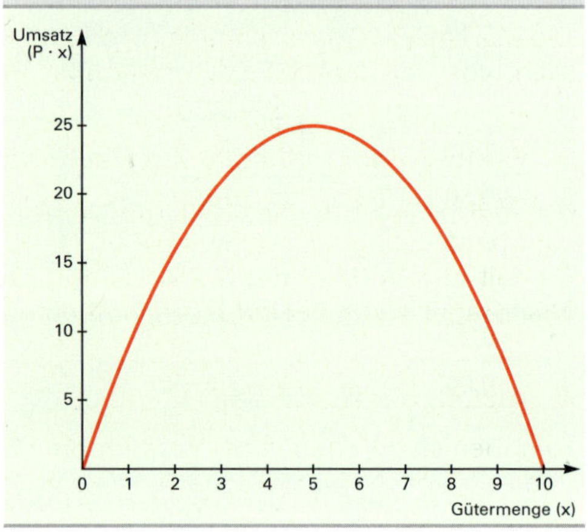

Die abgebildete monetäre Nachfragekurve drückt folgende Abhängigkeiten aus:

Preis	10 GE	9 GE	8 GE	7 GE	6 GE	5 GE	4 GE	3 GE	2 GE	1 GE
Mengenmäßige Nachfrage	–	1	2	3	4	5	6	7	8	9
Umsatz	–	9 GE	16 GE	21 GE	24 GE	25 GE	24 GE	21 GE	16 GE	9 GE

Der **Graph der Nachfragefunktion,**[1] d.h. die Nachfragekurve, ist bei den einzelnen Gütern verschieden. Außerdem wird er in Wirklichkeit keine lineare Gestalt aufweisen.

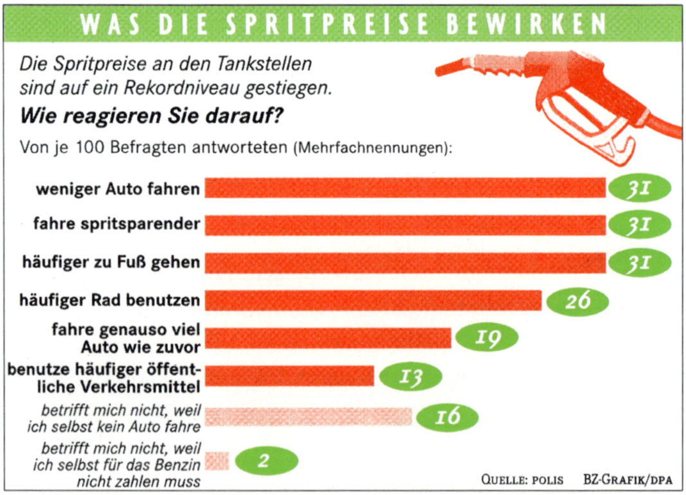

Der **Erkenntniswert** der **monetären Nachfragekurve** ist beträchtlich. Sie zeigt, dass **Preissenkungen** bei einem Gut bei normaler Nachfrage zwar den **mengenmäßigen Absatz** erhöhen, **nicht unbedingt** aber den **Um-**

---

1 Die grafische Darstellung einer Funktion bezeichnet man in der modernen Mathematik als „Graph einer Funktion". Zur sprachlichen Vereinfachung wird jedoch in der volkswirtschaftlichen Literatur nach wie vor z.B. von Nachfragekurve oder „Nachfragefunktion" gesprochen.

satz. Umgekehrt führen **Preiserhöhungen** zwar zur **Verringerung** des mengenmäßigen **Absatzes, nicht** aber **immer** zu einer **Umsatzerhöhung.**[1]

(4) Bestimmungsgründe der Marktnachfrage

Die Marktnachfrage ist abhängig von den Faktoren, die die **individuelle Nachfrage** bestimmen, von der **Zahl der nachfragenden Haushalte** und von der **Einkommensverteilung.**

Faktoren der individuellen Nachfrage

Die Marktnachfrage nach einem Gut ergibt sich aus der Aggregation (Queraddition, Zusammenfassung) aller individuellen Nachfragekurven für ein Gut. Daraus folgt, dass die Gestalt (der Verlauf) der Marktnachfragekurve von **allen Faktoren, die die individuellen Nachfragekurven beeinflussen,** mitbestimmt wird.[2]

Anzahl der Nachfrager

Daneben sind Verlauf bzw. Veränderung der Entwicklung der Marktnachfrage für ein Gut von der **Zahl der nachfragenden Haushalte** abhängig.

Beispiel:

Wächst z.B. die Bevölkerung um 10 % bei gleich bleibendem Pro-Kopf-Einkommen, ist zu erwarten, dass unter sonst gleich bleibenden Bedingungen die Nachfrage nach einem bestimmten Gut (sagen wir Schwarzbrot) ebenfalls um 10 % zunimmt.

Dies bedeutet, dass sich die Nachfragekurve nach „rechts" verschiebt: Zu jedem denkbaren Preis wird aufgrund des Bevölkerungswachstums mehr nachgefragt.

Tägliche Nachfrage nach Brot bei einer Bevölkerung von 60 Millionen

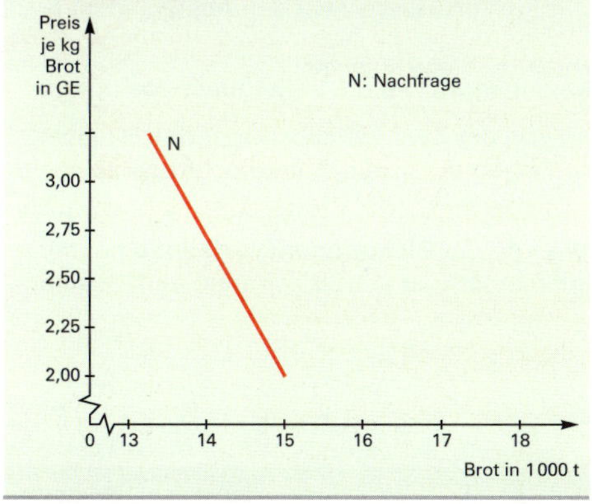

Tägliche Nachfrage nach Brot bei einer Bevölkerung von 66 Millionen

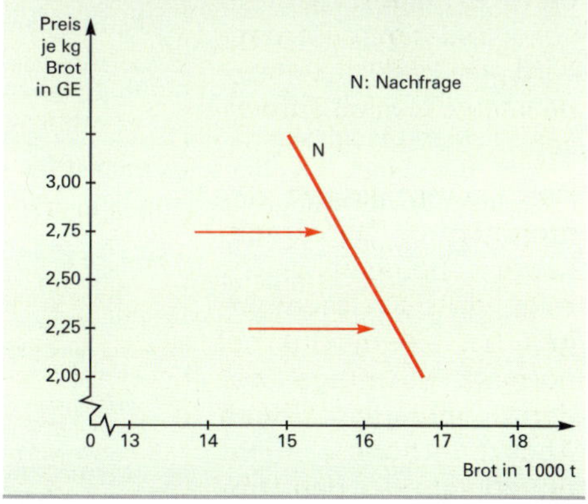

1 Über die genauen Beziehungen zwischen Nachfrageänderungen einerseits und Preisänderungen andererseits gibt die Nachfrageelastizität Auskunft, die wir im Kapitel 4.1, S. 44ff. behandeln werden.

2 Vgl. hierzu die Ausführungen in Kapitel 3.1, S. 34ff.

Schrumpft hingegen die Bevölkerung, wird unter sonst gleich bleibenden Bedingungen die Marktnachfrage (Gesamtnachfrage) früher oder später zurückgehen. Die Nachfragerückgänge spüren zunächst die Industrien, die die Nachfrage befriedigen, die unmittelbar und mittelbar mit der Zahl der Kinder zusammenhängt (Babynahrung, Kinderwagen, Laufställe, Kinderbetten, Kinderkleidung, Kinderspielzeug, Ausstattung für Kindergärten, Kinderheime und Schulen, Lernmittelhersteller usw.). Überkapazitäten, Arbeitslosigkeit und Einkommensrückgänge (Strukturkrisen) können die Folge sein.

Merke:

Bei einem **Bevölkerungswachstum** nimmt im Allgemeinen die **Marktnachfrage zu,** bei einem **Bevölkerungsrückgang ab.**

Einkommensverteilung

Die Marktnachfrage (Gesamtnachfrage) für ein Gut hängt auch davon ab, ob die Einkommen der Bevölkerung gleichmäßig oder ungleichmäßig verteilt sind. Je ungleichmäßiger die Einkommen verteilt sind, desto geringer wird die Nachfrage vor allem nach Gütern des Wahlbedarfs (z. B. Luxusreisen) sein, weil sich lediglich eine geringe Zahl der Haushalte diese Güter leisten kann. Mit **zunehmender Gleichheit** der Einkommen (bei gleich bleibendem Gesamteinkommen) wird die Nachfrage im Allgemeinen **zunehmen,** weil eine immer größere Zahl von Haushalten in die Lage versetzt wird, das angebotene Gut bezahlen (kaufen) zu können.

Zusammenfassung

- Die **Marktnachfrage** (Gesamtnachfrage) für ein Gut ergibt sich aus der **Queraddition aller** individuellen Haushaltsnachfragen.
- **Preissenkungen** bei einem Gut bei normaler Nachfrage **erhöhen** zwar den **Absatz, nicht** jedoch unbedingt den **Umsatz.**
- **Preiserhöhungen** bei einem Gut bei normaler Nachfrage **verringern** zwar den **Absatz, nicht** jedoch unbedingt den **Umsatz.**
- Die **Marktnachfrage** ist von den **gleichen Faktoren** abhängig wie die **individuelle** Nachfrage.
- Die **Marktnachfrage** für ein Gut ist zudem abhängig von der **Zahl** der nachfragenden Haushalte. Bei einem **Bevölkerungswachstum** nimmt im Allgemeinen die Marktnachfrage **zu,** bei einem **Bevölkerungsrückgang** hingegen **ab.**
- Die **Marktnachfrage** für ein Gut ist zudem abhängig von der **Einkommensverteilung** bei den nachfragenden Haushalten. Allgemein gilt: Je **ungleichmäßiger** die Einkommen verteilt sind, desto **geringer** ist die Gesamtnachfrage.

Übungsaufgabe

9

1. Definieren Sie den Begriff Marktnachfrage (Gesamtnachfrage) für ein Gut!
2. Erklären Sie mit eigenen Worten, wie die Marktnachfrage für ein Gut zustande kommt!

3. Die individuellen Nachfragekurven folgender Haushalte nach kg Kartoffeln je Woche sind bekannt:

Armbruster	Bertram	Czerny	Dietermann
$P = 1 - \frac{2}{5}x$	$P = 0{,}8 - \frac{1}{5}x$	$P = 1 - \frac{1}{5}x$	$P = 0{,}5 - \frac{1}{10}x$

P: Preis je kg Kartoffeln; x: kg Kartoffeln.

Aufgaben:

3.1 Ermitteln Sie die Gesamtnachfrage nach Kartoffeln entsprechend der Tabelle auf S. 39!

3.2 Zeichnen Sie die vier Nachfragekurven und konstruieren Sie die Gesamtnachfragekurve durch Queraddition!

4. Neben den Einkommens-, Bedürfnis- und Preisänderungen anderer Güter gibt es weitere Bestimmungsgründe der Gesamtnachfrage nach einem Gut.

Aufgabe:

Begründen Sie, wie sich die Veränderungen dieser Faktoren auf die Gesamtnachfrage auswirken!

5. In einer Volkswirtschaft gibt es 30000 Haushalte, die gewillt sind, eine 120-m²-Wohnung zu mieten. Die Monatseinkommen verteilen sich wie in nachstehender Tabelle. Weiterhin wird unterstellt, dass die Haushalte bis zu 50 % ihres Einkommens für diese Wohnungen ausgeben wollen. Unter diesen Bedingungen lässt sich die Nachfrage nach Wohnungen bei alternativen Mietpreisen errechnen.

Aufgaben:

5.1 Füllen Sie die nachstehende Tabelle aus:

Anzahl der Haushalte	Einkommen in GE	Gesamteinkommen in Mio. GE	Nachfrage nach 120-m²-Wohnungen in Stück bei einem Mietpreis von:					
			400 GE	500 GE	750 GE	1000 GE	1250 GE	1500 GE
10000	900	9,0						
8000	1250	10,0						
6000	1900	11,4						
4000	2400	9,6						
2000	5000	10,0						
30000	—	50,0						

5.2 Zeichnen Sie die Nachfragekurve nach Mietwohnungen!

5.3 Erklären Sie, wie sich die Nachfrage verhält, wenn die Einkommen gleichmäßiger verteilt wären! Nehmen wir an, dass das Gesamteinkommen in Höhe von 50 Mio. GE gleich bleibt, jedoch wie in nachstehender Tabelle angegeben verteilt ist.

Füllen Sie die Tabelle aus:

Anzahl der Haushalte	Einkommen in GE	Gesamteinkommen in Mio. GE	Nachfrage nach 120-m²-Wohnungen in Stück bei einem Mietpreis von:					
			400 GE	500 GE	750 GE	1000 GE	1250 GE	1500 GE
10000	1000	10,0						
8000	1500	12,0						
6000	2000	12,0						
4000	2500	10,0						
2000	3000	6,0						
30000	—	50,0						

5.4 Zeichnen Sie die neue Nachfragekurve nach Mietwohnungen!

5.5 Wie wirkt sich die Einkommensnivellierung (Angleichung) auf die Nachfrage aus? Begründen Sie die von Ihnen festgestellte Entwicklung!

4 Elastizitäten

4.1 Direkte Preiselastizität der Nachfrage

4.1.1 Begriff und Arten der direkten Preiselastizität der Nachfrage

(1) Begriff direkte Preiselastizität der Nachfrage

Untersuchen wir zunächst die (lineare) Nachfragekurve. Angenommen, eine Nachfragekurve hat die in der nachfolgenden Abbildung gezeigte Gestalt.[1]

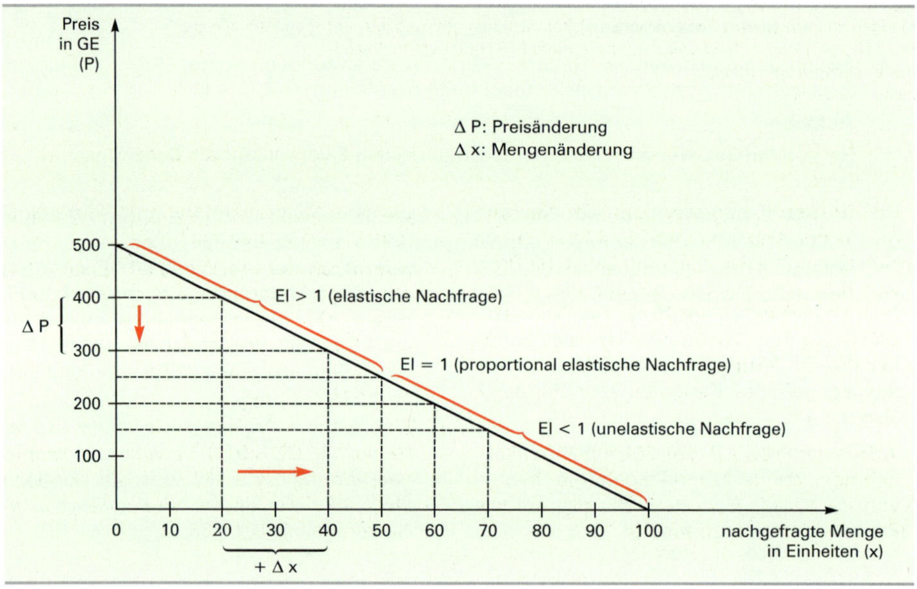

Beträgt in der obigen Abbildung der bisherige Preis z.B. 400 GE, liegt die nachgefragte Menge bei 20 Einheiten. Sinkt der Preis auf 300 GE, steigt die nachgefragte Menge auf 40 Einheiten. Der Zuwachs der Gütermenge (Δ x) beträgt, bezogen auf die **bisher** nachgefragte Menge (x), 100 %. Die Preissenkung (Δ P) beläuft sich, bezogen auf den **bisherigen** Preis, auf – 25 %. Dieser Zusammenhang kommt im Begriff der **direkten**[2] **Preiselastizität** der Nachfrage zum Ausdruck.

Merke:

- Die **direkte Preiselastizität der Nachfrage** (El_{dir}) ist das Verhältnis einer **prozentualen Nachfrageänderung** für ein bestimmtes Gut zu einer **prozentualen Preisänderung** dieses Gutes.
- $El_{dir} = \frac{\text{prozentuale Nachfrageänderung}}{\text{prozentuale Preisänderung}} = \frac{\Delta x \text{ in } \%}{\Delta P \text{ in } \%}$

1 Rechnerisch aufbereitet wird die Abbildung auf S. 46.

2 Direkt: unmittelbar. Hier ist der unmittelbare Zusammenhang zwischen Nachfrageänderung und Preisänderung angesprochen.

(2) Elastische und unelastische Nachfrage

Die direkte Preiselastizität der Nachfrage ist im Normalfall **negativ,** weil **Preiserhöhungen** ein **Sinken** bzw. **Preissenkungen** ein **Steigen** der mengenmäßigen Nachfrage nach sich ziehen. In der neueren Literatur hat man, um einen positiven Wert für die direkte Nachfrageelastizität zu erhalten, die Berechnungsformel mit – 1 multipliziert.[1] Wir werden uns im Folgenden dieser Übung anschließen:

$$El_{dir} = \frac{\Delta x \cdot 100}{x} : \frac{\Delta P \cdot 100}{P} = \frac{\Delta x \cdot 100 \cdot P}{x \cdot \Delta P \cdot 100} = \frac{\Delta x}{\Delta P} \cdot \frac{P}{x}$$

El_{dir}: direkte Preiselastizität der Nachfrage
Δx: Mengendifferenz (Unterschied zwischen bisher nachgefragter und jetzt nachgefragter Menge)
ΔP: Preisdifferenz (Unterschied zwischen bisherigem Preis und neuem Preis)
x: bisher nachgefragte Menge
P: bisheriger Preis

Beispiele:

- Die direkten Preiselastizitäten der Nachfrage aus der Abbildung von S. 44 berechnen sich auszugsweise wie folgt: Sinkt der Preis von 400 auf 300 GE, beträgt die direkte Preiselastizität 100 % : 25 % = 4. Die Elastizitätskennziffer 4 bedeutet, dass sich bei einer Preisänderung von beispielsweise 1 % die nachgefragte Menge um das Vierfache, also um 4 % ändert.
- Würde der Preis z. B. von 300 auf 250 GE abnehmen, stiege die nachgefragte Menge von 40 auf 50 Einheiten. Die prozentuale Preisänderung beträgt dann $16\,^2/_3$, die prozentuale Mengenänderung 25 %, die Nachfrageelastizität demnach 1,5.
- Nimmt z. B. der Preis von 250 GE auf 200 GE ab, steigt die Nachfrage von 50 auf 60 Einheiten. Die Mengenzunahme beläuft sich auf 20 %, die Preisabnahme ebenfalls auf 20 %. Die Elastizität ist 1 (proportional elastische Nachfrage).
- Eine weitere Preissenkung, etwa von 200 GE auf 150 GE (25 %), bewirkt eine Nachfrageerhöhung von 60 auf 70 Einheiten ($16\,^2/_3$ %). Die direkte Preiselastizität der Nachfrage beträgt 0,66.

Die Untersuchung der Nachfragekurve zeigt uns also, dass die Werte für die Preiselastizität in **jedem Punkt** der Kurve **unterschiedlich** sind.[2]

Merke:

- Sind die Änderungen der nachgefragten Mengen prozentual (relativ) **größer** als die prozentualen Preisänderungen (die Elastizität ist größer als 1), spricht man von **elastischer Nachfrage.**

---

1 Es ist üblich, nur die Kennziffer für die direkte Preiselastizität mit – 1 zu multiplizieren. Alle übrigen Elastizitätskennziffern (vgl. Kapitel 4.2 und 4.3) werden mit ihren tatsächlichen Werten ausgewiesen.

2 Die hier dargestellte Methode zur Berechnung der Elastizitätskennziffern genügt für praktische Zwecke vollkommen. Mathematisch ist sie jedoch ungenau, weil die Elastizität in jedem einzelnen Punkt der Nachfragekurve einen anderen Wert aufweist. Eine exakte Elastizitätsberechnung ist nur möglich, wenn man von sehr kleinen (gegen null tendierenden) Veränderungen der Preise und Mengen ausgeht (dx bzw. dP).

Genauere Werte für die Elastizität erhält man, wenn man die Preis- bzw. Mengenveränderungen nicht auf die bisherigen Preise bzw. Mengen bezieht, sondern die Durchschnittswerte als Basis nimmt. Sinkt z. B. der Preis von 250 auf 200 GE (siehe Abbildung auf S. 44) und steigt infolgedessen die nachgefragte Menge von 50 auf 60 Stück, so ergibt sich ein mittlerer Preis von 225 GE und eine mittlere Menge von 55 Stück. Die prozentuale Mengenänderung beträgt dann 9,09 %, die prozentuale Preisänderung 11,11 %, die Elastizitätskennziffer 0,82. Der Vorteil dieser Berechnungsmethode liegt nicht nur darin, dass sie genauer ist, sondern man erhält auch die gleichen Elastizitätswerte, gleichgültig, ob man von sinkenden oder steigenden Preisen bzw. Mengen ausgeht.

■ Sind die prozentualen Mengenänderungen **kleiner** als die prozentualen Preisänderungen (die Elastizität ist kleiner als 1), ist die Nachfrage **unelastisch.**

In den nachstehenden Tabellen wird die Abbildung von S. 44 rechnerisch aufbereitet und die Wirkung einer Preissenkung auf den Umsatz dargestellt.

Vor der Preissenkung nachgefragte Menge (x)	Nach der Preissenkung nachgefragte Menge	Mengenänderung (Differenz = Δ x)	Prozentuale Mengenänderung (Δ x in % von x)
0	20	20	∞ %
20	40	20	100 %
40	50	10	25 %
50	60	10	20 %
60	70	10	$16\frac{2}{3}$ %

<table>
<tr><th>Bisheriger Preis (P)</th><th>Neuer Preis</th><th>Preisänderung (Δ P)</th><th>Prozentuale Preisänderung (Δ P in % von P)</th><th>$\frac{\Delta x \text{ in } \%}{\Delta P \text{ in } \%}$</th><th>Elastizität</th><th>Wirkung der Preissenkung auf den Umsatz (x · P)</th></tr>
<tr><td>500</td><td>400</td><td>100</td><td>20 %</td><td>$\frac{\infty\,\%}{20\,\%}$</td><td>∞</td><td rowspan="5">↓
Umsatz steigt
↓
Umsatz unverändert
↓
Umsatz sinkt
↓</td></tr>
<tr><td>400</td><td>300</td><td>100</td><td>25 %</td><td>$\frac{100\,\%}{25\,\%}$</td><td>4</td></tr>
<tr><td>300</td><td>250</td><td>50</td><td>$16\frac{2}{3}$ %</td><td>$\frac{25\,\%}{16\frac{2}{3}\,\%}$</td><td>1,5</td></tr>
<tr><td>250</td><td>200</td><td>50</td><td>20 %</td><td>$\frac{20\,\%}{20\,\%}$</td><td>1</td></tr>
<tr><td>200</td><td>150</td><td>50</td><td>25 %</td><td>$\frac{16\frac{2}{3}\,\%}{25\,\%}$</td><td>0,66</td></tr>
</table>

(3) Formen der elastischen und unelastischen Nachfrage

In der Wirklichkeit streuen die Elastizitäten **nicht** in ihrer ganzen Breite von 0 bis ∞. Von der Nachfrage nach **lebensnotwendigen Gütern** (nach Gütern des **Zwangsbedarfs**) wird gesagt, dass sie eine **niedrige Nachfrageelastizität** aufweisen, während von den **Kultur- und Luxusbedürfnissen** (nach Gütern des **Wahlbedarfs**) behauptet wird, dass die **Nachfrageelastizität hoch** sei (vgl. Abbildung 1 auf S. 47). Statistische Untersuchungen zeigen jedoch, dass dem nicht unbedingt so sein muss.

Der in Abbildung 2 auf S. 47 gezeigte Abschnitt einer Nachfragekurve zeigt den Bereich **unelastischer Nachfrage**: Eine **relativ starke Preisänderung** bewirkt nur eine **relativ geringe Nachfrageänderung.** Die Nachfrage ist, wie man verkürzt zu sagen pflegt, „unelastisch". Wirtschaftlich gesehen spielt der Bereich der elastischen Nachfrage bei dieser Kurve keine Rolle. (Beispiele: Nachfrage nach Babynahrung oder nach Süßstoff für Zuckerkranke.)

Elastische Nachfrage (Nachfrage nach Gütern des Wahlbedarfs): Bei Preissenkungen (-erhöhungen) steigt (sinkt) die Nachfrage verhältnismäßig stark

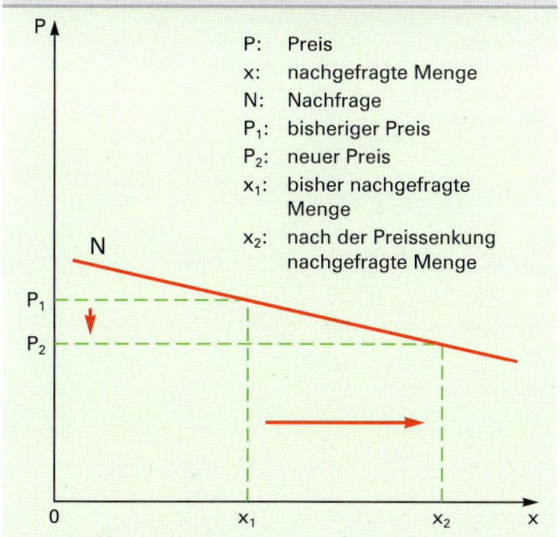

Abb. 1

Unelastische Nachfrage (Nachfrage nach Gütern des Zwangsbedarfs): Bei Preissenkungen (-erhöhungen) steigt (sinkt) die Nachfrage verhältnismäßig schwach

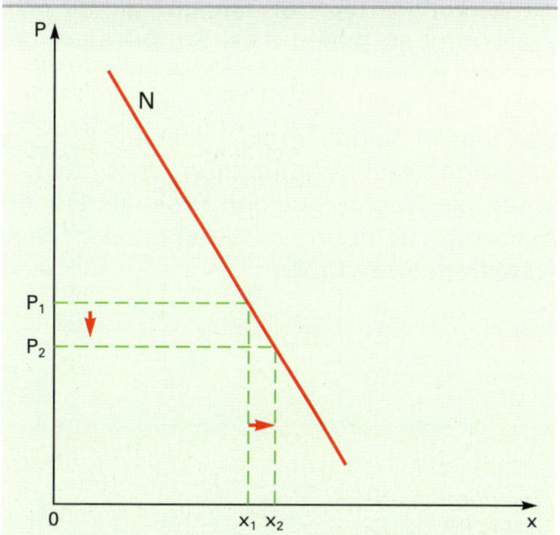

Abb. 2

Die Abb. 1 zeigt den elastischen Bereich einer Nachfragekurve. Verkürzt spricht man von **elastischer Nachfrage,** weil eine **relativ geringe Preisänderung** eine **relativ große Nachfrageänderung** mit sich bringt (z. B. Schmuck, Flugreisen).

Stellt die Nachfragekurve eine Parallele zur Abszisse (x-Achse) dar, ist die Elastizität unendlich groß (∞). Die Nachfrage ist **vollkommen elastisch** (siehe Abb. 3). Dies bedeutet praktisch, dass die Nachfrager **jede beliebige Menge** zu **einem** bestimmten Preis kaufen würden (Grenzfall). Ist die Nachfragekurve eine Parallele zur Ordinate (y-Achse), beträgt die Elastizität **null.** Die Nachfrage ist **vollkommen unelastisch** (siehe Abb. 4): Preisänderungen ziehen **keine** Änderungen der mengenmäßigen Nachfrage nach sich (Grenzfall).

Vollkommen elastische Nachfrage

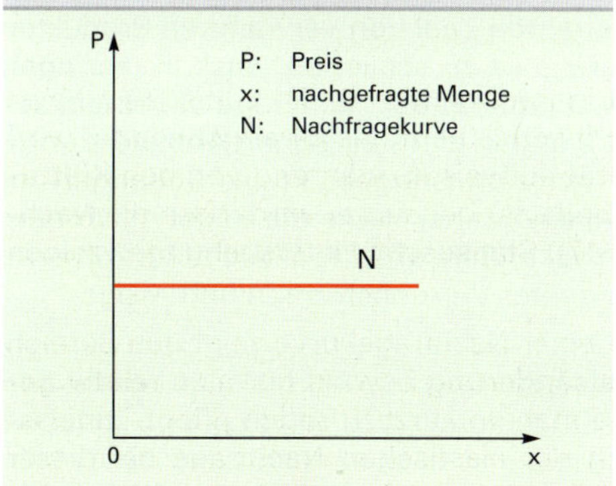

Abb. 3

Vollkommen unelastische Nachfrage

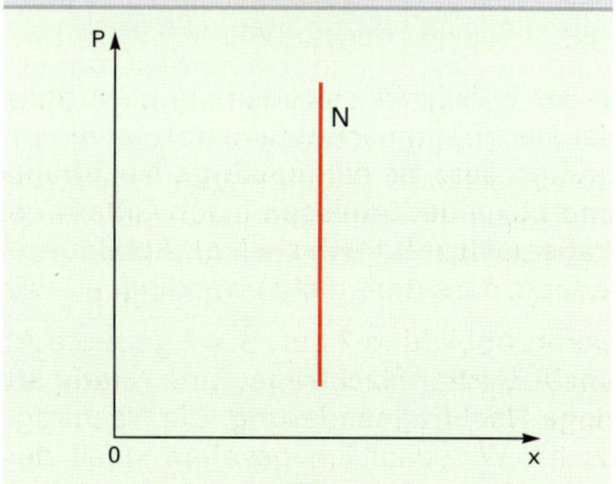

Abb. 4

Es ist sogar möglich, dass die Nachfragefunktion eine **anomale Gestalt** aufweist (vgl. nebenstehende Abbildung), d.h., dass bei **steigenden Preisen** mit **steigender Nachfrage** und umgekehrt zu rechnen ist. Das ist der Fall bei Waren mit so genanntem **Snob-Value,** denen erst von einem gewissen Preis an ein Wert beigemessen wird, schon deshalb, weil nicht jeder diesen hohen Preis bezahlen kann. Eine derartige Nachfragefunktion liegt auch vor, wenn die Nachfrager den Preis als **Qualitätsmaßstab** nehmen (**anomale** oder **inverse Nachfrageelastizität**).

Snobeffekt (anomale Nachfrage)

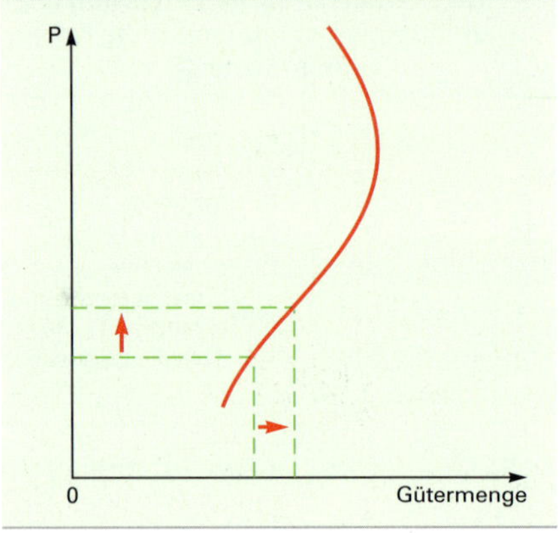

4.1.2 Bedeutung der direkten Preiselastizität der Nachfrage

Kann ein Anbieter aufgrund von Marketingmaßnahmen die Elastizitätskennziffern für sein Produkt bzw. für seine Ware ermitteln oder zumindest abschätzen, ist er auch in der Lage zu beurteilen, ob seine Preispolitik zu sinkenden oder zu steigenden Umsätzen führt.

Merke:

- Ist die Nachfrage **elastisch** ($El_{dir} > 1$), führen **Preissenkungen** zu steigenden Umsätzen, **Preiserhöhungen** zu **sinkenden** Umsätzen.
- Ist die Nachfrage **unelastisch** ($El_{dir} < 1$), führen **Preissenkungen** zu **Umsatzrückgängen, Preissteigerungen** zu **steigenden Umsätzen.**

Allerdings ist festzuhalten: Die immer größer werdende Zahl von verwandten Produkten führt zu zunehmender **Substitutkonkurrenz.** Daraus ist zu schließen, dass in den **hoch entwickelten** Volkswirtschaften die **direkte Preiselastizität** der Nachfrage **allgemein zunimmt.** Dies führt wiederum dazu, dass Preiserhöhungen eines einzelnen Anbieters unter sonst gleichen Bedingungen Umsatzeinbußen mit sich bringen. Preiserhöhungen im Gleichschritt oder mit kurzer zeitlicher Abstufung sind daher heute die Regel geworden. Der Konkurrenzkampf der Anbieter verlagert sich auf andere absatzpolitische Instrumente wie z.B. Werbung, Produktgestaltung, Wahl geeigneter Vertriebsformen und -wege.

4.2 Kreuzpreiselastizität – indirekte Preiselastizität der Marktnachfrage

4.2.1 Begriff und Arten der Kreuzpreiselastizität

Neben der direkten Preiselastizität kennt die Volkswirtschaftslehre den Begriff der **indirekten Preiselastizität,** auch **Kreuzpreiselastizität** (El_{ind}) genannt.

Merke:

- Die **Kreuzpreiselastizität (indirekte Preiselastizität der Nachfrage)** ist das Verhältnis einer prozentualen Nachfrageänderung für ein Gut A zu einer prozentualen Preisänderung eines Gutes B.
- $El_{ind} = \frac{\text{prozentuale Nachfrageänderung für das Gut A}}{\text{prozentuale Preisänderung für ein Gut B}} = \frac{\Delta\, x_A \text{ in \%}}{\Delta\, P_B \text{ in \%}}$

Der Sachverhalt lässt sich auch mit folgender **Formel** wiedergeben:

$$El_{ind} = \frac{\Delta x_A \cdot 100}{x_A} : \frac{\Delta P_B \cdot 100}{P_B} = \frac{\Delta x_A \cdot 100 \cdot P_B}{x_A \cdot \Delta P_B \cdot 100} = \frac{\Delta x_A}{\Delta P_B} \cdot \frac{P_B}{x_A}$$

El_{ind}: indirekte Preiselastizität der Nachfrage (Kreuzpreiselastizität)
Δx_A: Mengendifferenz (Unterschied zwischen bisher nachgefragter Menge des Gutes A und jetzt nachgefragter Menge des Gutes A)
ΔP_B: Preisdifferenz (Unterschied zwischen bisherigem Preis des Gutes B und neuem Preis des Gutes B)
x_A: bisher nachgefragte Menge des Gutes A
P_B: bisheriger Preis des Gutes B

Arten der Kreuzpreiselastizität	Erläuterungen	Beispiele
Komplementärelastizität	Bei der indirekten Preiselastizität der Nachfrage ist die Elastizitätskennziffer (der Elastizitätskoeffizient) **negativ,** wenn es sich um **Komplementärgüter** handelt.	Steigt der Preis für Benzin von 1,00 GE auf 1,10 GE, nimmt – so sei angenommen – die Nachfrage nach Autos mit hohem Benzinverbrauch von 2000 auf 1600 Stück je Periode ab. Die Komplementärelastizität beträgt – 2. Dies besagt, dass der Prozentsatz der Nachfrageverringerung beim Gut A (Autos) doppelt so groß ist wie der Prozentsatz der Preiserhöhung beim Gut B (Benzin).
Substitutionselastizität	Bei **Substitutionsgütern** ist die Elastizitätskennziffer **positiv.**	Steigt der Preis für Schweinefleisch von 10,00 GE auf 12,00 GE je kg, nimmt die Nachfrage nach Rindfleisch – so sei unterstellt – von 1000 kg auf 1100 kg je Periode zu. Die Substitutionselastizität beträgt + 0,5. Dies besagt, dass die Haushalte in dem betreffenden Gebiet auf Rindfleisch ausweichen, falls dessen Preis konstant bleibt. Der Prozentsatz der Nachfrageerhöhung nach dem Gut A (Rindfleisch) ist halb so groß (0,5) wie der Prozentsatz der Preiserhöhung des Gutes B (Schweinefleisch).

4 Speth - ISBN 978-3-8120-0584-5

4.2.2 Bedeutung der Kreuzpreiselastizität

Für Anbieter ist es nicht nur wichtig, die Reaktionen der Käufer bei eigenen Preisänderungen vorauszuschätzen, sondern auch die Preisentwicklung bei **Konkurrenzprodukten,** die in der Regel den Charakter von Substitutprodukten besitzen (Autos verschiedener Hersteller, Mobilfunktarife verschiedener Anbieter), zu beobachten. Bei Preiserhöhungen der Substitutionsgüter kann es daher sinnvoll sein, eigene Preiserhöhungen zu unterlassen, um einen größeren Marktanteil zu gewinnen. Eigene Preiserhöhungen führen hingegen dazu, dass die Kunden auf Konkurrenzprodukte (Substitute) ausweichen. Die steigende Zahl eng verwandter Produkte bringt so eine **Schwächung der Marktmacht** der Anbieter und eine Stärkung der Marktmacht der Verbraucher mit sich.

Anbieter, die Komplementärgüter herstellen bzw. vertreiben (z.B. Fensterglas – Rohbauerstellung), müssen mit einer negativen Kreuzpreiselastizität rechnen. **Steigen** die Preise der **Komplementärgüter,** sind unter sonst gleichen Bedingungen **Nachfragerückgänge** nach dem eigenen Produkt zu erwarten. Für Anbieter von Komplementärgütern ist es demnach lebenswichtig, den **langfristigen Trend** (Entwicklungsrichtung) auf dem Komplementärgütermarkt zu beobachten. Bei rückläufigen Entwicklungen helfen preispolitische Maßnahmen nicht, den Umsatz zu halten. Vielmehr müssen sich solche Anbieter rechtzeitig auf die Produktion bzw. den Handel mit zukunftssicheren Gütern einstellen.

4.3 Einkommenselastizität der Marktnachfrage

4.3.1 Begriff der Einkommenselastizität

Über die Beziehungen zwischen der durchschnittlichen Änderung des Einkommens **aller** Wirtschaftssubjekte einer Volkswirtschaft und der Entwicklung der **Nachfrage nach einem bestimmten Gut** gibt die **Einkommenselastizität der Nachfrage** (El_E) Auskunft.

Merke:

- Unter **Einkommenselastizität der Nachfrage** versteht man das Verhältnis einer prozentualen Nachfrageänderung eines Gutes zu einer prozentualen Veränderung des Volkseinkommens.
- $El_E = \frac{\text{prozentuale Nachfrageänderung für ein Gut}}{\text{prozentuale Änderung des Volkseinkommens}} = \frac{\Delta \text{ x in \%}}{\Delta \text{ E in \%}}$

Die **Berechnungsformel** lautet:

$$El_E = \frac{\Delta x \cdot 100}{x} : \frac{\Delta E \cdot 100}{E} = \frac{\Delta x \cdot 100 \cdot E}{x \cdot \Delta E \cdot 100} = \frac{\Delta x}{x} \cdot \frac{E}{\Delta E}$$

Es bleibt offen, ob die Einkommenselastizität positiv oder negativ ist. Bei **Gütern des gehobenen Bedarfs** ist es in der Regel so, dass die **Nachfrage zunimmt,** wenn die **Einkommen steigen.** Güter mit einer **positiven** Einkommenselastizität heißen **superiore**[1] **Güter.** Man spricht von elastischer Nachfrage, wenn die Elastizitätskennziffer größer als 1 ist, von unelastischer Nachfrage, wenn die Elastizitätskennziffer kleiner als 1 ist.

1 Superior: höherwertig, übergeordnet.

4.3.2 Engel-Schwabe'sches Gesetz

Die Nachfrage nach verschiedenen Gütergruppen wächst mit steigendem Einkommen sehr unterschiedlich. So hat im Jahre 1857 der Statistiker ENGEL[1] nachgewiesen, dass mit steigendem Einkommen die privaten Haushalte für Grundnahrungsmittel kaum mehr ausgeben. Dies bedeutet, dass der prozentuale Anteil der Haushaltsausgaben für Grundnahrungsmittel mit steigendem Einkommen sinkt, mit sinkendem Einkommen wächst **(Engel'sches Gesetz).** Der Grund: Auch die Reichen können kaum mehr Wasser verbrauchen, mehr Brot essen oder mehr Salatöl verwenden als die Armen.

Analog dazu stellte der Statistiker SCHWABE[1] bei steigendem Einkommen **absolut steigende** Ausgaben für Wohnen fest, wobei der **Anteil** der Wohnausgaben vom Einkommen jedoch **sinkt.** Die Einkommenselastizität der Nachfrage nach Wohnungsnutzung ist also **kleiner** als eins. Das Engel'sche Gesetz bzw. **Engel-Schwabe'sche Gesetz** zählt zu den durch empirische Forschung am besten gesicherten wirtschaftlichen Gesetzmäßigkeiten.

Merke:

Mit **steigendem Einkommen** nehmen die **Ausgaben für Grundnahrungsmittel** (ENGEL) bzw. **Wohnraum** (SCHWABE) **absolut zu,** der **Anteil dieser Ausgaben am Einkommen** aber **sinkt** (Engel-Schwabe'sches Gesetz).

Allerdings gibt es auch Güter, bei denen die Nachfrage nicht steigt, wenn die Einkommen steigen. Sie nimmt sogar absolut ab. Dies ist bei den so genannten **inferioren[2] Gütern** der Fall: Mit steigenden Einkommen werden sie durch **superiore Güter** ersetzt (z.B. Brötchen statt Brot, Fruchtsäfte statt Wasser, Gemüse statt Kartoffeln). Bei inferioren Gütern ist demnach die Einkommenselastizität **negativ.**

Zunehmende Nachfrage nach einem superioren Gut aufgrund von Einkommenserhöhungen (Verschiebung der Nachfragekurve nach „rechts")

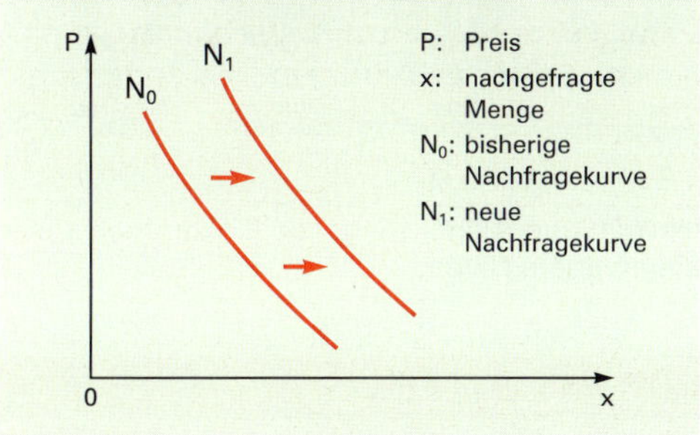

Abnehmende Nachfrage nach einem inferioren Gut aufgrund von Einkommenserhöhungen (Verschiebung der Nachfragekurve nach „links")

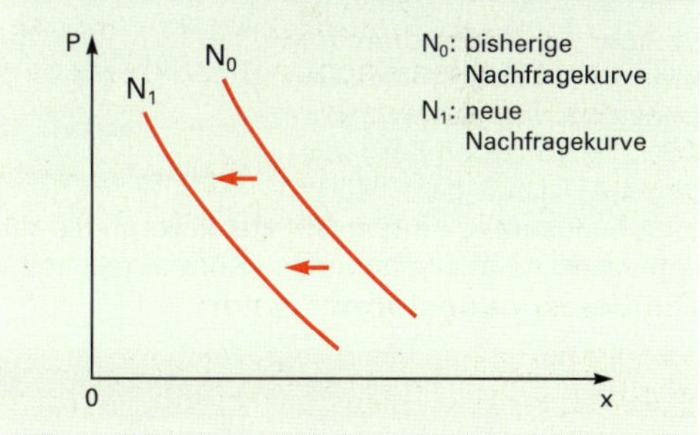

1 ERNST ENGEL (1821–1896) und HERMANN SCHWABE (1830–1874) waren preußische Statistiker.

2 Inferior: wörtl. minderwertig, untergeordnet.

4.3.3 Bedeutung der Einkommenselastizität

Untersuchungsergebnisse über tatsächliche Einkommenselastizitäten in einer Volkswirtschaft sind nicht nur für die Unternehmen (die Anbieter) interessant, weil sich daraus Rückschlüsse auf die **Marktentwicklung** ziehen lassen, sondern auch für die Regierungen. Will eine Regierung z. B. die Steigerungsraten ihrer Einnahmen aus indirekten Steuern[1] an die Steigerungsraten der Einkommen binden, muss sie die Güter am stärksten belasten, die eine **hohe Einkommenselastizitätskennziffer** aufweisen. Diese Spaltung der Steuersätze ist auch sozialpolitisch erwünscht, weil die Schichten mit niedrigen Einkommen steuerlich entlastet werden.

In der Realität stößt man jedoch bei der Festlegung der Einkommenselastizitäten auf Schwierigkeiten, weil sich diese im Zeitablauf in nicht immer voraussehbarer Weise verändern. Technische Neuerungen, modische Änderungen, Geschmackswandel, wachsendes Umwelt- und Gesundheitsbewusstsein – insbesondere zwischen Generationen – und auch Schwerpunkte der Werbung beeinflussen das Verbraucherverhalten im Gegensatz zur Vergangenheit, in der die zumeist starke Steigerung der Einkommen zu einem optimistischen Verbraucherverhalten aufgrund sich rechtfertigender Einkommenserwartungen geführt hat.

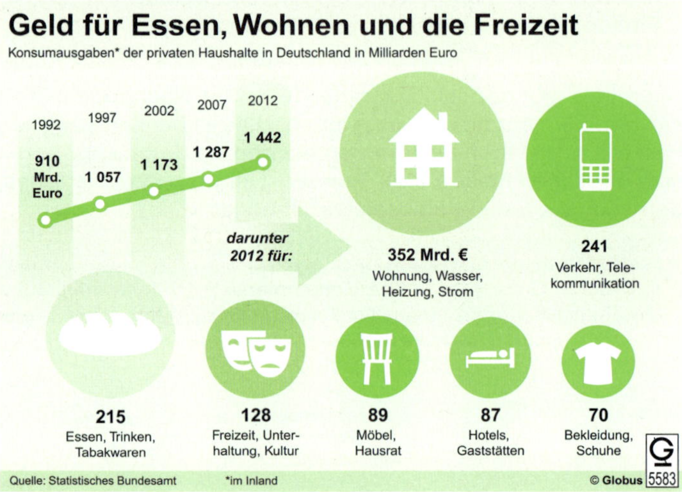

In den vergangenen zehn Jahren sind die Ausgaben für den privaten Konsum in Deutschland um 23 Prozent gestiegen. 1,4 Billionen Euro gaben die privaten Haushalte im Jahr 2012 aus. Mit einem Anteil von 24 Prozent wurde das meiste Geld fürs Wohnen verwendet: Miete, Strom, Heizung und Wasser verschlangen 352 Milliarden Euro. Der zweitgrößte Posten auf der Haushaltsrechnung sind die Ausgaben für Verkehr und Telekommunikation. Für Lebensmittel, Getränke und Tabakwaren wurden 215 Milliarden Euro ausgegeben. Laut dem Marktforschungsunternehmen GfK stabilisieren die gute Beschäftigungslage, steigende Einkommen sowie eine niedrige Inflationsrate den Konsum derzeit auf einem guten Niveau.

Zusammenfassung

Die **direkte Preiselastizität der Nachfrage** ist das Verhältnis einer **prozentualen** Änderung der nachgefragten **Menge** eines bestimmten Gutes zu einer **prozentualen Preisänderung** dieses Gutes.

1 Die Steuern werden von der Statistik in direkte und indirekte Steuern eingeteilt. Zu den **indirekten Steuern** rechnen alle **Kostensteuern**, d. h. die Steuern, die bei der Gewinnermittlung abzugsfähig sind und die die Unternehmen voll auf die Verbraucher überwälzen (z. B. Gewerbesteuer, Grundsteuer, Tabaksteuer, Kaffeesteuer und Umsatzsteuer). Alle übrigen Steuern werden als **direkte Steuern** bezeichnet, weil sie aus dem **Gewinn** zu zahlen sind (z. B. Einkommensteuer, Körperschaftsteuer).

- Die **direkte Preiselastizität** der Nachfrage ist im Normalfall **negativ**.
- Ist die Elastizität **größer** eins, spricht man von einer **elastischen Nachfrage,** ist die Elastizität **kleiner** eins, handelt es sich um eine **unelastische Nachfrage.**
- Ist die **Nachfrage elastisch,** führen **Preissenkungen zu Umsatzsteigerungen;** ist die **Nachfrage unelastisch,** führen **Preissenkungen zu Umsatzrückgängen.**
- Bei der **Kreuzpreiselastizität (indirekte Preiselastizität der Nachfrage)** setzt man die prozentuale Nachfrageänderung für ein **Gut A** zu einer prozentualen Preisänderung von **Gut B** in Beziehung.
- Ist die Kreuzpreiselastizität **positiv,** handelt es sich um **Substitutionsgüter,** ist sie hingegen **negativ,** handelt es sich um **Komplementärgüter.**
- Die **Einkommenselastizität** bemisst das Verhältnis einer prozentualen Nachfrageänderung zu einer prozentualen Einkommensänderung.
- Ist die Einkommenselastizität **negativ,** handelt es sich um ein **inferiores** Gut, ist sie hingegen **positiv,** handelt es sich um ein **superiores** Gut.
- Überblick über die **Arten der Nachfrageelastizität:**

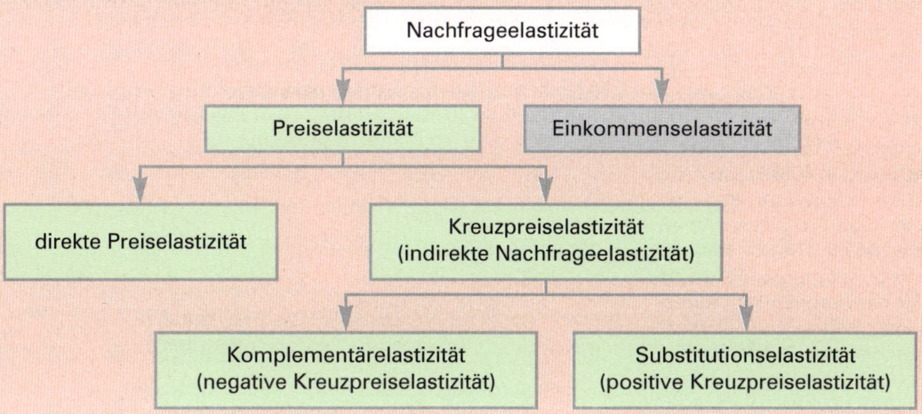

Übungsaufgaben

10 1. Definieren Sie die Arten der Nachfrageelastizität und geben Sie die jeweilige Berechnungsformel an!

2. Ein Winzer hat im vergangenen Jahr 100 hl Wein hergestellt. Seine Gesamtkosten beliefen sich auf 10 000,00 GE. Er besitzt eine Stammkundschaft, die allerdings nicht bereit ist, jeden geforderten Preis zu zahlen. Seine Kunden reagieren auf Preisänderungen wie folgt:

Preis je Liter	1,90	1,80	1,70	1,60	1,50
Gekaufte Mengen (in l)	8 000	8 500	9 000	9 500	10 000

Aufgaben:

2.1 Berechnen Sie die Elastizitätskennziffern, wenn der Winzer den Preis von 1,90 GE auf 1,80 GE, von 1,80 GE auf 1,70 GE, von 1,70 GE auf 1,60 GE und von 1,60 GE auf 1,50 GE senkt!

2.2 Nennen Sie die Art der Elastizität, die Sie unter 2.1 berechnet haben!

2.3 Ermitteln Sie den Preis, den der Winzer festsetzen wird, wenn er einen maximalen Umsatz erzielen will! Berechnen Sie seinen Reingewinn!

2.4 Erklären Sie, welche Beziehungen zwischen den von Ihnen berechneten Elastizitätskennziffern und der Umsatzentwicklung bei alternativen Preisen bestehen!

3. Angenommen, der Bierpreis ist um 20 % gestiegen. Daraufhin nimmt die Nachfrage nach Wein um 10 % zu.

Aufgaben:

3.1 Berechnen Sie die Elastizitätskennziffer!

3.2 Nennen Sie die Art der Elastizität, die Sie unter 3.1 berechnet haben!

3.3 Erklären Sie die Zunahme der Nachfrage nach Wein!

4. Angenommen, die Baukosten sind um 10 % gestiegen. Daraufhin nimmt die Nachfrage nach Einbauküchen um 4 % ab.

Aufgaben:

4.1 Berechnen Sie die Elastizitätskennziffer!

4.2 Nennen Sie die Art der Elastizität, die Sie unter 4.1 berechnet haben!

4.3 Erklären Sie die Gründe für die Abnahme der Nachfrage nach Einbauküchen!

5. Angenommen, die Einkommen aller privaten Haushalte einer Volkswirtschaft sind in einem bestimmten Jahr um 8 % gestiegen. Die Einkommenselastizität für Anzüge beträgt 0,8, die für Kaffee 0,75 und die für Mangold (Gemüsesorte) – 0,1. Im Jahr zuvor wurden 1 Mio. Anzüge, 20 Mio. kg Kaffee und 50 Mio. kg Mangold gekauft.

Aufgabe:

Erläutern Sie, wie sich der Absatz bei den drei genannten Güterarten entwickelt hat!

6. In Frage 5 sind drei Güterarten genannt.

Aufgaben:

6.1 Nennen Sie die Güterarten, welche(s) davon inferior, welche(s) superior sind (ist)!

6.2 Erklären Sie, worin der Unterschied zwischen beiden Güterarten liegt!

7. Lesen Sie nachstehenden Text sorgfältig durch:

> Zunächst folgt aus der verschiedenen Nachfrageelastizität für diese oder jene Güter, „dass der Verbrauch der Individuen, ohne Rücksicht auf ihre Einkommensunterschiede, umso gleichförmiger zu sein pflegt, je unelastischer das in Frage stehende Bedürfnis ist. Nun wissen wir aber, dass das umso mehr der Fall ist, je lebenswichtiger ein Bedürfnis ist. In der Tat verbrauchen die Reichen kaum mehr Wasser, Salz oder Brot als die Armen. Ein anderes Ergebnis ist dieses: Je kleiner das Einkommen ist, umso größer ist derjenige Teil, der für Lebensmittel ausgegeben wird. Diese Tatsache ist zuerst von dem preußischen Statistiker Engel im Jahre 1857 nachgewiesen worden (Engel'sches Gesetz); ein anderer Statistiker, Schwabe, hat später den gleichen Nachweis für Wohnungsausgaben erbracht (Schwabe'sches Gesetz)."[1]

Aufgaben:

7.1 Von welcher Elastizitätsart ist die Rede? Begründen Sie Ihre Aussage!

7.2 Welche Güterart wird angesprochen? Begründen Sie Ihre Antwort!

1 RÖPKE, W., a.a.O., S. 27.

11 Frau Erika Kuhl hat folgende Nachfragefunktion nach Benzin:

$$P = 4 - \frac{1}{10}x,$$

wobei P: Preis und x: nachgefragte Liter Benzin je Woche bedeuten.

Aufgaben:

1. Zeichnen Sie die individuelle Nachfragekurve (N_1) von Frau Kuhl!
2. Begründen Sie, warum es sich um eine normale Nachfragekurve handelt!
3. Aufgrund einer Tariflohnerhöhung steigt das Einkommen von Frau Kuhl. Sie ist gewillt, bei jedem denkbaren Benzinpreis wöchentlich 10 Liter Benzin mehr als bisher zu kaufen.

   Stellen Sie zeichnerisch und verbal dar, wie sich die Nachfragekurve von Frau Kuhl gegenüber der Nachfragekurve N_1 (Aufgabe 1) verändert hat!
4. Frau Kuhl ändert ihr Verhalten und beschließt, aufgrund ihres gestiegenen Einkommens 25% mehr Benzin als bisher (Situation 1, Nachfragekurve N_1) zu kaufen.

   Zeichnen Sie die neue Nachfragekurve!
5. Erläutern Sie, worin sich die Veränderung im Fall 4 von der Veränderung im Fall 3 unterscheidet!
6. Frau Kuhl bekommt einen neuen Arbeitsplatz im Nachbarort, den sie nur mit dem Auto erreichen kann. Sie braucht wöchentlich 20 Liter Benzin. Auf private Autofahrten verzichtet sie vollständig.

   Zeichnen Sie die Nachfragekurve von Frau Kuhl!
7. Wie heißt eine derartige Nachfragekurve und wie lässt sich deren Verlauf begründen?
8. Frau Kuhl schließt sich mit einer Kollegin, die am gleichen Ort wohnt, zu einer Fahrgemeinschaft zusammen, sodass sie unter sonst gleichen Bedingungen wöchentlich nur noch halb so viel Benzin wie zuvor braucht.

   Zeichnen Sie die neue Nachfragekurve von Frau Kuhl!

12

1. WILHELM RÖPKE schrieb in seinem Buch „Die Lehre von der Wirtschaft" u.a.: „Wir sehen den Vorgang in voller Deutlichkeit bei einem so trivialen Anlass wie dem des Kofferpackens für eine Reise. Da wir nicht unsere ganze Habe mitnehmen können, überlegen wir uns zunächst, welche Dinge wir am dringendsten brauchen (Auswahl); zugleich aber wägen wir ein Mehr an Hemden gegen ein Weniger an Schuhen, ein Mehr an Büchern gegen ein Weniger an Anzügen so gegeneinander ab, dass alles in einem vernünftigen Verhältnis zueinander steht (Begrenzung)."

   Aufgabe:

   Welches „Gesetz" wird hier von RÖPKE beschrieben? Begründen Sie Ihre Aussage!
2. Angenommen, der in Übungsaufgabe 8, Nr. 3 (vgl. S. 33) angesprochene private Haushalt hat pro Tag für den Brotkauf 3,00 GE eingeplant.

   Aufgabe:

   Leiten Sie mithilfe der Angaben in Übungsaufgabe 8, Nr. 3, die (individuelle) Nachfragekurve dieses Haushalts ab! Die alternativen Preise je 100 g Brot sollen betragen: 0,60 GE, 1,20 GE, 1,80 GE und 3,00 GE.
3. Wie wirken sich Einkommens-, Bedürfnis- und Preisänderungen anderer Güter auf die Haushaltsnachfrage nach einem Gut aus? Zeichnen Sie die Kurven und begründen Sie Ihre Feststellungen!

13 1. Erläutern Sie, wie eine normale Nachfragekurve verlaufen müsste, wenn die direkte Preiselastizität in jedem Punkt der Kurve 1 betragen soll!

2. Lesen Sie nachstehenden Zeitungsartikel sorgfältig durch:

Kaffee-Ersatz wieder aktuell

Die hohen Preise für Bohnenkaffee lassen die Nachfrage kräftig steigen

as. Hamburg (vwd). Die Verknappung von Rohkaffee am Weltmarkt und die daraus resultierenden stark gestiegenen Preise für Bohnenkaffee haben die Kaffee-Ersatzmittel wieder in das Blickfeld gerückt. Nicht nur in der Bundesrepublik hat sich die Nachfrage belebt, auch in den USA werden die teuren Bohnen mit so genanntem Kaffee-Ersatz gestreckt. Sogar in dem größten Kaffeeproduktionsland Brasilien werden für den inländischen Konsum aufgrund der Verknappung von Kaffee Überlegungen in dieser Richtung angestellt.

Die „Blütezeit" der Surrogate in der Bundesrepublik Ende der vierziger und Anfang der fünfziger Jahre dauerte nicht lange. Mit dem rapide zunehmenden Konsum von Bohnenkaffee verloren sie ständig an Boden und sanken in einen „Regalschlaf", die ursprünglich etwa 180 Hersteller von Kaffeemitteln schrumpften auf gegenwärtig nur noch acht zusammen. Marktführer unter ihnen ist mit weitem Abstand die zur Nestle-Gruppe gehörende Unifranck Lebensmittelwerke GmbH (Ludwigsburg) mit den traditionellen Marken Linde's und Kathreiner sowie den löslichen Produkten Caro, Mit und Kneipp-Malzkaffee.

Der in der Vergangenheit ständig rückläufige Absatz hat nach einem vorübergehenden Stillstand in den letzten Monaten eine deutliche Belebung erfahren. Je nach Produkt verzeichnete Unifranck, wir berichteten bereits kurz darüber, in den ersten Monaten dieses Jahres Umsatzsteigerungen bis zu 25 %.

Aufgaben:

2.1 Von welcher Elastizitätsart ist die Rede? Begründen Sie Ihre Aussage!

2.2 Begründen Sie die Zunahme der Nachfrage nach Kaffee-Ersatz!

3. Nehmen Sie zu folgendem Zeitungsartikel Stellung:

Frische Zitrusfrüchte direkt auf den Müll

Italienische Obstbauern sind sauer – Preise werden künstlich erhöht

Selbst die süßesten Orangen machen die Bauern Italiens sauer. Bis zum Höhepunkt der Zitronenernte wurden über 700 000 Doppelzentner Orangen, Mandarinen und Zitronen vernichtet.

Die Lastwagen fahren sie direkt von der Ernte in die staatlich überwachten Vernichtungslager oder Abfallplätze. Insgesamt gibt es 41 solcher Sammelstellen, wo die Südfrüchte vernichtet werden, um auf solch absurde Weise den Preis künstlich hochzuhalten.

Wer in diesen Tagen die Pflücker bei der Ernte anspricht, bekommt als Antwort Resignation, wütende Empörung oder vieldeutiges Schweigen. Die Empörung betrifft die Vernichtung, die Resignation die Einsicht, dass ohne diese Zerstörung des Früchtereichtums die Bauern nicht mehr auf ihre Kosten kämen.

Desinteresse der amtlichen Stellen, Schlendrian in den Lieferungen sowie Interessen der Mafia (daher das schweigende Achselzucken der Orangenpflücker) lassen die Früchte keineswegs in einer angemessenen Zeit und zu einem entsprechenden Preis an die Verbraucher kommen. Häufig bekommt der Verbraucher dann auch nicht die so hochgelobten Früchte, sondern Ramsch, weil der Transport unsachgemäß organisiert wurde, zu lange dauerte und mitunter schon vor Ort zweitklassige Ware verladen wurde.

Die Preise könnten durchaus konkurrenzfähig sein, wenn „ein parasitärer Zwischenhandel" ausgebootet würde, denn die durch die Vernichtungsaktionen gesicherten Preise liegen bei Mandarinen bei 20 Cents, bei Orangen bei 25 Cents und bei Zitronen bei 35 Cents je Kilogramm. Schon in Rom muss der Verbraucher ein Vielfaches dieser Preise zahlen.

4. Das Kaufhaus Reich & Sohn OHG machte im Dezember des vergangenen Jahres folgenden Versuch: An der Kasse der Lebensmittelabteilung wurden drei Körbe mit Apfelsinen des gleichen Exporteurs gefüllt. Die Apfelsinen unterschieden sich in nichts außer in ihrem Preis: 1,50 EUR, 1,80 EUR und 2,00 EUR je kg. Das Erstaunliche an diesem Versuch war, dass zuerst der Korb mit den teuersten, dann der Korb mit den zweitteuersten und dann erst der Korb mit den billigen Apfelsinen leer war.

   Aufgaben:

   4.1 Begründen Sie das Kaufverhalten der Kundinnen und Kunden!

   4.2 Zeichnen Sie die individuelle Nachfragekurve einer Kundin, die ebenfalls die teureren den billigeren Apfelsinen vorzog!

   4.3 Bezeichnen Sie die zu 4.2 gezeichnete Nachfragekurve!

   4.4 Begründen Sie diese Bezeichnung!

5. **Chaos auf dem Bananenmarkt**

   HAMBURG (dpa). Der Bananenverbrauch in Deutschland ist nach Angaben der Fruchtimporteure seit dem 1. Juli in Deutschland „drastisch" um fast 40 Prozent gesunken. „Die europäischen Bananenmärkte sind im Chaos", bilanzierten Fruchtimporteure nach „100 Tagen Bananenregelung" am Donnerstag in Hamburg. Die Einzelhandelspreise in Deutschland seien um durchschnittlich 45 Prozent gestiegen.

   Aufgaben:

   5.1 Berechnen Sie die Nachfrageelastizität nach Bananen!

   5.2 Welche Art der Nachfrageelastizität liegt vor?

5 Bestimmung des Angebots

5.1 Kosten der Produktion

5.1.1 Grundlegendes

Unter Kosten versteht man den in **Geld bewerteten Verzehr von Produktionsfaktoren** zur **Erstellung** und zum **Absatz** betrieblicher Leistungen sowie zur Aufrechterhaltung der hierfür notwendigen Kapazitäten. Der „Kostenverlauf" eines Unternehmens in Abhängigkeit von seinen produzierten Leistungen lässt sich mittels Kostenfunktionen darstellen. Eine **Kostenfunktion** beschreibt das **Ursache-Wirkungs-Verhältnis** zwischen der **Ausbringungsmenge (x)** als Ursache und den **aufzuwendenden Kosten** des mit Marktpreisen bewerteten Verzehrs an Produktionsfaktoren als Wirkung.

Beispiel:

Steigt bei einem Automobilhersteller die Anzahl der pro Jahr hergestellten Fahrzeuge, so benötigt das Unternehmen u.a. entsprechend mehr Roh-, Hilfs- und Betriebsstoffe und es kommt – unter sonst gleichen Bedingungen – zu einer Kostensteigerung.

Die **Ausbringungsmenge** eines Unternehmens – und somit auch deren **Kostenverlauf** – hängt jedoch **ganz entscheidend** von der zugrunde liegenden Produktionsfunktion ab. Die **Produktionsfunktion** beschreibt den **funktionalen Zusammenhang** zwischen der hergestellten Gütermenge und der Menge der in den Produktionsprozess eingehenden Produktionsfaktoren.

Bezüglich ihrer Eigenschaften lassen sich Produktionsfaktoren in vielerlei Hinsicht unterscheiden, so auch dahingehend, inwieweit die **eingesetzten Produktionsfaktoren austauschbar (Produktionsfaktor vom Typ A)** oder **nicht austauschbar (Produktionsfaktor vom Typ B)** sind. Im Folgenden beschränken sich die Ausführungen auf die **Produktionsfunktion vom Typ B,** da diesem Verlauf in der industriellen Produktion die größte Bedeutung zukommt.

5.1.2 Produktionsfunktion vom Typ B

Sind die Produktionsfaktoren **nicht** austauschbar (substituierbar), sondern müssen sie in einem festen Verhältnis zueinander eingesetzt werden, spricht man von **limitationalen** oder **komplementären Produktionsfaktoren.**[1]

Beispiel:

Eine Werkzeugmaschine muss von einer Arbeitskraft bedient werden. Mithilfe der Maschine erzeugt die Bedienung 20 Werkstücke in der Stunde. Soll die Ausbringung auf 40 Werkstücke erhöht werden, muss eine zusätzliche Maschine gekauft und eine zusätzliche Arbeitskraft eingestellt werden.

Es ergibt sich folgende Beziehung zwischen Input und Output:

Einsatz der Produktionsfaktoren (Mensch – Maschine)	Leistung (Ausbringung, Output) in Stück je h
1 Arbeiter – 1 Maschine	20
2 Arbeiter – 2 Maschinen	40
3 Arbeiter – 3 Maschinen	60
4 Arbeiter – 4 Maschinen	80
5 Arbeiter – 5 Maschinen	100
6 Arbeiter – 6 Maschinen	120

Produktionsfunktion vom Typ B

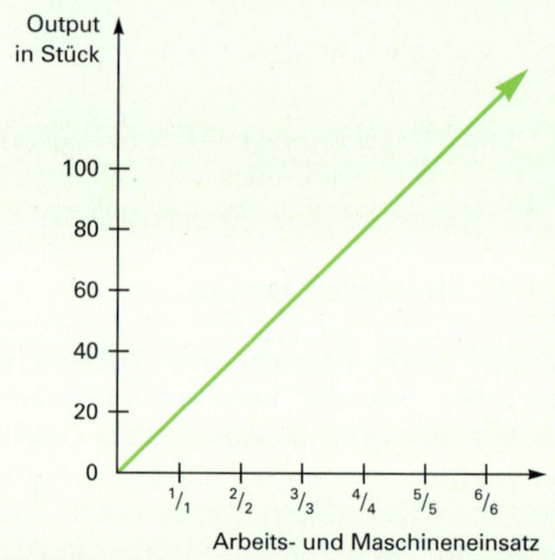

Merke:

Wird der Einsatz **limitationaler (komplementärer) Produktionsfaktoren** erhöht, ergibt sich eine **lineare Produktionsfunktion** (Produktionsfunktion vom **Typ B**).

1 Limitational: begrenzt, sich begrenzend; komplementär: ergänzend.

5.1.3 Ableitung der Kostenkurven aus der Produktionsfunktion vom Typ B

(1) Variable Kosten

Im Kapitel 5.1.2 wurde gezeigt, dass der Einsatz komplementärer (limitationaler) Produktionsfaktoren zu linearen Produktionsfunktionen führt.

Merke:

Die **Kostenfunktionen** stellen das **Spiegelbild der Produktionsfunktionen** dar. Somit muss einer **linearen Produktionsfunktion** auch eine **lineare Kostenfunktion** folgen.

Beispiel:

Mit einem Arbeiter (Pf_1: Produktionsfaktor 1) und einem Kran (Pf_2) können 50 Paletten Bausteine je Acht-Stunden-Tag befördert werden. Soll die Tagesleistung erhöht werden, müssen zusätzliche Kräne eingesetzt und ebenso viele zusätzliche Arbeitskräfte eingestellt werden.

Hieraus ergibt sich eine lineare Produktionsfunktion.

Die **Kosten je Arbeits- bzw. Betriebsstunde** setzen sich wie folgt zusammen:

Lohnkosten	12,50 GE
Abschreibungen je Betriebsstunde[1]	25,00 GE
Zinskosten je Betriebsstunde	20,00 GE
sonstige Kosten (Strom, Schmiermittel, Reparaturen usw.) je Betriebsstunde	5,00 GE
	62,50 GE

Die **(variablen) Kosten** je Acht-Stunden-Tag betragen demnach je Arbeiter und Kran 500,00 GE (62,50 GE · 8).

Anzahl der eingesetzten Arbeiter und Kräne	Output (Anzahl der beförderten Paletten)	Kosten der komplementären Produktionsfaktoren (variable Kosten: k_v) in GE
$^1/_1$	50	500,00
$^2/_2$	100	1000,00
$^3/_3$	150	1500,00
$^4/_4$	200	2000,00
$^5/_5$	250	2500,00
$^6/_6$	300	3000,00

1 Aus dem Beispiel wird ersichtlich, dass Kosten sowohl fix als auch variabel geplant werden können. So lassen sich beispielsweise die Abschreibungen und die Zinskosten auch als fixe Kosten verrechnen.

Einer linearen Ertragsfunktion entspricht eine lineare Kostenfunktion

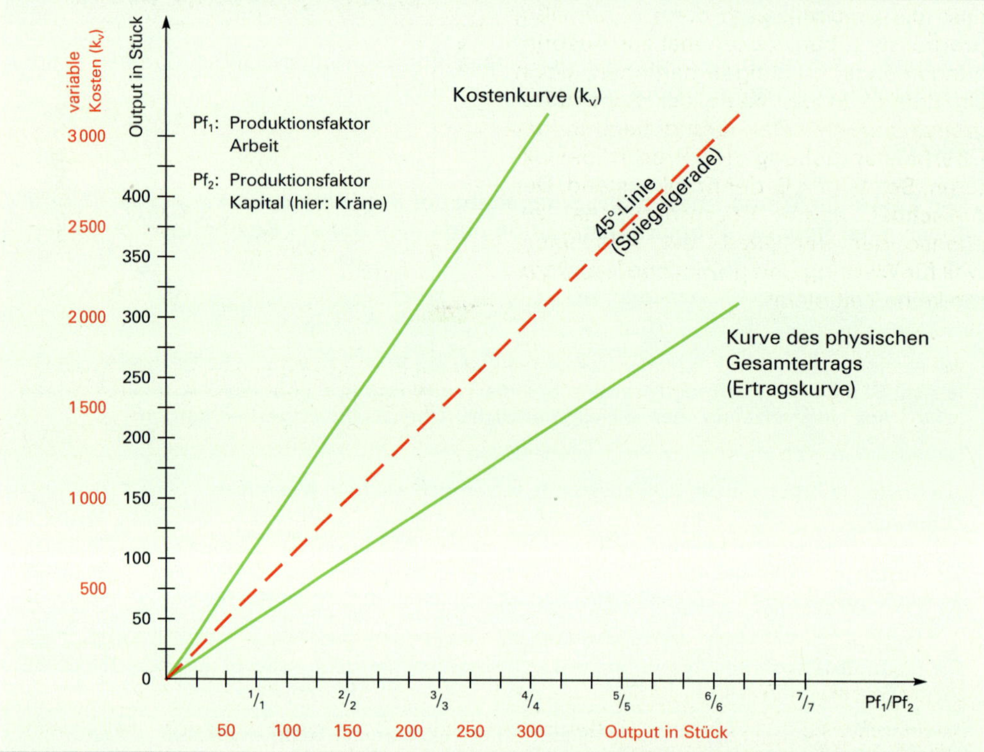

(2) Gesamtkosten

Addiert man zu den linear (proportional) variablen Kosten die fixen Kosten, erhält man eine lineare Gesamtkostenkurve (vgl. nebenstehende Abbildung). Statistische Untersuchungen bestätigen, dass man – vor allem in der **Industrie** – von **linearen Gesamtkostenverläufen** ausgehen muss. Allerdings ist dazu zu sagen, dass Kostenuntersuchungen in der Wirklichkeit **nicht** auf der ganzen Bandbreite der Kapazität möglich sind. Vielmehr beziehen sich solche Untersuchungen regelmäßig auf einen **kleinen Teilbereich der Kapazitätsausnutzung** (z. B. auf Beschäftigungsschwankungen zwischen 70 und 80 %). Je kleiner aber der untersuchte Beschäftigungsspielraum ist, desto weniger fällt ein nichtlineares Kostenverhalten auf.

Linearer Gesamtkostenverlauf

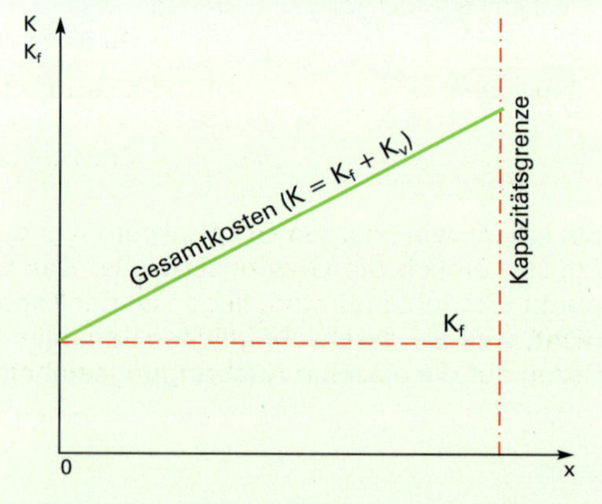

Zu beachten ist, dass andererseits die empirische[1] Forschung auch festgestellt hat, dass die Gesamtkosten dann regelmäßig **progressiv** (überproportional zur Ausbringungsmenge) zu steigen beginnen, wenn ein Betrieb in der **Nähe der Kapazitätsgrenze** arbeitet. Der Grund liegt in der **Überbeanspruchung** der Produktionsfaktoren. So steigt z.B. der Krankenstand. Der **Ausschuss** nimmt überproportional zu, ebenso der **Verschleiß** der Maschinen, weil für Wartung und gründliche Reparaturen keine Zeit bleibt.

Die Gesamtkosten steigen in der Nähe der Kapazitätsgrenze überproportional

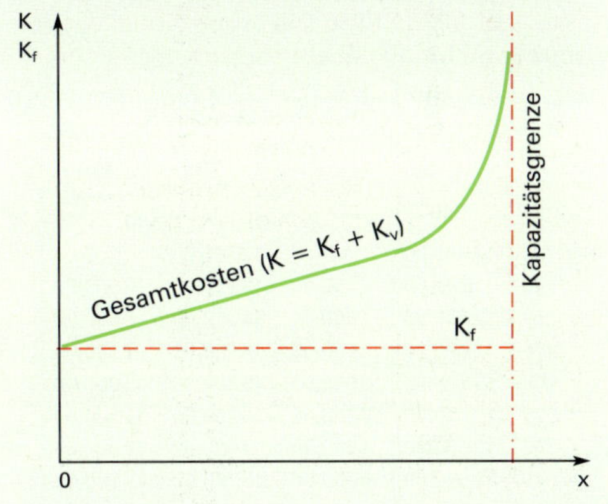

(3) Kritische Punkte

Kritische Kosten- und Leistungspunkte		
Begriffe	**Merkmale**	
Gewinnschwelle (Nutzenschwelle, „toter Punkt", Break-even-Point)	Gesamtbetrachtung:	Der Umsatz entspricht den Gesamtkosten.
	Stückbetrachtung:	Der Preis entspricht den Stückkosten (den durchschnittlichen Gesamtkosten).
Gewinnmaximum (maximaler Nutzenpunkt)	Gesamtbetrachtung:	Die Differenz zwischen Umsatz und Gesamtkosten ist am größten.
	Stückbetrachtung:	Die Grenzkosten sind dem Preis gleich.
Gewinngrenze[2]	Gesamtbetrachtung:	Der Umsatz entspricht den Gesamtkosten.
	Stückbetrachtung:	Der Preis entspricht den Stückkosten.

Bei einem rein linearen Gesamtkostenverlauf ergibt sich praktisch nur noch ein kritischer Punkt, nämlich die **Gewinnschwelle.** Das **Gewinnmaximum** und der **optimale Kostenpunkt** (Betriebsoptimum) liegen an der **Kapazitätsgrenze.** Ein **Betriebsminimum existiert nicht,** weil die durchschnittlichen variablen Kosten, die den Grenzkosten entsprechen, in Bezug auf die einzelne Ausbringungseinheit fix sind.

1 Empirisch: aus der Erfahrung gewonnen.
2 Statt von Gewinngrenze wird in der Literatur auch von „Nutzengrenze" gesprochen.

Beispiel:

Ein Industriebetrieb, der nur ein Produkt herstellt, hat 12500 GE fixe Kosten. Die Kapazität beträgt maximal 1 250 Stück. Die proportional variablen Kosten belaufen sich auf 6 GE je Stück. Das Produkt kann für 20 GE abgesetzt werden.

Hieraus ergibt sich folgende **Kosten-Leistungstabelle:**

x	K_f	K_v	K	U (= x · P)	Verlust (V) bzw. Gewinn (G)	k_v	k	K' (je Stück)	P (Erlös je Stück)	v bzw. g
0	12500,00	—	12500,00	—	12500,00	—	∞		20,00	∞
125	12500,00	750,00	13250,00	2500,00	10750,00	6,00	106,00	6,00	20,00	86,00
250	12500,00	1500,00	14000,00	5000,00	9000,00	6,00	56,00	6,00	20,00	36,00
375	12500,00	2250,00	14750,00	7500,00	7250,00	6,00	39,33	6,00	20,00	19,33
500	12500,00	3000,00	15500,00	10000,00	5500,00	6,00	31,00	6,00	20,00	11,00
625	12500,00	3750,00	16250,00	12500,00	3750,00	6,00	26,00	6,00	20,00	6,00
750	12500,00	4500,00	17000,00	15000,00	2000,00	6,00	22,67	6,00	20,00	2,67
875	12500,00	5250,00	17750,00	17500,00	250,00	6,00	20,29	6,00	20,00	0,29
1000	12500,00	6000,00	18500,00	20000,00	1500,00	6,00	18,50	6,00	20,00	1,50
1125	12500,00	6750,00	19250,00	22500,00	3250,00	6,00	17,11	6,00	20,00	2,89
1250	12500,00	7500,00	20000,00	25000,00	5000,00	6,00	16,00	6,00	20,00	4,00

x = Ausbringungsmenge
K_f = fixe Kosten
K_v = variable Kosten
U = Umsatz (Erlös)
V = Verlust
G = Gewinn
K = Totalkosten (Gesamtkosten)

k_v = durchschnittliche variable Kosten (variable Stückkosten)
k = durchschnittliche Totalkosten (Stückkosten)
K' = Grenzkosten
P = Preis (Erlös je Stück)
v = durchschnittlicher Verlust (Stückverlust)
g = durchschnittlicher Gewinn (Stückgewinn)

Erläuterungen:

Wie aus der Abbildung zur **Gesamtbetrachtung** (siehe S. 63) ersichtlich, werden bei einer Produktionsmenge von **893 Stück** die Kosten durch die Erlöse gedeckt. Der **Umsatz entspricht** somit exakt den **Gesamtkosten.** Wird die Produktions- und Absatzmenge **über** die **Gewinnschwelle (Break-even-Punkt)** hinaus weiter ausgedehnt, so führt dies zu einem sukzessiv **ansteigenden Gewinn,** die Gesamterlöse übersteigen also die Gesamtkosten der Produktion.

Bei der **Stückbetrachtung** wird deutlich, dass die **Gesamtstückkosten** (durchschnittliche Gesamtkosten) an der **Gewinnschwelle** exakt dem **Marktpreis** entsprechen. Dies ist u.a. darauf zurückzuführen, dass die **Gesamtstückkosten** mit **zunehmender** Ausbringungsmenge ständig **abnehmen,** wohingegen die **Grenzerlöse** – also der für die zuletzt verkaufte Einheit erzielte Erlös – wegen der **konstanten** Preise von 20,00 GE **gleich** bleiben. Die bis zur **Kapazitätsgrenze** zu beobachtende **Abnahme** der **Gesamtstückkosten** (in obigem Beispiel von 106,00 GE pro Stück auf 16,00 GE pro Stück) ist damit zu begründen, dass sich die **Fixkosten** auf immer mehr Produktionseinheiten verteilen. Dies führt bei **gleich bleibenden variablen Stückkosten (Grenzkosten)** von 6,00 GE und **abnehmenden stückfixen Kosten** zu einer **Stückkostendegression.**

Der in der Abbildung dargestellte typische Verlauf der **Gesamtstückkosten** basiert auf dem **„Gesetz der Massenproduktion"** (auch „Bücher'sches Gesetz" genannt) und ist insbesondere in der industriellen Massenfertigung zu beobachten.

Kosten und Leistung bei linearem Gesamtkostenverlauf in der Gesamt- und Stückbetrachtung

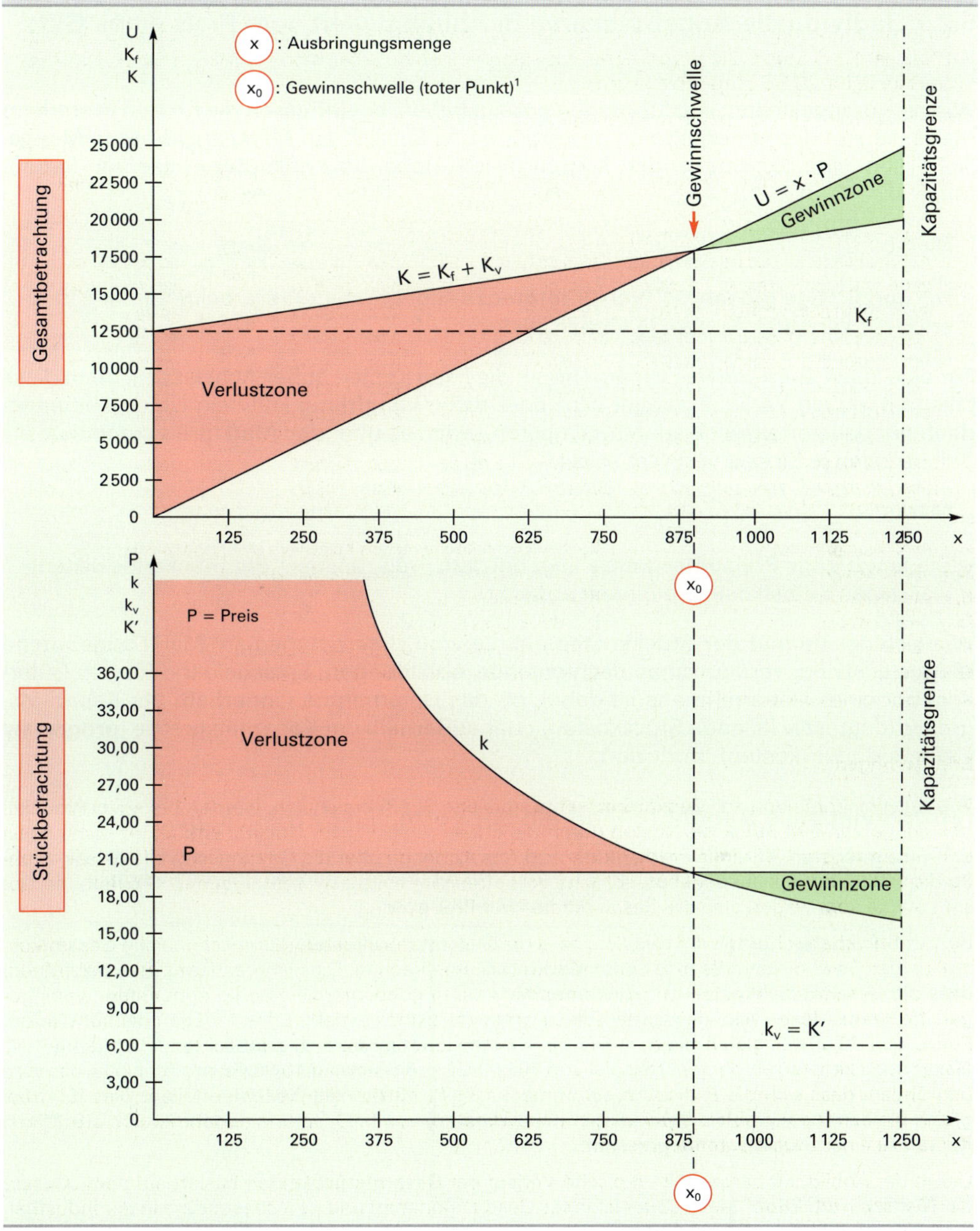

1 Rechnerisch lässt sich die Gewinnschwelle wie folgt berechnen:

$$K_f + K_v \cdot x = x \cdot P$$
$$12500 + 6x = 20x$$
$$14x = 12500$$
$$\underline{\underline{x = 893 \text{ Stück}}}$$

5.2 Bestimmungsfaktoren für das individuelle Angebot eines Betriebs

5.2.1 Individuelle Angebotskurve in Abhängigkeit vom Preis eines Guts

(1) Stückkosten und Preisuntergrenze

Wie die vorangestellten Ausführungen gezeigt haben, **beeinflussen die Kosten** in **starkem** Maße die von den Unternehmen produzierte und letztlich am Markt **angebotene Menge.** Außerdem sind die **anfallenden Kosten** für die Höhe der **Preisuntergrenze** von Bedeutung.

Merke:

Die **kurzfristige (absolute) Preisuntergrenze** liegt bei dem Preis, bei dem der Stückerlös die **variablen Kosten je Einheit** abdeckt.

Für eine kurze Zeit kann das Unternehmen die fixen Kosten außer Acht lassen, denn diese fallen an, ob ein Verkauf getätigt wird oder nicht. **Langfristig** kann ein Unternehmen jedoch nur dann erfolgreich am Markt agieren, wenn es über den Marktpreis zumindest die Selbstkosten je Einheit vergütet erhält.

Merke:

Die **langfristige Preisuntergrenze** liegt bei dem Preis, bei dem der Stückerlös die entstandenen Selbstkosten je Einheit abdeckt.

Wie sich der **Verlauf der Stückkosten** auf die vom Unternehmen am Markt **angebotene Menge** auswirkt, verdeutlichen nachfolgende Abbildungen. Entscheidend für das Güterangebot eines Unternehmens ist dabei, ob das Unternehmen **innerhalb** der Kapazitätsgrenze (**degressiv** fallende Stückkosten) oder **außerhalb** der Kapazitätsgrenze (**progressiv** steigende Stückkosten) produziert.

(2) Individuelles Angebot innerhalb der normalen Betriebskapazität

Angebotsmenge bei gegebener Kostenstruktur und alternativen Preisen innerhalb der Kapazitätsgrenze

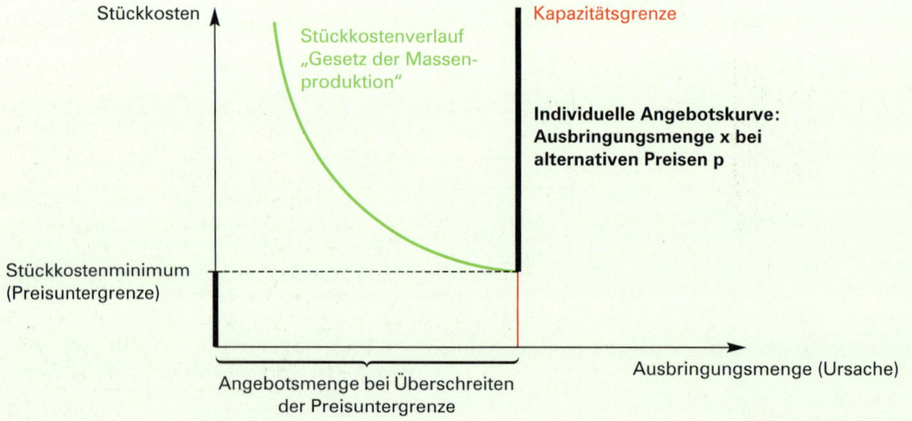

Merke:

- Bei gegebenem Kostenverlauf **innerhalb** der normalen Betriebskapazität – es gilt die Produktionsfunktion vom Typ B – wird der Anbieter bei einem Preis unterhalb des Stückkostenminimums (dauerhaft) **keine** Leistungen am Markt anbieten.
- Bei einem Marktpreis in Höhe des Stückkostenminimums oder gar darüber wird das Unternehmen – Gewinnmaximierung vorausgesetzt – **bis zur Kapazitätsgrenze** produzieren und die entsprechende Menge am Markt anbieten.

(3) Individuelles Angebot außerhalb der normalen Betriebskapazität

Angebotsmenge bei gegebener Kostenstruktur und alternativen Preisen außerhalb der Kapazitätsgrenze (kurzfristig flexible Kapazität)

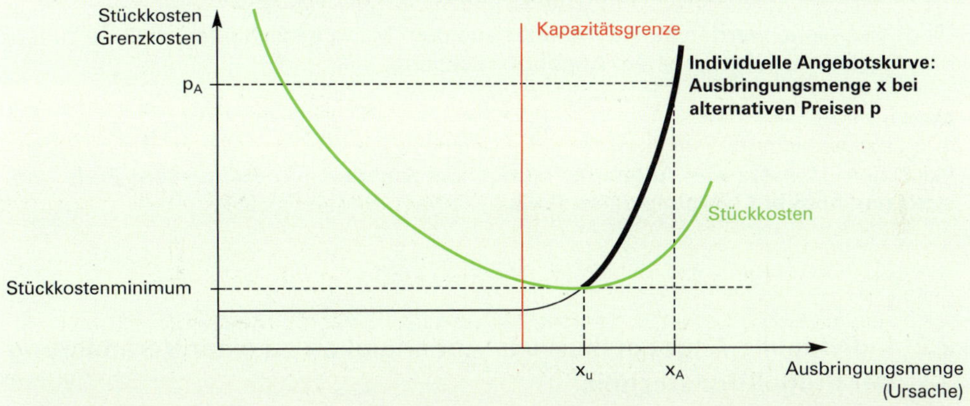

Merke:

- Bei gegebenem Kostenverlauf **außerhalb** der normalen Betriebskapazität wird der Anbieter bei einem Preis unterhalb des Stückkostenminimums (dauerhaft) **keine** Leistungen am Markt anbieten.
- Bei einem Marktpreis **in Höhe** des Stückkostenminimums wird das Unternehmen die Menge $\mathbf{x_u}$ anbieten. Bei einem Marktpreis **oberhalb** des Stückkostenminimums wird das Unternehmen die Produktionsmenge – kurzfristige Flexibilität der Kapazitätsgrenze vorausgesetzt – anbieten, bei der die **Grenzkosten den Grenzerlösen entsprechen**.

Beispiel:

Liegt in obiger Situation der Marktpreis bei p_A (vgl. Abbildung), so wird das Unternehmen die Menge x_A herstellen. Bei jeder Menge, die **kleiner** ist als x_A, könnte durch Produktionsausweitung eine **Gewinnsteigerung** erreicht werden, da die **Grenzerlöse größer** sind als die **Grenzkosten**. Erst ab der Menge x_A – wo die Grenzkosten genauso hoch sind wie die Grenzerlöse – wird keine Gewinnsteigerung mehr erzielt. Wird die Produktionsmenge über diesen Punkt hinaus ausgeweitet, kommt es mit Blick auf die **über** den Grenzerlösen liegenden Grenzkosten zu einer Gewinnschmälerung.

5 Speth - ISBN 978-3-8120-0584-5

Vor diesem Hintergrund stellt im Beispiel auf S. 65 der **aufsteigende Ast der Grenzkostenkurve** von den minimalen Stückkosten aufwärts die **individuelle** Angebotskurve eines Unternehmens dar.

(4) Gesetz des Angebots

Für **beide** beschriebenen Fälle gilt:

Steigen die Kosten für die eingesetzten Produktionsfaktoren (z.B. durch Lohnerhöhungen) nachhaltig, so führt dies unter sonst gleichen Bedingungen (ceteris paribus) zu einer Gewinnschmälerung bzw. zu einem Verlust.

Nur wenn es dem Unternehmen gelingt, die Kostenerhöhung an die **Nachfrager** weiterzugeben **oder** die **Stückkosten** durch entsprechende Maßnahmen wieder unter den Marktpreis zu **senken,** kann es das Marktangebot **dauerhaft** aufrechterhalten.

Gelingt dies nicht, werden einige **Anbieter** aus dem Markt **ausscheiden,** weil sie zu teuer produzieren. Dies führt zu einem **Angebotsrückgang**.

Merke:

Nach dem **„Gesetz des Angebots" steigt das Angebot** mit **steigendem Preis** und **sinkt das Angebot** mit **sinkendem Preis** des angebotenen Guts.

5.2.2 Individuelle Angebotskurve in Abhängigkeit zu einer Veränderung der Produktionstechnik

(1) Grundlegendes zu Verschiebungen der individuellen Angebotskurve

Ist ein Anbieter bereit bzw. in der Lage, zu gegebenen Preisen **mehr** anzubieten, so drückt sich dies in einer Verschiebung der Angebotskurve nach „rechts" aus: Das Angebot nimmt **zu.** Wird hingegen zu gegebenen Preisen **weniger** angeboten, verschiebt sich die Angebotskurve nach „links": Das Angebot nimmt **ab.**

Zunehmendes Angebot

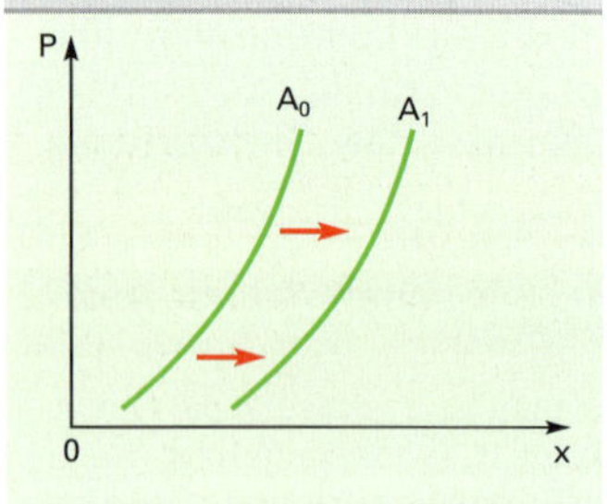

Abnehmendes Angebot

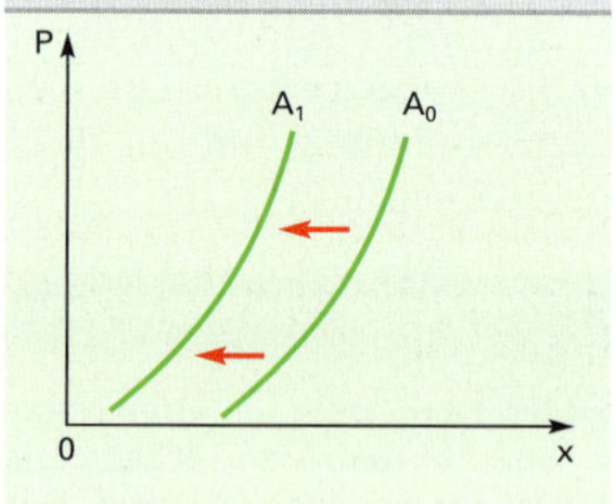

P: Preis des angebotenen Gutes

x: angebotene Menge

A_0: ursprünglicher Verlauf der Angebotskurve

A_1: neuer Verlauf der Angebotskurve

(2) Änderung der Produktionstechnik und individuelles Angebot

Eine Änderung der Produktionstechnik wirkt sich in der Regel auf das Verhältnis zwischen fixen Kosten einerseits und variablen Kosten andererseits aus. Geht ein Betrieb z.B. auf ein **anlageintensives** Verfahren über, **steigen** die **fixen Kosten** (höhere Anlagekosten wie Abschreibung, Zinskosten, Reparatur- und Wartungskosten), während die **variablen** Kosten je Produktionseinheit **abnehmen.**

Mit zunehmender Anlageintensität verschiebt sich die Grenzkostenkurve nach **„rechts".** Handelt ein Anbieter nach dem Gewinnmaximierungsprinzip, verschiebt sich damit seine individuelle Angebotskurve: Das Angebot nimmt **zu,** d.h., er bietet zu jedem denkbaren Preis, der **über** seinem Betriebsminimum liegt, **mehr** als zuvor an.

Verschiebung der Grenzkostenkurve (Angebotskurve) beim Übergang von einem arbeitsintensiven zu einem anlageintensiven Produktionsverfahren

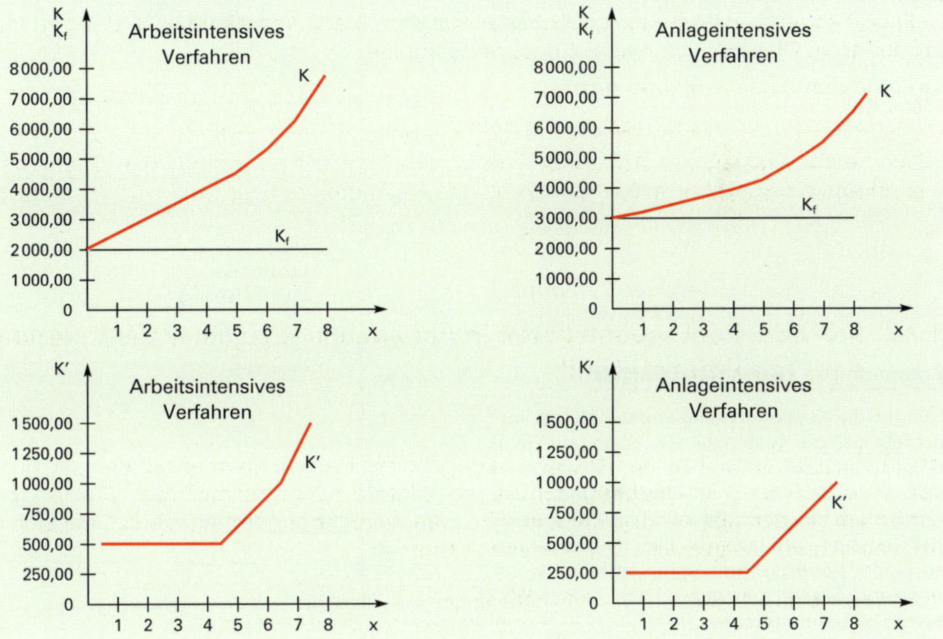

Merke:

Mit zunehmender Anlageintensität nimmt das Angebot zu, mit abnehmender Anlageintensität nimmt das Angebot ab.

5.2.3 Individuelle Angebotskurve in Abhängigkeit zu einer Veränderung der Faktorkosten (Preise der Produktionsfaktoren)

Steigen die Preise aller Produktionsfaktoren (die Kosten), so verschiebt sich die Grenzkostenkurve (siehe nebenstehende Abbildung). Hieraus ergibt sich, dass ein von den Kostensteigerungen betroffener Betrieb zu jedem möglichen Preis **weniger** anbietet. Liegt der Absatzpreis unter dem neuen Betriebsminimum, muss der Betrieb schließen.

Da in unseren Modellen unterstellt wird, dass die Anbieter mit Grenzkosten kalkulieren, gilt obige Aussage nur, wenn die variablen Kosten steigen. Steigen nur die fixen Kosten, ändern sich die Grenzkosten (und damit das Angebot) **nicht.**

Merke:

- Steigen die Faktorpreise, nimmt i. d. R. das individuelle Angebot ab.
- Sinken die Faktorpreise, nimmt i. d. R. das individuelle Angebot zu.

Erläuterungen zu den Abbildungen:

Steigen die Kosten um insgesamt 20 %, so verschiebt sich die Kostenkurve K_1 nach oben (K_2). Folglich müssen sich auch die Grenzkosten von K'_1 nach K'_2 erhöhen. Das bedeutet, dass der Betrieb bei gleich bleibendem Preis **weniger** anbieten wird oder die gleiche Menge nur zu einem **höheren** Preis anbieten kann, wenn er seinen Gewinn maximieren bzw. seinen Verlust minimieren möchte.

Verschiebung der Grenzkostenkurve (Angebotskurve) aufgrund gestiegener Gesamtkosten

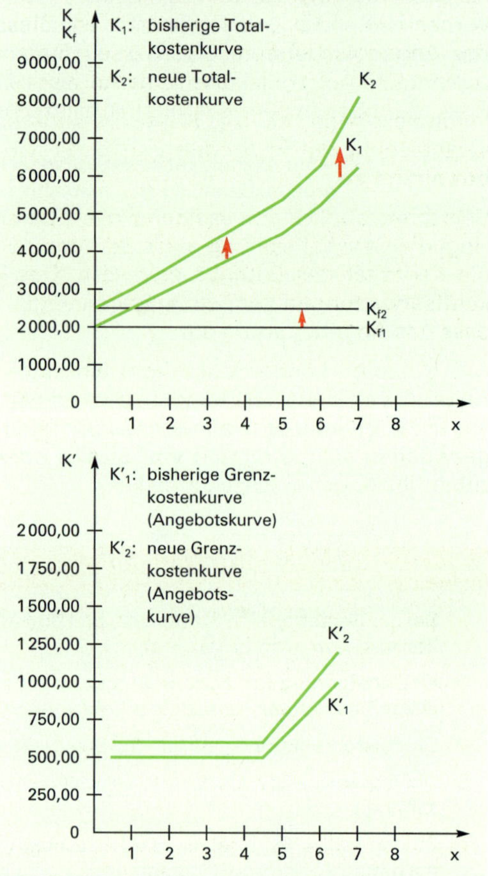

5.2.4 Individuelle Angebotskurve in Abhängigkeit zu einer Veränderung der Zahl der Anbieter

Die Zahl der Anbieter eines bestimmten Gutes wirkt sich nur indirekt auf das individuelle Angebot aus. Je größer die Zahl der Anbieter ist – so wird häufig behauptet –, desto stärker ist der Konkurrenzdruck. Da der einzelne Anbieter innerhalb einer großen Zahl von Anbietern den Preis nicht beeinflussen kann, besteht seine einzige Möglichkeit, den Gewinn zu erhöhen bzw. den Verlust zu mindern, darin, die Kosten zu senken (Rationalisierung). Kostensenkungen und/oder der Übergang zu anlageintensiveren Produktionsverfahren vergrößern das individuelle Angebot.

5.2.5 Individuelle Angebotskurve in Abhängigkeit zu einer Veränderung der Preise anderer Güter

Bleibt der Preis des bisher produzierten Gutes unverändert, während die **Preise anderer Güter steigen,** so führt dies – im Vergleich zu anderen Gütern – beim bisher angebotenen Gut zu einem geringeren Gewinn. Ist es produktionstechnisch möglich, werden die Unternehmen, um ihren Gewinn zu steigern, eine Produktionsverlagerung zugunsten der Güter vornehmen, deren Preis gestiegen ist. Diese Vorgehensweise führt zu einem Rückgang des Angebots bei dem Gut, dessen Preis nicht gestiegen ist. Die Angebotskurve verschiebt sich nach links, das **Angebot nimmt ab.**

Im umgekehrten Fall – die **Preise bei anderen Gütern sinken** – kommt es zu einer Rechtsverschiebung der Angebotskurve für das Gut, dessen Preis nicht gesunken ist. Das **Angebot nimmt zu.**

Selbstverständlich gibt es noch weitere Bestimmungsgründe des individuellen Angebots. Hegt die Geschäftsleitung eines Betriebs z. B. optimistische **Absatzerwartungen,** wird sie die Kapazität des Betriebs erweitern. Das künftige Angebot steigt. Pessimistische Zukunftserwartungen können hingegen sogar zu einem Abbau der Kapazitäten führen, sodass das Angebot abnimmt.

Des Weiteren können auch vom einzelnen Betrieb nicht beeinflussbare Faktoren sein Angebot verringern. So hängt in der Landwirtschaft das Angebot vom Klima während der einzelnen Vegetationsperioden ab. Um noch ein Beispiel zu nennen: Die Betriebe können gezwungen sein, aufgrund von Streiks oder aufgrund von Stockungen in der Materialzufuhr ihr Angebot einzuschränken.

Zusammenfassung

- Bei der **limitationalen** Produktionsfunktion (Produktionsfunktion vom Typ B) sind die Produktionsfaktoren **nicht** austauschbar.
- Eine **Steigerung** der Ausbringungsmenge ist nur möglich, wenn alle Produktionsfaktoren in einem bestimmten Verhältnis erhöht werden.
- Die **Kostenfunktionen** stellen das **Spiegelbild** der **Produktionsfunktionen** dar.
- Die **Gesamtkosten** eines Unternehmens setzen sich aus den **fixen** und **variablen** Kosten zusammen.
- Zu den **kritischen Kosten- und Leistungspunkten** zählen die Gewinnschwelle, das Gewinnmaximum sowie die Gewinngrenze.
- Überblick über die **Einflussfaktoren des individuellen Angebots:**

Das **Angebot** eines Betriebs **nimmt ab,** wenn	Das **Angebot** eines Betriebs **nimmt zu,** wenn
▪ die erzielbaren Preise niedrig sind, ▪ er zu arbeitsintensiven Produktionsverfahren übergeht, ▪ die Faktorpreise steigen, ▪ die Verkaufspreise anderer Güter steigen, ▪ die künftigen Absatzchancen pessimistisch beurteilt werden.	▪ die erzielbaren Preise hoch sind, ▪ er zu anlageintensiven Produktionsverfahren übergeht, ▪ die Faktorpreise sinken, ▪ die Verkaufspreise anderer Güter sinken, ▪ die künftigen Absatzchancen optimistisch beurteilt werden.

- Die **variablen Stückkosten** (k_v) stellen die **kurzfristige Preisuntergrenze** dar, weil das Unternehmen nur für kurze Dauer in der Lage sein dürfte, die fixen Kosten aus Eigenmitteln oder aufgenommenen Fremdmitteln zu decken.
- Die **Gesamtstückkosten** (k_g) bilden die **langfristige Preisuntergrenze,** da das Unternehmen kostendeckend arbeitet.
- Ist ein Anbieter bereit, **mehr** (weniger) anzubieten, so **verschiebt** sich seine Angebotskurve nach **rechts** (links).

Übungsaufgabe

14 1. 1.1 Leiten Sie aus nebenstehender Abbildung die Durchschnittsertrags- und die Grenzertragskurve ab und zeichnen Sie diese in ein Koordinatensystem ein!

1.2 Suchen Sie nach einem sinnvollen Beispiel, aus dem sich eine Produktionsfunktion vom Typ B herleiten lässt!

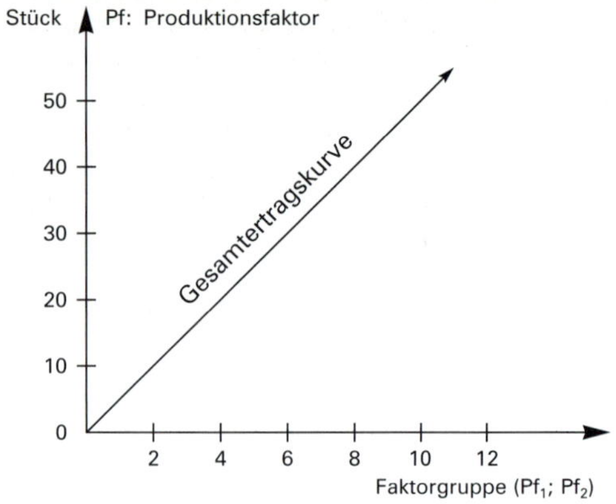

2. Begründen Sie, warum man das Gewinnmaximum als langfristiges Gleichgewicht des Betriebs bezeichnen kann!
3. Erläutern Sie, warum man das Betriebsminimum lediglich als kurzfristiges Gleichgewicht des Betriebs ansehen kann!
4. Stellen Sie kurz dar, warum einer linearen Produktionsfunktion (Produktionsfunktion vom Typ B) eine lineare Kostenfunktion entspricht!
5. Die fixen Kosten eines Unternehmens mit einer Kapazität von 10 Produktionseinheiten betragen 1 000 GE. Die variablen Kosten belaufen sich auf 300 GE je Produktionseinheit. Bis zu einer Beschäftigung von 60 % steigen sie proportional. Mit zunehmender Beschäftigung nehmen sie mit 600, 800, 1 200 und 1 600 GE je Produktionseinheit zu. Der Marktpreis je Produktionseinheit beträgt 600 GE.

   Aufgaben:

   5.1 Stellen Sie mithilfe der Gesamtkostendarstellung Betriebsminimum und -optimum fest!

   5.2 Stellen Sie die gleichen Punkte mithilfe der Stück- und Grenzkostenkurven fest!

   5.3 Bestimmen Sie Gewinnschwelle, Gewinnmaximum und Gewinngrenze!
6. Lösen Sie rechnerisch nachstehende Übungsaufgaben nach folgenden Beispielen:

   Der Absatzpreis (P) eines Anbieters beträgt 30 GE. Seine maximale Kapazität liegt bei 200 Stück (x) je Periode, seine fixen Kosten (K_f) bei 1 500 Geldeinheiten (GE) je Periode. Die proportional-variablen Kosten (K_v) belaufen sich auf 15 GE je Stück.

   Beispiel 1: Bei wie viel Stück liegt die Gewinnschwelle (der „tote Punkt")?
   Die Nutzenschwelle ist gegeben, wenn der Umsatz ($P \cdot x$) den Gesamtkosten ($K_f + K_v$) entspricht. Daraus folgt:
   $30x = 1500 + 15x$
   $15x = 1500$
   $x = 100$
   Die Gewinnschwelle liegt bei 100 Stück.

Beispiel 2: Wie hoch ist sein Gewinn, wenn er 200 Stück je Periode absetzen kann?
Der Gewinn (G) ergibt sich aus Umsatz (P · x) abzüglich Gesamtkosten (K_f + K_v). Es gilt also:

$G = 30 \cdot 200 - (1500 + 15 \cdot 200)$

$G = 6000 - 4500$

$G = 1500$

Der Gewinn beträgt 1500 GE.

Aufgaben:

6.1 Berechnen Sie, wie hoch der Gewinn des Anbieters wäre, wenn er nur 150 Stück zum Preis von 30 GE absetzen könnte!

6.2 Ermitteln Sie, wie hoch der Gewinn wäre, wenn 150 Stück zu 30 GE und 20 Stück zu 25 GE je Periode abgesetzt werden könnten! (Zweifache Preisdifferenzierung!)

6.3 Berechnen Sie, wie hoch der Gewinn wäre, wenn 150 Stück zu 30 GE, 30 Stück zu 25 GE und 20 Stück zu 16 GE abgesetzt werden könnten! (Dreifache Preisdifferenzierung!)

6.4 Bei wie viel GE liegt die absolute Preisuntergrenze? Begründen Sie Ihre Antwort!

7. Der Absatzpreis für das Produkt eines Betriebs beträgt 25 GE. Die fixen Kosten belaufen sich auf 1500 GE je Periode, die proportional-variablen Kosten auf 10 GE je Stück.

Aufgaben:

7.1 Berechnen Sie die Gewinnschwelle!

7.2 Berechnen Sie den Gesamtgewinn, wenn die Maximalkapazität 200 Stück je Periode beträgt.

7.3 Berechnen Sie die Produktionsmenge, bei der der Gewinn 750 GE beträgt!

7.4 Berechnen Sie die Gewinnschwelle, wenn die fixen Kosten um 20% steigen!

7.5 Berechnen Sie die Gewinnschwelle, wenn die fixen Kosten um 20% fallen!

7.6 Berechnen Sie, wie sich die Gewinnschwelle verschiebt, wenn die fixen Kosten um 20% steigen, die variablen Kosten aber auf 8 GE je Stück gesenkt werden können!

7.7 Erklären Sie, welcher wirtschaftliche Sachverhalt dem Fall 7.6 zugrunde liegen kann!

8. Die fixen Kosten der Maschine A betragen 1000 GE je Periode, die Arbeitskosten 20 GE je Stück. Die fixen Kosten der Maschine B belaufen sich auf 1 500 GE je Periode, die Arbeitskosten betragen 10 GE je gefertigtem Stück. Die Arbeitskosten sind proportional-variabel.

Aufgaben:

8.1 Ermitteln Sie, welche Maschine ein Betrieb kaufen wird, wenn er

8.1.1 50 Stück je Periode,

8.1.2 80 Stück je Periode oder

8.1.3 120 Stück je Periode absetzen kann!

8.2 Ermitteln Sie, bei wie viel Stück die kritische Produktionsmenge liegt (Produktmenge, ab der sich der Übergang zu einem anderen Produktionsverfahren lohnt)!

8.3 Erläutern Sie, ob Investitionsentscheidungen nur nach Kostengesichtspunkten getroffen werden!

9. Nennen Sie die Bedingungen, unter welchen die Grenzkostenkurve die Angebotskurve eines wirtschaftlichen Betriebs ist!

10. Zeichnen Sie

10.1 die kurzfristige und

10.2 die langfristige Angebotskurve eines Betriebs, der nachstehenden Gesamtkostenverlauf aufweist:

Produktionseinheiten (PE)	0	1	2	3	4	5	6	7	8	9	10	11	12
Gesamtkosten (K) in Geldeinheiten (GE)	20	27	32	36	39,5	42,5	46	50	55	62	70	82	98

11. Erklären Sie, wie sich die individuelle Angebotskurve eines Betriebs verschiebt, wenn
    11.1 sich die Produktionstechnik und
    11.2 die Faktorpreise ändern!
12. Erläutern Sie, welcher Zusammenhang zwischen der Zahl der Anbieter eines Gutes und der individuellen Angebotskurve eines Anbieters bestehen könnte!
13. Beschreiben Sie, wie die Angebotskurve eines Betriebs verläuft, der nicht mit Grenzkosten, sondern mit Stückkosten kalkuliert!

5.3 Marktangebot (Gesamtangebot) für ein Gut

5.3.1 Ableitung des Marktangebots für ein Gut

(1) Begriff Marktangebot

Im vorigen Kapitel wurde gezeigt, dass **ein Betrieb** unter sonst gleichen Bedingungen in der Regel **bei steigenden Preisen größere** Mengen des von ihm hergestellten Gutes, bei **sinkenden Preisen aber geringere** Mengen dieses Gutes anbietet. Dabei ist zu berücksichtigen, dass die Angebotsänderungen aufgrund von Preisänderungen bei den einzelnen Betrieben unterschiedlich sind, weil jeder Betrieb eine andere Kostenstruktur besitzt. Wollen wir wissen, wie sich das Angebot **aller** Betriebe für ein Gut bei Preisänderungen dieses Gutes verhält, müssen wir gedanklich die individuellen Angebote aller Betriebe zusammenfassen (aggregieren).

Merke:

Das **Marktangebot (Gesamtangebot)** für ein Gut ist das Angebot **aller Betriebe** für dieses Gut. Es ergibt sich aus der Aggregation (Queraddition) aller individuellen Angebote.

(2) Mengenmäßiges Marktangebot

Beispiel:

Die Preisabhängigkeit des Angebots zweier Betriebe sei wie folgt festgelegt:

Preis in EUR je Stück	Angebotene Mengeneinheiten (1000 Stück Eier) je Zeiteinheit (je Woche) durch die Hühnerfarmen		Marktangebot von Eiern beider Anbieter (1) + (2)
	Klein (1)	Groß (2)	
0,00	–	–	–
0,10	2	–	2
0,20	2,5	2	4,5
0,30	3	3	6
0,40	3,5	4	7,5
0,50	4	5	9

Aggregation der individuellen Angebotskurven zur Marktangebotskurve

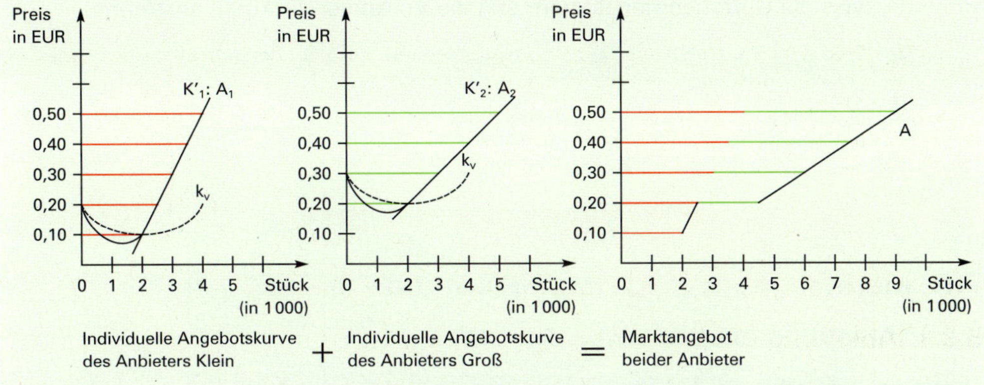

Aggregiert man die individuellen Angebotskurven einer sehr großen Zahl (streng genommen einer unendlich großen Zahl) von Anbietern, schwinden die „Treppen" in der Marktangebotskurve immer mehr: Man erhält eine geglättete Angebotskurve (vgl. nachfolgende Abbildung).

(3) Verlauf der Marktangebotskurve

Die **Annahme unterschiedlicher Kostenverläufe** ist realistisch, denn wenn wir zunächst einmal davon ausgehen, dass in einer Volkswirtschaft für ein bestimmtes Produkt eine sehr große Anzahl von Produzenten (Anbietern) vorhanden ist, so können wir nicht annehmen, dass die Kostenfunktionen aller Betriebe einer bestimmten Branche die gleiche Höhe und die gleiche Gestalt aufweisen. Die Kostenhöhe wird außer durch den Beschäftigungsgrad und die Faktorpreise auch von der Betriebsgröße und -struktur, dem Rationalisierungs- und Mechanisierungsgrad, der Ausbildung und dem Leistungswillen der Arbeitskräfte, der Betriebsführung, dem Standort, der Steuerhöhe und in der Landwirtschaft schließlich noch durch Bodenqualität und Klima bestimmt.

Normale Angebotskurve

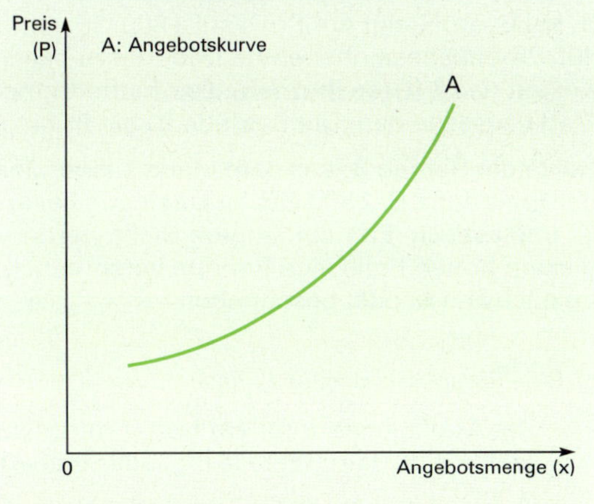

(4) Einfluss der Kosten auf die Marktangebotskurve

Zur Konstruktion der **Marktangebotskurve** brauchen wir jedoch nicht unbedingt den zuvor beschriebenen verhältnismäßig komplizierten Weg zu wählen. Er ist ohnehin nicht gangbar, wenn wir unterstellen, dass im nicht landwirtschaftlichen Bereich ein linearer

Kostenverlauf wahrscheinlich ist. Dann nämlich erhalten wir **lineare Grenzkosten.** Das **Gewinnmaximum** liegt an der **Kapazitätsgrenze.** In der folgenden Abbildung wird angenommen, dass die Unternehmen längerfristig die Vollkostendeckung[1] anstreben.

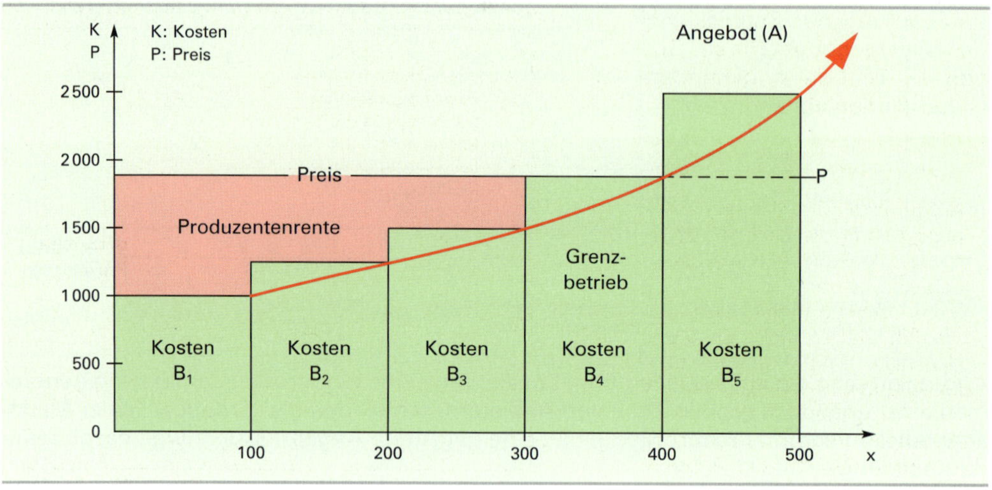

Vorstehendes Beispiel ordnet 5 Produktionsbetriebe nach ihrer **Kostenhöhe.** Es ist erkennbar, dass bei einem Preis von **1000 GE** gerade noch der Betrieb B_1 anbieten kann. **Alle anderen** Betriebe würden mit **Verlust** arbeiten. Das **gesamte** Angebot beträgt höchstens **100 Produktionseinheiten. Steigt** der Preis z. B. auf **1600 GE,** so bieten die Betriebe B_1 bis B_3 an. Steigt der Preis auf 1800 GE, nimmt das gesamte Güterangebot auf maximal 400 Produktionseinheiten zu. Dabei ist zu beachten, dass der Betrieb B_4 noch gerade seine Kosten deckt **(Grenzbetrieb).** Der fünfte Betrieb B_5 muss, zumindest langfristig, aus dem Markt ausscheiden. Die Betriebe B_1 bis B_3 hingegen erzielen eine **Produzentenrente.**

Sollte der Betrieb B_5 aus dem Markt ausgeschieden und liquidiert[2] worden sein und steigt der Preis auf z. B. 2500 GE, ist kurzfristig keine Angebotserhöhung möglich. Das Angebot ist **unelastisch.** Erst auf längere Sicht werden neue Konkurrenten auftreten, die sich bei diesem hohen Preis eine Rendite versprechen. Im Einzelnen wird die Angebotselastizität im nächsten Kapitel beschrieben.

Merke:

- Das Marktangebot für ein bestimmtes Gut ergibt sich aus der **Aggregation** (Queraddition, Zusammenfassung) **aller individuellen** Angebotskurven für ein Gut.
- Daraus folgt, dass die Gestalt (der Verlauf) der Marktangebotskurve von **allen** Faktoren, die das individuelle Angebot beeinflussen, mitbestimmt wird.

1 Vollkosten: Summe aus fixen und variablen Kosten.

2 Liquidieren: wörtl. verflüssigen, d. h. in flüssige Mittel (Geld) umwandeln. Unter Liquidation versteht man die (freiwillige) Auflösung eines Betriebs.

(5) Einfluss der Zahl der anbietenden Unternehmen auf die Marktangebotskurve

Daneben sind Verlauf bzw. Veränderung der Entwicklung des Marktangebots für ein Gut von der **Zahl** der anbietenden Unternehmen abhängig.

Beispiel:

Aufgrund der Energieverknappung nimmt die Zahl der Betriebe, die Sonnenkollektoren anbieten, laufend zu. Die Anbieter rechnen damit, dass in Zukunft immer mehr private Haushalte und Betriebe zu kostengünstigeren Heizsystemen übergehen werden. Die Angebotskurve verschiebt sich nach „rechts" (das Angebot nimmt zu).

Zunehmendes Angebot von Sonnenkollektoren

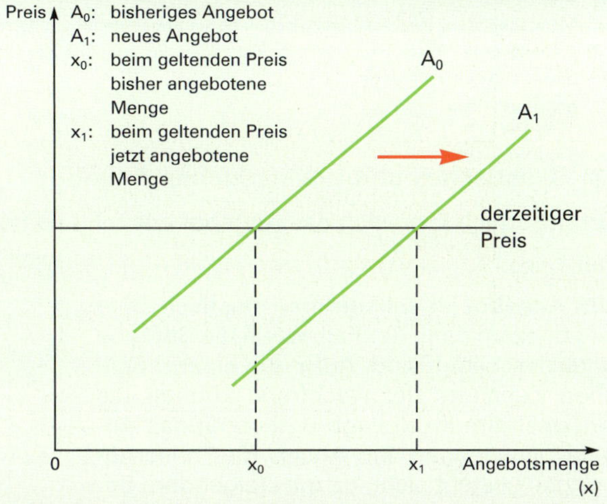

Merke:

- Steigt die Zahl der Anbieter, nimmt das Angebot für ein Gut zu.
- Sinkt die Zahl der Anbieter, nimmt das Angebot für ein Gut ab.

5.3.2 Preiselastizität des Angebots

(1) Begriff Preiselastizität des Angebots

Die Erkenntnisse über die Preiselastizität des Angebots (Angebotselastizität: El_A) sind deswegen von Bedeutung, weil mit ihrer Hilfe Preisbildungsvorgänge auf den verschiedenen Märkten erklärt werden können.

Merke:

- Die **Preiselastizität des Angebots** (El_A) ist das Verhältnis einer **prozentualen Angebotsänderung** für ein bestimmtes Gut zu einer **prozentualen Preisänderung** dieses Gutes.
- $El_A = \frac{\text{prozentuale Angebotsänderung}}{\text{prozentuale Preisänderung}} = \frac{\Delta x \text{ in } \%}{\Delta P \text{ in } \%}$

Die Angebotselastizität ist im Normalfall **positiv,** weil Preiserhöhungen ein Steigen bzw. Preissenkungen ein Sinken des mengenmäßigen Angebots nach sich ziehen („Gesetz des Angebots").

Der Sachverhalt lässt sich auch mit folgender **Formel** darstellen:

$$El_A = \frac{\Delta x \cdot 100}{x} : \frac{\Delta P \cdot 100}{P} = \frac{\Delta x \cdot 100 \cdot P}{x \cdot \Delta P \cdot 100} = \frac{\Delta x}{\Delta P} \cdot \frac{P}{x}$$

El_A: Angebotselastizität

Δx: Mengendifferenz (Unterschied zwischen bisher angebotener und jetzt angebotener Menge)

ΔP: Preisdifferenz (Unterschied zwischen bisherigem Preis und neuem Preis)

x: bisher angebotene Menge

P: bisheriger Preis

(2) Elastisches und unelastisches Angebot

Grundsätzlich kann sich das Angebot wie folgt verhalten:

Fall 1:

Das Angebot ist vollkommen elastisch. Dies ist vor allem dann der Fall, wenn die Betriebe unterbeschäftigt sind. Aufgrund einer möglichen Zunahme der Nachfrage können die Anbieter ihre Produktion und damit das Angebot ausdehnen. Ein Anlass für Preiserhöhungen besteht nicht, da mit steigendem Beschäftigungsgrad die Stückkosten zunächst sinken.

Vollkommen elastisches Angebot

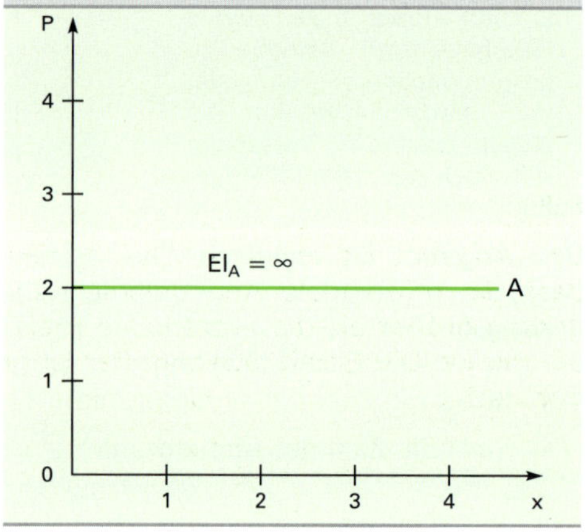

Fall 2:

Das Angebot ist vollkommen unelastisch. In diesem Fall sind die Anbieter vollbeschäftigt. **Kurzfristig** kann das Angebot nicht weiter ausgedehnt werden.

Auch das Angebot von leicht verderblichen landwirtschaftlichen Erzeugnissen (Spargel, Erdbeeren, Kirschen) ist zu einem bestimmten Zeitpunkt (z. B. Wochentag) vollkommen unelastisch: Die Anbieter müssen die Erntemengen sofort anbieten und den auf dem Markt sich bildenden Preis hinnehmen. Das Gleiche gilt für eine Fischauktion an einem bestimmten Tag. Ebenso ist das Angebot anlässlich einer Versteigerung vollkommen unelastisch.

Vollkommen unelastisches Angebot

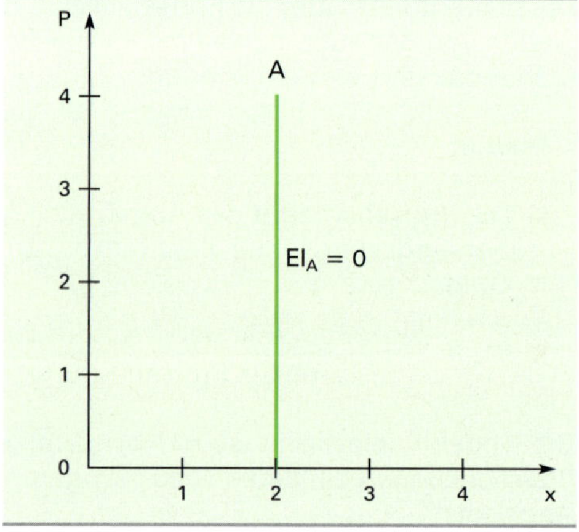

Fall 3:

Das Angebot ist proportional elastisch. Dies sagt aus, dass eine prozentuale Angebotsmengenänderung einer prozentualen Preisänderung gleich ist. Die Elastizität beträgt 1.

Dabei ist zu bemerken, dass **jede lineare Angebotskurve,** die im Ursprung des Koordinatensystems beginnt (bzw. sich bis zum Ursprung verlängern lässt), die **Elastizitätskennziffer 1** aufweist.

Da die Angebotskurven für ein Gut i.d.R. nicht linear, sondern gekrümmt verlaufen, ist eine Angebotselastizität von 1 ein theoretischer Grenzfall.

Proportional elastisches Angebot

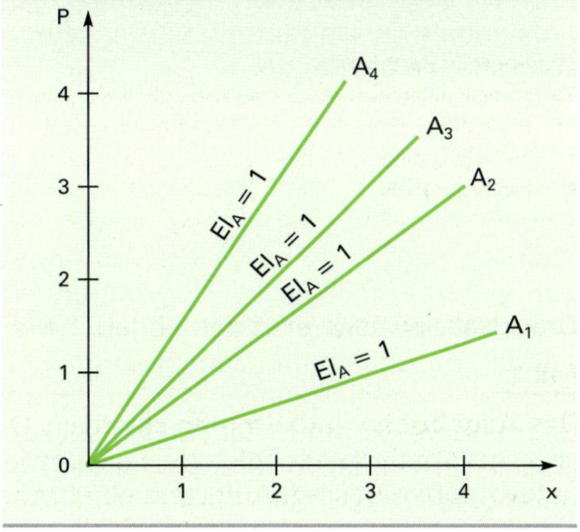

Fall 4:

Das Angebot ist elastisch. Das bedeutet, dass die prozentuale Angebotsmengenänderung **größer** als die prozentuale Preisänderung ist. Die Elastizitätskennziffer ist **größer als 1.**

Elastische Angebotskurven

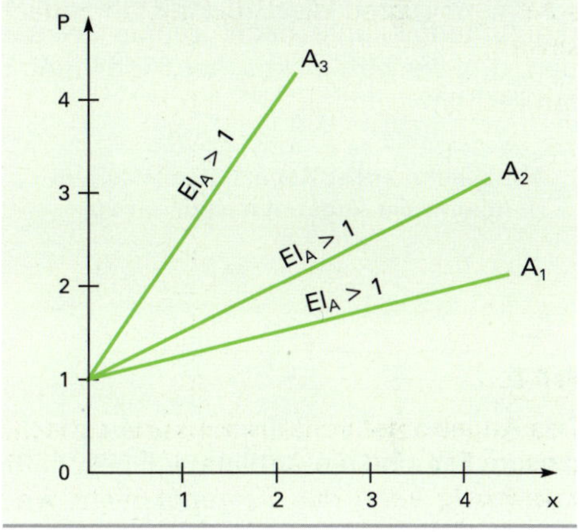

Fall 5:

Das Angebot ist unelastisch. Hier ist die prozentuale Angebotsänderung **geringer** als die prozentuale Preisänderung. Die Elastizitätskennziffer ist **kleiner als 1.**

Unelastische Angebotskurven

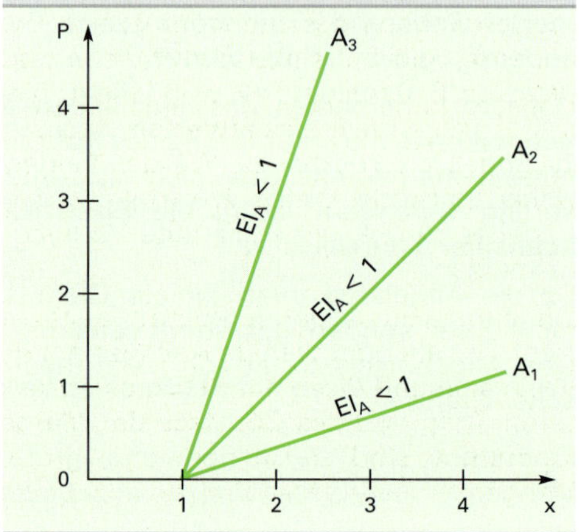

Zu betonen ist, dass bei einer der Wirklichkeit angenäherten Marktangebotskurve weder von „elastischem" noch von „unelastischem" Angebot gesprochen werden kann. Vielmehr wird es so sein, dass das Angebot bei **Unterbeschäftigung** der betreffenden Branche[1] zunächst elastisch ist, um bei steigender Beschäftigung zunehmend unelastisch zu werden. Bei einer gekrümmten Angebotskurve kommt der Elastizitätskoeffizient 1 nur einmal vor (Punkt Y in der Abbildung unten links).

Die Angebotselastizität ändert sich auch im Zeitablauf. Treten z. B. zu den bisherigen Anbietern weitere hinzu und/oder erweitern die bisherigen Anbieter ihre Kapazitäten, wird die Angebotskurve nach „rechts" verschoben, d. h. sie wird elastischer (Abbildung unten rechts).

Mit zunehmender Kapazitätsauslastung nimmt die Angebotselastizität ab

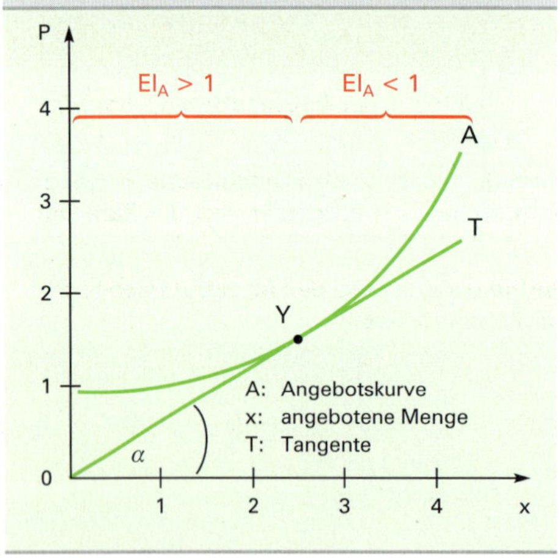

Zunehmende Angebotselastizität bei Kapazitätsausweitung

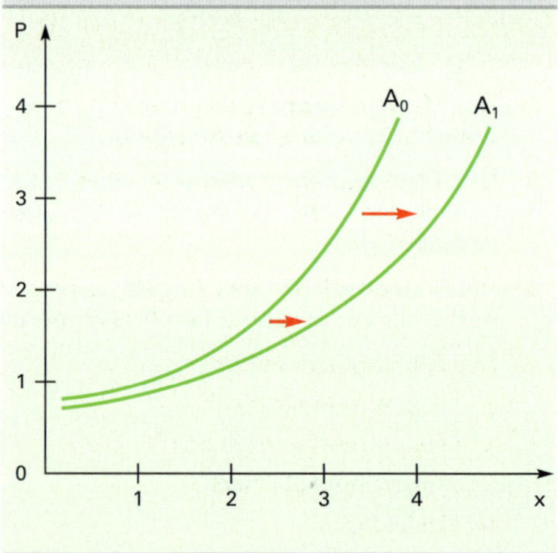

1 Branche: Wirtschaftszweig.

Fall 6:

Das Angebot ist invers[1] **(anomal).** Eine anomale Angebotskurve liegt vor, wenn bei steigenden Preisen das mengenmäßige Angebot sinkt und bei sinkenden Preisen steigt. Dies ist z. B. dann der Fall, wenn die Anbieter weiter steigende Preise **erwarten,** sodass sie ihr Angebot zurückhalten. Werden hingegen weiter sinkende Preise erwartet, wird das Angebot erhöht, um zukünftige Verluste zu vermeiden.

Ein anomales Angebot kommt auch vor, wenn nur ein oder wenige Anbieter auf dem Markt sind und diese mit Stückkosten kalkulieren. Aufgrund des **Gesetzes der Massenproduktion** sind sie in der Lage, größere Mengen zu niedrigeren Preisen anzubieten.[2]

Ein weiteres Beispiel für die anomale Angebotselastizität findet man in der Landwirtschaft. So kann es sein, dass eine Preissenkung bei landwirtschaftlichen Produkten zu einer Vergrößerung der Anbaufläche und damit des Angebots führt, weil jeder Landwirt die Umsatzeinbuße durch eine vergrößerte Verkaufsmenge ausgleichen möchte.

Negative Angebotselastizität (anomale Angebotskurve)

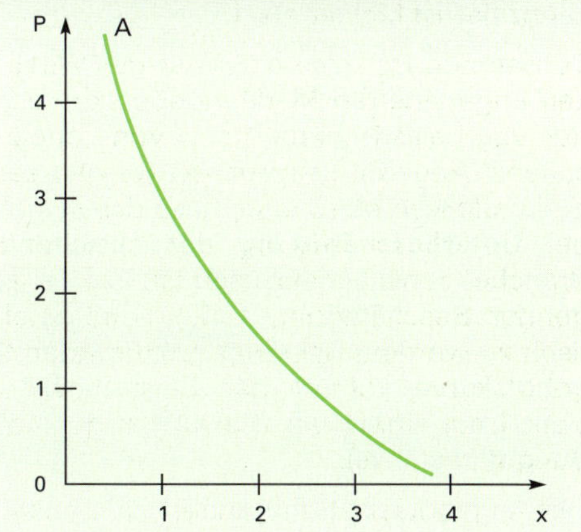

Zusammenfassung

- Das **Marktangebot** (Gesamtangebot) für ein Gut ergibt sich aus der **Aggregation** (Queraddition) **aller individuellen Angebote.**
- Das **Marktangebot** wird von **allen Faktoren** bestimmt, die auch das **individuelle** Angebot beeinflussen. Des Weiteren ist das Gesamtangebot auch noch abhängig von der **Zahl der Anbieter.**
- Die **Preiselastizität des Angebots** setzt die **prozentuale Änderung der Angebotsmenge** ins Verhältnis zur **prozentualen Preisänderung** des betrachteten Gutes.
- Das Angebot ist entweder
  - vollkommen elastisch,
  - vollkommen unelastisch,
  - proportional elastisch,
  - elastisch,
  - unelastisch oder
  - invers elastisch.

1 Invers: umgekehrt, dem „Normalen" entgegengesetzt.

2 Vgl. hierzu S. 59ff.

Übungsaufgabe

15 1. Definieren Sie den Begriff Marktangebot (Gesamtangebot) für ein Gut!

2. Erklären Sie mit eigenen Worten, wie das Marktangebot für ein Gut zustande kommt!

3. Die individuellen Angebotskurven folgender Betriebe sind bekannt (x: Mengeneinheiten):

Betrieb A	Betrieb B	Betrieb C
$P = 1\,^1/_3x$	$P = 1 + {}^1/_2x$	$P = 2x - 2$

Aufgaben:

3.1 Ermitteln Sie die Marktangebotskurve entsprechend der nachfolgenden Tabelle!

Preis	Angebotskurven			Gesamtangebot
	Betrieb A	Betrieb B	Betrieb C	
0				
1				
2				
3				
4				
5				
6				

3.2 Zeichnen Sie die drei Angebotskurven und konstruieren Sie die Marktangebotskurve durch Queraddition!

4. Begründen Sie, aufgrund welcher Ursachen das Marktangebot zunimmt!

5. Begründen Sie, aufgrund welcher Ursachen das Marktangebot abnimmt!

6. Definieren Sie den Begriff Angebotselastizität!

7. Berechnen Sie die Angebotselastizitäten in folgenden Fällen:

Güterart	Preisänderung je Einheit	Angebotsmengenänderung je Raum- und Zeiteinheit
Benzin	von 1,40 EUR auf 1,47 EUR	von 1 000 hl auf 1 200 hl
Radiogeräte	von 100,00 EUR auf 90,00 EUR	von 800 Stück auf 880 Stück
Milch	von 1,00 EUR auf 1,10 EUR	von 900 Liter auf 891 Liter
Taschenrechner	von 200,00 EUR auf 150,00 EUR	unverändert

8. Beschreiben Sie, von welchen Faktoren unterschiedliche Angebotselastizitäten abhängen können!

9. WILHELM RÖPKE berichtet in seinem Buch „Die Lehre von der Wirtschaft" von den Farmern im amerikanischen Staat Alabama, dass sie im Jahre 1919 einem Insektenschädling (dem Kapselwurm) aus Dankbarkeit dafür, dass seine Verwüstungen in den Baumwollplantagen das Angebot an Baumwolle verringert hatten, ein Denkmal gesetzt hätten.

   Aufgabe:

   Erklären Sie diesen scheinbaren Widersinn!

10. Ein Orkan richtete in den Waldstücken von vier Forstwirten erheblichen Schaden an. Nur noch als Brennholz verwertbar sind 4000 Ster[1] aus dem Wald des Forstwirts A, 5000 Ster aus dem Wald des Forstwirts B, 4500 Ster aus dem Wald des Forstwirts C und 6000 Ster aus dem Wald des Forstwirts D. Die vier Forstwirte verhalten sich wie folgt:

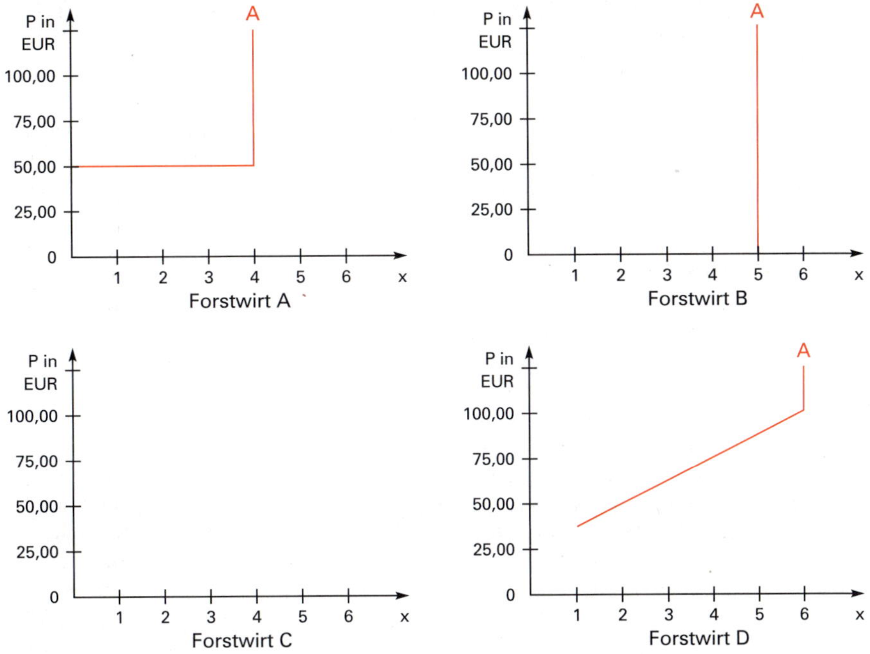

x: Brennholz in 1000 Ster A: Angebotskurve

Aufgabe:

Interpretieren Sie das Marktverhalten der vier Forstwirte!

6 Preisbildung auf vollkommenen und unvollkommenen Märkten

6.1 Preisbildung auf vollkommenen Märkten am Beispiel des vollkommenen Angebotsoligopols

Hinweis:

Die vom Lehrplan außerdem geforderte Darstellung der **Preisbildung des vollkommenen Polypols** und des **vollkommenen Angebotsmonopols** wird im Band „Betriebswirtschaft/Gesamtwirtschaft für das kaufmännische Berufskolleg II", Fach Gesamtwirtschaft, Kapitel 3, S. 256ff. bzw. im Band „Betriebs- und Gesamtwirtschaft für das einjährige Berufskolleg zum Erwerb der Fachhochschulreife BK – 1 BK FH Wirtschaft, Kapitel 6, S. 213ff. behandelt. Aus diesem Grund beschränken sich die Ausführungen zur Preisbildung auf vollkommenen Märkten auf das Modell des vollkommenen Angebotsoligopols.

1 Ster: ein vor allem in der Forstwirtschaft verwendetes Raummaß für Holz (1 m^3).

6 Speth - ISBN 978-3-8120-0584-5

Das Wesen des **Angebotsoligopols** besteht darin, dass wenige Anbieter den Markt beherrschen. Im Unterschied zum Polypol und Monopol müssen die Oligopolisten mit **Gegenmaßnahmen der Konkurrenten** rechnen, wenn sie am Markt absatzpolitische Maßnahmen (z.B. Preisänderungen) vornehmen. Deshalb bezeichnet man den oligopolistischen Wettbewerb auch als **zirkulare Konkurrenz.**

Merke:

Die Handlungen eines Oligopolisten werden zum einen von den **Aktionen der Konkurrenten** bestimmt, zum anderen von den **Erwartungen** darüber, wie die Konkurrenten auf eigene Aktionen reagieren werden.

Beim vollkommenen Oligopol wird ein homogenes Gut angeboten, ein in Wirklichkeit kaum anzutreffender Fall.

Homogene Märkte können nur einen einheitlichen Preis aufweisen, wie bereits mehrfach bewiesen wurde, ebenso das homogene Oligopol. Würde ein Oligopolist versuchen, den Preis zu senken, gewänne er **alle** Kunden, falls seine Konkurrenten nicht nachzögen. Würde er den Preis erhöhen, verlöre er **alle** Kunden, falls die Konkurrenten nicht reagieren. Diese Tatsache erklärt bereits, dass auf oligopolistischen Märkten relative **Preisstarrheit** herrscht, weil **friedliches Verhalten** für alle Anbieter i.d.R. von Vorteil ist. Bei Kostensteigerungen werden die Oligopolisten **gemeinsam** ihre Preise erhöhen (abgestimmtes Verhalten), sei es durch vertragliche Abmachung (Kartell) oder stillschweigende Übereinkunft (Quasikartell). Möglicherweise wird es auch einem **Preisführer** überlassen, an dessen preispolitischem Verhalten sich die Mitbewerber orientieren.

Weisen die Oligopolunternehmen jedoch Kostenunterschiede auf, mag es für das kostengünstiger arbeitende Unternehmen langfristig von Nutzen sein, mit Niedrigpreisen (Verdrängungspreisen) zu arbeiten, also gewissermaßen ein **kriegerisches Verhalten** an den Tag zu legen **(Verdrängungswettbewerb).** Setzt man gleiche Finanzierungsmöglichkeiten voraus, kann es dem kostengünstiger arbeitenden Oligopolisten gelingen, die Konkurrenten aus dem Markt zu drängen, die bei einem für sie zu niedrigen Marktpreis nicht mehr in der Lage sind, ihre Kosten zu decken. Die Nachfrage nach den Erzeugnissen der verdrängten Unternehmen fließt dann dem verbleibenden Anbieter zu, der nunmehr seinen Preis wieder erhöhen kann.

Zusammenfassung

- Im Unterschied zum Polypol und Monopol müssen **Oligopolisten** mit **Gegenmaßnahmen der Konkurrenz** rechnen.
- Im **Angebotsoligopol** kommt es entweder zu **Preisstarrheit,** weil **friedliches Verhalten** für alle Anbieter vorteilhaft erscheint, oder es kommt aufgrund eines **Verdrängungswettbewerbs** zu **Preiskämpfen.**

Übungsaufgabe[1]

16 1. Die Preis-Absatz-Funktion eines Monopolisten hat folgende Gestalt:

$$PE = \frac{10\,000 - 2P}{1\,000}$$

Dabei bedeuten PE: Produktionseinheiten und P: Preis.

Aufgaben:

1.1 Stellen Sie eine Wertetafel für P und PE auf!

1.2 Ermitteln Sie grafisch das Gewinnmaximum mithilfe der

1.2.1 Gesamtbetrachtung und

1.2.2 Stückbetrachtung, wenn die fixen Kosten 2000 GE und die variablen Kosten 2000 GE je PE betragen!

2. Erläutern Sie, warum der Angebotsmonopolist sein Gewinnmaximum dann erzielt, wenn der Grenzerlös (Grenzumsatz) den Grenzkosten entspricht!

3. Ein Monopolist sieht sich folgender Nachfragesituation gegenüber:

Absetzbare Menge	0	1	2	3	4	5	6	7	8
Preis in Tausend	4	3,5	3	2,5	2	1,5	1	0,5	0

Seine fixen Kosten betragen 2000 GE, seine variablen Kosten 1000 GE je Produktionseinheit.

Aufgaben:

Bestimmen Sie grafisch das Gewinnmaximum mit Hilfe der

3.1 Gesamtdarstellung und

3.2 Stückdarstellung!

4. Zeigen Sie mithilfe der Stückdarstellung, wie sich das Gewinnmaximum des Monopolisten verändert, wenn sich die variablen Kosten um 20 % erhöhen!

5. Charakterisieren Sie das Wesen des vollkommenen polypolistischen Marktes und begründen Sie, warum das vollkommene Polypol einen theoretischen Grenzfall darstellt!

6. Wie hoch sind Gleichgewichtspreis und Gleichgewichtsmenge auf einem vollkommenen polypolistischen Markt, wenn die Angebotsfunktion die Gestalt $P = 10 + 0{,}2x$ und die Nachfragefunktion die Gestalt $P = 20 - 0{,}05x$ besitzen? (P: Preis, x: nachgefragte bzw. angebotene Menge.)

Aufgabe:

Bestimmen Sie Gleichgewichtspreis und -menge sowohl rechnerisch als auch zeichnerisch!

7. Die ursprüngliche Nachfragefunktion (Preis-Absatz-Funktion) eines Monopolisten hat die Gestalt $x = 6 - 4P$. In der Folgeperiode nimmt die Nachfrage auf $x = 8 - 4P$ zu, in der nächsten Periode auf $x = 10 - 4P$.

x: Produktionseinheiten, z.B. 1000 Stück; P: Preis je Produktionseinheit.

Aufgaben:

7.1 Zeichnen Sie die drei Preis-Absatz-Funktionen in ein Koordinatensystem ein! (1 cm auf der y-Achse = 0,50 GE; 1 cm auf der x-Achse = 1 PE.)

7.2 Ermitteln Sie die jeweiligen Cournotschen Punkte unter der Annahme, dass die Grenzkosten 0,50 GE betragen!

1 Zur Wiederholung werden auch Aufgaben zur Preisbildung beim vollkommenen Polypol und beim vollkommenen Angebotsmonopol gestellt.

7.3 Bestimmen Sie die Angebotskurve (Reaktionskurve, Cournot'sche Kurve) des Monopolisten, indem Sie die Cournot'schen Punkte verbinden!

7.4 Prüfen Sie, ob die Preisgesetze auch für das Angebotsmonopol gelten, sofern der Monopolist nach dem (kurzfristigen) Gewinnmaximierungsprinzip handelt!

8. Erläutern Sie die Begriffe Preisführerschaft und Verdrängungswettbewerb!

9. Angenommen, das (normale) Angebot für ein Gut nimmt zu. Wie entwickelt sich der Gleichgewichtspreis, wenn die Angebotszunahme

   9.1 auf eine unelastische Nachfrage oder

   9.2 auf eine elastische Nachfrage trifft?

   Begründen Sie Ihre Antwort zeichnerisch!

6.2 Preisbildung auf unvollkommenen Märkten

6.2.1 Preisbildung des unvollkommenen Polypols

6.2.1.1 Herausbildung eines Preisniveaus für ein Gut

Auch im Modell der freien Marktwirtschaft kann man nicht davon ausgehen, dass die Märkte vollkommen sind. Es wäre im Grunde auch eine armselige Wirtschaftsgesellschaft, in der von jeder Güterart nur eine einzige Sorte hergestellt und angeboten wird.

Merke:

Ein **unvollkommener Markt** liegt vor, wenn eine, mehrere oder alle Voraussetzungen des vollkommenen Marktes fehlen.

Das äußere Merkmal des unvollkommenen Marktes ist, dass es für eine Güterart **unterschiedliche** Preise gibt.

Beispiele:

Eine bestimmte Brotsorte kostet in verschiedenen Bäckereien nicht dasselbe; für eine bestimmte Weinsorte muss man in Geschäften und Lokalen unterschiedliche Preise bezahlen.

Die **Gründe für die Unvollkommenheit** der Märkte sind im Einzelnen:

- Eine bestimmte Güterart wird in verschiedenen Qualitäten, Abmessungen, Aufmachungen, Farben usw. hergestellt. Das **Gut ist heterogen** (verschiedenartig).
- Angebot und Nachfrage treffen weder am gleichen Ort noch zur gleichen Zeit zusammen **(dezentralisierte, nicht organisierte Märkte)**.
- Anbietern und Nachfragern **fehlt die Marktübersicht.** (Beispiel: Eine Person, die für ihren Haushalt einkauft, weiß nicht, was die Milch im übernächsten Geschäft kostet.)
- Käufer und Verkäufer hegen persönliche, sachliche, räumliche oder zeitliche **Präferenzen.**

Die fast unüberschaubare Zahl eng verwandter Güter führt dazu, dass der Markt für die Nachfrager nur in Ausnahmefällen „vollkommen transparent“ ist. Diese Tatsache allein erlaubt es den Anbietern bereits, ihre Preise innerhalb einer bestimmten Spanne festzusetzen, ohne bei Preiserhöhungen sofort alle Kunden an die Konkurrenz zu verlieren oder bei Preissenkungen alle Kunden gewinnen zu können. Deswegen ergibt sich bei zeichnerischer Darstellung des Angebots keine „Angebotskurve“, sondern ein „Angebotsband“. Dieses drückt aus, dass unter den Bedingungen der unvollkommenen polypolistischen Konkurrenz ein Anbieter in der Lage ist, eine bestimmte Gütermenge innerhalb bestimmter Grenzen zu unterschiedlichen Preisen anzubieten.

Umgekehrt besitzen auch die Nachfrager keine eindeutige Preisvorstellung. (Will beispielsweise eine Mutter ihrem Kind einen Pullover kaufen, hat sie die Vorstellung, dass sie „etwa“ 20,00 EUR bis 25,00 EUR ausgeben möchte. Die Nachfrage stellt sich also ebenfalls als ein „Band“ dar.)

Die nebenstehende Abbildung zeigt, dass es bei **unvollkommener Konkurrenz** (auch wenn sie vollständig, d. h. polypolistisch ist) **keinen einheitlichen Preis** geben kann. Es gibt lediglich eine **Preisunter-** und eine **Preisobergrenze.** Je heterogener (z. B. je undurchschaubarer) ein Markt ist, desto größer ist der mögliche **Preisspielraum.** Es lassen sich lediglich Durchschnittspreise für ein bestimmtes Gut errechnen.

Auf unvollkommenen Märkten gibt es keinen Einheitspreis

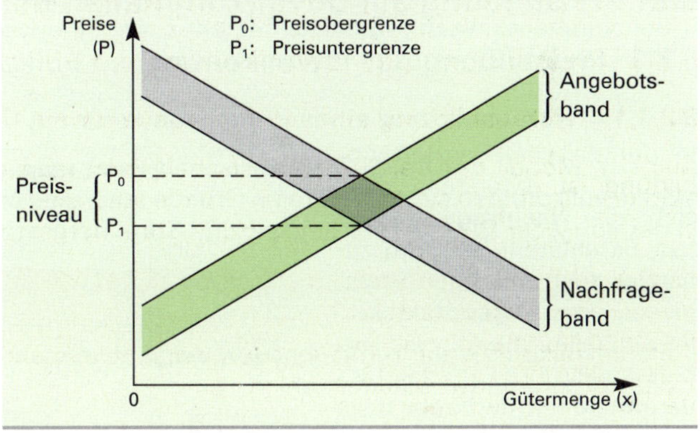

Merke:

Auf einem unvollkommenen Markt gibt es **keinen Einheitspreis.**

Es erhebt sich die Frage, ob auf unvollkommenen polypolistischen Märkten die „Preisgesetze“ außer Kraft gesetzt sind. Soweit normales Angebots- und Nachfrageverhalten der Marktteilnehmer vorausgesetzt werden kann, gelten auch hier die Preisgesetze, allerdings nicht in Form einer Entwicklung zum Gleichgewichtspreis, sondern lediglich in einer **Tendenz zu einem Durchschnittspreisniveau** für ein bestimmtes Gut.

In der nebenstehenden Abbildung ist angenommen, dass sich das **Angebot erhöht** hat. Aufgrund dieser Tatsache entsteht bei dem zunächst noch hohen Preisniveau eine **Nachfragelücke**.[1] Im Zeitablauf merken die Anbieter, dass sie auf einem Teil ihrer Waren „sitzen bleiben". Verringern sie die bisher angebotene Gütermenge nicht, müssen sie die Preise senken, wenn sie ihre Lager räumen wollen.

Der Preisauftrieb bei Nachfragelücken

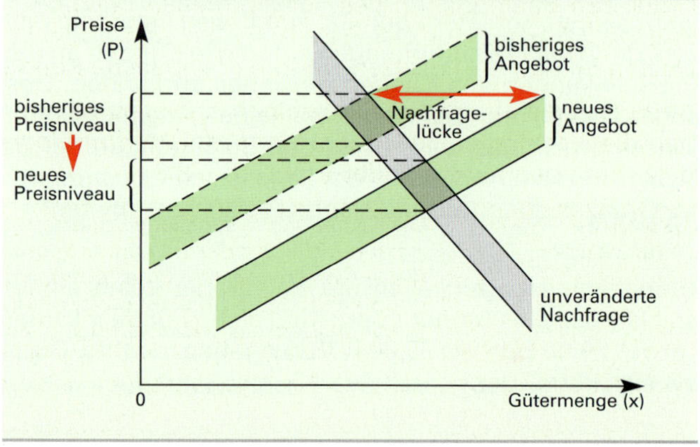

Merke:

Bei **gegebener Nachfragelücke** besteht auch auf **unvollkommenen polypolistischen Märkten** eine Tendenz zu **Preissenkungen.**

In der nebenstehenden Abbildung ist unterstellt, dass sich die **Nachfrage erhöht** hat. Es entsteht bei dem zunächst noch niedrigen Preisniveau eine **Angebotslücke**.[2] Im Zeitablauf merken die Anbieter, dass ihre Lagerbestände abnehmen und/oder dass sie mit ihren Lieferungen nicht mehr nachkommen. Die Ware wird ihnen sozusagen „aus den Händen gerissen". Sie werden folglich ihre Preise erhöhen.

Der Preisauftrieb bei Angebotslücken

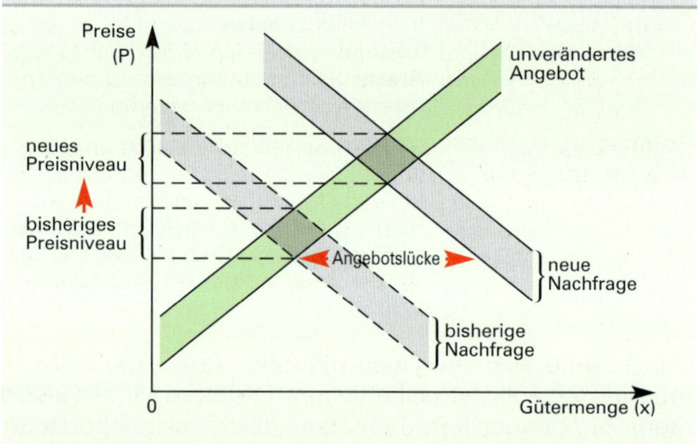

Merke:

Bei **gegebener Angebotslücke** besteht auch auf **unvollkommenen polypolistischen Märkten** eine Tendenz zu **Preissteigerungen.**

---

1 Beim geltenden Preis ist die **Nachfrage zu gering** bzw. das **Angebot zu groß.** Daher spricht man von einer „Nachfragelücke" oder von einem „Angebotsüberhang".

2 Beim geltenden Preis ist die **Nachfrage zu groß** bzw. das **Angebot zu gering.** Daher spricht man von einer „Angebotslücke" oder von einem „Nachfrageüberhang".

6.2.1.2 Monopolistischer Preisspielraum eines einzelnen Anbieters

Unter den Bedingungen des vollkommenen Polypols kann der einzelne Anbieter **keine Preispolitik** betreiben. Der Preis ist für ihn ein **Datum.** Würde er seinen Absatzpreis höher als den Marktpreis ansetzen, verlöre er sämtliche Kunden.

Anders ist die Situation des einzelnen Anbieters beim unvollkommenen Polypol. Hier haben die Nachfrager gegenüber den Anbietern und/oder deren Erzeugnissen bzw. Handelswaren **bestimmte Präferenzen,** so z. B.:

Sachliche Präferenzen	Die Käufer haben sachliche Präferenzen, wenn die Güte (Qualität) der angebotenen Waren oder Erzeugnisse unterschiedlich ist. Vielfach spielt auch die persönliche Meinung der Kunden eine erhebliche Rolle, obwohl die angebotenen Güter objektiv gleichwertig sind. (**Beispiel:** Eine Gruppe von Bierliebhabern „schwört" auf das „Gänsebier", die andere auf das „Felsenbier". In diesem Fall besitzen die beiden Bierhersteller ein „Meinungsmonopol", das ihnen gestattet, für ihre Biere unterschiedliche Preise zu verlangen.)
Persönliche Präferenzen	Diese liegen beispielsweise vor, wenn die Kunden einen Anbieter deswegen bevorzugen, weil er ihnen persönlich bekannt und besonders sympathisch ist oder weil die Bedienung sehr geschickt und der Service einwandfrei ist.
Räumliche Präferenzen	Hier ziehen die Käufer den nächstliegenden Anbieter aus Bequemlichkeit, aus Gründen der Zeit- und Transportkostenersparnis oder wegen der Besichtigungsmöglichkeit der Erzeugnisse und Waren vor. (**Beispiel:** Der „Laden um die Ecke" ist schneller und bequemer erreichbar als der möglicherweise preisgünstigere Supermarkt am Rand der Stadt.)
Zeitliche Präferenzen	In diesem Fall ist ein Anbieter deshalb für eine Vielzahl von Kunden attraktiv, weil er schneller und/oder pünktlicher als seine Mitbewerber zu liefern imstande ist. (**Beispiel:** Im Textilgeschäft am Ort kann man den gekauften Anzug gleich mitnehmen, auf den im Versandhaus bestellten Anzug muss man u. U. wochenlang warten.)
Fehlende Markttransparenz	Häufig führt fehlende Markttransparenz (Mangel an Informationen über die angebotenen Sachgüter und Dienstleistungen) zu Präferenzen. Aber die fehlende Markttransparenz ist an sich schon ein Faktor, der zur Unvollkommenheit der Märkte beiträgt, weil insbesondere die privaten Verbraucher nicht in der Lage sind, bei der Vielzahl der angebotenen Waren in den Besitz der notwendigen Informationen über Güte und Preise zu gelangen.

Die Summe aller möglichen Präferenzen verschmilzt in der Praxis zu einer Einheit, die man in der volkswirtschaftlichen Literatur als **akquisitorisches Kapital** eines Unternehmens bezeichnet hat. Je stärker dieses akquisitorische Kapital ist, desto größer ist die Möglichkeit der Anbieter, Preispolitik zu betreiben. Die Unternehmen sind daher bemüht, mithilfe verschiedener absatzpolitischer Maßnahmen (Marketingmaßnahmen) das akquisitorische Kapital zu erhöhen. Beispielsweise dient die **Werbung** u. a. dazu, die „Meinung" der Kunden zu beeinflussen. Mithilfe der **Produktgestaltung** (z. B. Qualitätsverbesserung, Formgebung, Verpackungsgestaltung, Einführung von Markenzeichen) sollen die sachlichen Präferenzen verstärkt werden. Durch die Wahl geeigneter **Absatzmethoden** kann die Kundennähe vergrößert werden.

Aufgrund all dieser Maßnahmen enthält die **Preis-Absatz-Kurve (Nachfragekurve)** des **polypolistischen Anbieters** einen **„monopolistischen Bereich"** (daher auch „monopolistische Konkurrenz"), der ihm gestattet, innerhalb gewisser Grenzen eigene **Preispolitik** zu betreiben.

Beispiel:

Der Besitzer einer Hühnerfarm hat es verstanden, sich durch den Verkauf „naturfrischer" Eier einen guten Ruf zu schaffen, weil seine Legehennen auf eigenen Wiesen freien Auslauf haben. Seine Preis-Absatz-Kurve (Nachfragekurve) hat folgende Gestalt:

x (angebotene Eier in 1000 Stück)	**P** (Preis je Stück)	**U** (Umsatz = P · x)	**Grenzerlös** (Umsatzzuwachs je 10000 Stück)	**Grenzerlös je Stück**
0	0,25 GE	—		
10	0,25 GE	2500 GE	2500 GE	0,25
20	0,25 GE	5000 GE	2500 GE	0,25
30	0,25 GE	7500 GE	2500 GE	0,25
40	0,24 GE	9600 GE	2100 GE	0,21
50	0,22 GE	11000 GE	1400 GE	0,14
60	0,175 GE	10500 GE	– 500 GE	– 0,05
70	0,13 GE	9100 GE	– 1400 GE	– 0,14
80	0,11 GE	8800 GE	– 300 GE	– 0,03
90	0,10 GE	9000 GE	200 GE	0,02
100	0,10 GE	10000 GE	1000 GE	0,10
110	0,10 GE	11000 GE	1000 GE	0,10

Erläuterungen:

- Der **monopolistische Preisspielraum** des Anbieters liegt zwischen 0,25 GE und 0,10 GE. Würde er seinen Preis höher als 0,25 GE festsetzen, verlöre er alle Kunden an die Konkurrenz. Läge sein Absatzpreis unter 0,10 GE, gewänne er alle Kunden.
- Den **Umsatz (Erlös)** erhält man, indem man die Absatzmenge mit dem Stückpreis multipliziert.
- Der **Grenzerlös (Grenzumsatz)** ist der Umsatzzuwachs je Produktionseinheit (hier je 10000 Stück).
- Der **Grenzerlös je Stück** ergibt sich, indem man den Grenzerlös durch 10000 Stück dividiert.
- Grenzerlös und Grenzerlös je Stück sind Differenzwerte. Sie sind deshalb in der vorangestellten Tabelle und in der nachstehenden Abbildung als **Zwischenwerte** eingetragen.

Preis-Absatz-Kurve beim unvollkommenen Polypol

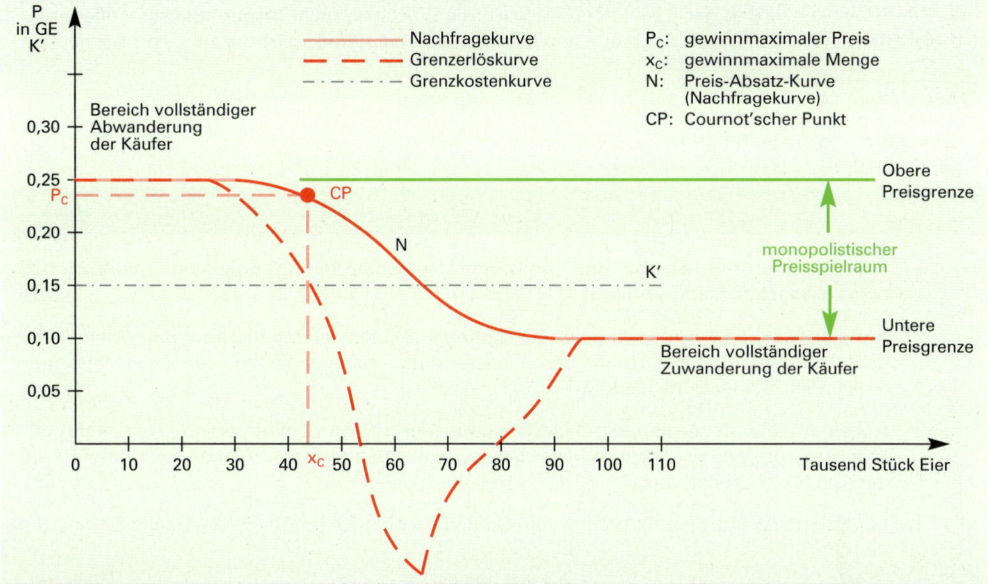

Erläuterungen:

- Die **„geschwungene" Nachfragekurve** in der Abbildung bringt zum Ausdruck, dass der Polypolist bei heterogener Konkurrenz einen mehr oder weniger großen monopolistischen Spielraum besitzt, innerhalb dessen er Preispolitik betreiben kann, ohne dass seine Konkurrenten zu stark reagieren.
- Treibt der Polypolist Preispolitik, so liegt sein **Gewinnmaximum** bei der Ausbringungs- und Verkaufsmenge, bei der die **Grenzkosten dem Grenzerlös gleich** sind.
- In diesem Beispiel wird der polypolistische Anbieter einen Preis von ca. 0,23 GE verlangen, weil bei diesem Preis die Bedingung Grenzkosten (0,15 GE) gleich Grenzerlös (0,15 GE) erfüllt ist (Cournotscher Preis).

  Ob ein Polypolist bei heterogener Konkurrenz tatsächlich Preispolitik betreibt, hängt zunächst davon ab, ob sein monopolistischer Bereich innerhalb seiner maximalen Kapazität liegt. Bleiben wir bei unserem Beispiel. Könnte unser Anbieter beispielsweise nur 30000 Eier pro Tag erzeugen, wird er sich wie ein Anbieter bei vollkommener Konkurrenz verhalten müssen, d.h. den Absatzpreis von 0,25 GE als Datum hinnehmen. Preispolitik kann er auch dann nicht betreiben, wenn seine Kapazität z.B. 110000 Stück beträgt und er in der Nähe seiner Kapazitätsgrenze produziert. Liegen seine Grenzkosten bei 0,15 GE, wird er seine Ausbringung vermindern müssen. Hätte er jedoch Grenzkosten in Höhe von beispielsweise 0,08 GE, würde er seine Kapazität voll ausnutzen.

Zusammenfassung

- **Heterogene polypolistische Konkurrenz** (monopolistische Konkurrenz) liegt vor, wenn eine oder mehrere Prämissen des vollkommenen Marktes fehlen, aber unendlich viele Anbieter und Nachfrager auf dem Markt vertreten sind.
- Der **Polypolist** besitzt bei heterogener Konkurrenz einen monopolistischen Spielraum, innerhalb dessen er **Preispolitik** betreiben kann, ohne dass seine Konkurrenten reagieren.

- Ob ein Polypolist bei heterogener Konkurrenz **Preispolitik** betreibt, hängt vor allem von **seiner Kapazität** und von seiner **Kostenstruktur** ab.
- Der Polypolist wird in der Regel versuchen, durch Einsatz verschiedener absatzpolitischer Instrumente (Marketingmaßnahmen) seinen **monopolistischen Spielraum** zu vergrößern.

Übungsaufgabe

17

1. Erläutern Sie, unter welcher Bedingung (unter welchen Bedingungen) ein unvollkommener polypolistischer Markt vorliegt!
2. Auf einem unvollkommenen polypolistischen Markt nimmt das Angebot bei gleich bleibender Nachfrage ab. Wie wird sich das Durchschnittspreisniveau auf diesem Markt verändern? Begründen Sie Ihre Feststellung!
3. Auf einem unvollkommenen polypolistischen Markt nimmt bei unverändertem Angebot die Nachfrage ab. Wie wird sich das Durchschnittsniveau auf diesem Markt verändern? Begründen Sie Ihre Feststellung!
4. Ein Polypolist auf unvollkommenem Markt sieht sich folgender Preis-Absatz-Situation gegenüber:
   - Bei einem Absatzpreis von 120 GE je PE (Produktionseinheit) kann er maximal 12 PE absetzen. Erhöht er den Preis über 120 GE, verliert er alle Kunden an die Konkurrenz.
   - Bei einem Absatzpreis von 60 GE und darunter gewinnt er alle Kunden.
   - Der monopolistische Spielraum des Angebotspolypolisten liegt somit zwischen 120 GE und 60 GE. Die Nachfrage nach seinen Erzeugnissen verhält sich normal und ist linear:

Absatzpreis (P)	120[1]	110	100	90	80	70	60[2]
Nachgefragte Menge in Stück (PE)	12	16	20	24	28	32	36

1 höchstens
2 mindestens

   - Die proportional-variablen Stückkosten (Grenzkosten) belaufen sich auf 30 GE.
   - Die fixen Kosten betragen 1000 GE je Periode. Die Kapazitätsgrenze des Polypolisten liegt bei 44 Stück je Periode.

   Aufgaben:

   4.1 Erstellen Sie eine Tabelle mit folgenden Spalten:
   (1) PE (Produktionseinheiten, produzierte und verkaufte Mengeneinheiten)
   (2) P (Absatzpreis)
   (3) U (Umsatz, Erlös)
   (4) U' (Grenzerlös je 4 PE)
   (5) U'/PE (Grenzerlös je Produktionseinheit)
   (6) K_f (fixe Kosten)
   (7) K_V (variable Kosten)
   (8) K'/PE (Grenzkosten je PE)
   (9) K (Gesamtkosten)
   (10) Gew/Verl (Gewinn bzw. Verlust)

   Lösungshinweis: Berechnen Sie die erforderlichen Werte jeweils für 4 Produktionseinheiten (PE), in der Spalte (1) also für 0, 4, 8, 12 usw. bis einschließlich 60 PE.

4.2 Zeichnen Sie die Preis-Absatz-Kurve, die Grenzumsatzkurve und die Grenzkostenkurve des Polypolisten!

Lösungshinweis: Teilen Sie die Koordinaten wie folgt ein:
x-Achse: 1 cm ≙ 6 PE; y-Achse: 1 cm ≙ 20 GE.

4.3 Stellen Sie die gewinnmaximale Absatzmenge und den gewinnmaximalen Absatzpreis fest!

4.4 Begründen Sie, für welchen Absatzpreis sich der Polypolist entscheiden wird, wenn er nach Umsatzmaximierung strebt!

4.5 Begründen Sie, wie die Preisentscheidung des Polypolisten ausfällt, wenn sein oberstes Unternehmensziel die Vollbeschäftigung (Erhaltung der Arbeitsplätze) ist!

4.6 Angenommen, der Polypolist kann seine Kapazität unter sonst gleich bleibenden Bedingungen auf 60 PE ausweiten. Begründen Sie, für welchen Absatzpreis er sich entscheiden wird, wenn er nach Gewinnmaximierung strebt!

4.7 Von welchen Faktoren hängt die Entscheidung eines nach Gewinnmaximierung strebenden Polypolisten ab, seinen monopolistischen Preisspielraum auszunutzen?

5. Der unvollkommene polypolistische Markt wird auch als „monopolistische Konkurrenz" bezeichnet.

   Aufgabe:

   Erklären Sie diesen Begriff!

6.2.2 Preisbildung des unvollkommenen Angebotsmonopols

Ebenso wie die polypolistischen Märkte sind auch die monopolistischen Märkte in der Regel **unvollkommen,** d.h., es fehlen eine oder mehrere Prämissen des vollkommenen Marktes.

Merke:

Ein **unvollkommenes Monopol** liegt vor, wenn das Monopolunternehmen in der Lage ist, **Preisdifferenzierung** – auch **Preisdiskriminierung** genannt – zu betreiben, indem es die „Konsumentenrente" ausnutzt.

Beispiel:

Ein Angebotsmonopol sieht sich einer Nachfragekurve gegenüber, wie sie in den Abbildungen auf S. 92 wiedergegeben wird.

Die Preisdifferenzierung (ein Produkt wird zu verschiedenen Preisen verkauft) setzt voraus, dass die Käufer voneinander entweder räumlich oder sachlich (Inländer – Ausländer, Endverbraucher – Wiederverkäufer) getrennt werden können. Falls es unserem Monopolisten gelingt, beispielsweise 3 Abnehmergruppen voneinander zu scheiden und seine Preise auf 1400 GE, 1200 GE und 1000 GE festzusetzen, so beträgt sein Umsatz 3 · 1400, 1 · 1200 und 1 · 1000 GE, zusammen also 6400 GE. Betragen seine Gesamtkosten bei einem Umsatz von 5 Produktionseinheiten 3600 GE, so macht er einen Gewinn von 2800 GE. Ohne Preisdifferenzierung würde der Monopolist lediglich einen Umsatz von 5000 GE erzielen (5 · 1000 GE). In diesem Fall beliefe sich sein Gesamtgewinn nur auf 1400 GE (siehe linke Abbildung).

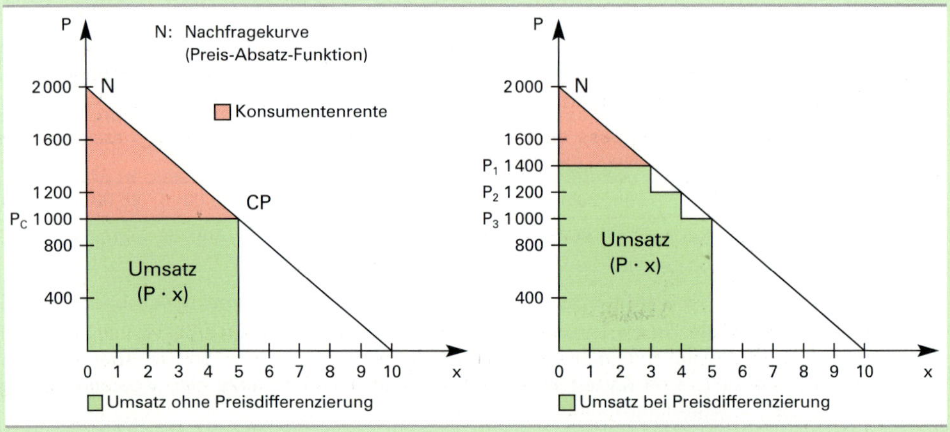

Je weiter die Preisdifferenzierung durchgeführt werden kann, desto größer ist der Gesamtgewinn. Die **absolute Preisuntergrenze** ist die Höhe der **Grenzkosten:** Jede weitere Produktionsausdehnung verursacht mehr zusätzliche Kosten als zusätzlich erlöst wird.

Überblick über die Arten der Preisdifferenzierung		
Arten	**Kriterien**	**Beispiele**
Sachliche Preisdifferenzierung	■ Nach dem Verwendungszweck des Gutes; ■ nach der gekauften Menge; ■ nach der Produktgestaltung.	Strom für private Haushalte – Strom für Industriebetriebe. Staffelrabatte. Preise für Standardmodelle – für Luxusmodelle bei Autos.
Persönliche Preisdifferenzierung	■ Nach den Einkommen der Kunden; ■ nach der Gruppenzugehörigkeit.	Differenzierte Arztrechnungen. Niedrigere Eintrittspreise für Schüler, Studenten und Schwerbehinderte.
Räumliche Preisdifferenzierung	Nach der räumlichen Verteilung der Käufer.	Angebotspreise im Ausland niedriger als im Inland (Dumping); Zonenpreise (z. B. Benzinpreise).
Zeitliche Preisdifferenzierung	Nach der zeitlichen Verteilung der Nachfrage.	Tagstrom- und Nachtstromtarife.
Verdeckte Preisdifferenzierung	Nach den künstlich geschaffenen Meinungen bei den Käufern.	Vortäuschung von Produktunterschieden.

Übungsaufgabe

18 Das Städtische Theater (800 Sitzplätze) in Neustadt hat unter Abzug der Subventionen im Durchschnitt fixe Kosten in Höhe von 10000,00 EUR je Theaterabend. (Die variablen Kosten sind so gering, dass sie kostenrechnerisch vernachlässigt werden können.)

Die Theaterleitung erwartet, dass die Besucher auf Preisänderungen wie folgt reagieren werden:

Preis je Karte in EUR	20,00	19,00	18,00	17,00	16,00	15,00	14,00
Zahl der verkauften Karten	500	550	600	650	700	750	800

Aufgaben:

1. Angenommen, die Theaterleitung will die Karten zu einem Einheitspreis verkaufen und den abendlichen Gewinn maximieren. Ermitteln Sie rechnerisch den Preis je Abendkarte, der den gewinnmaximalen Kartenverkauf erbringt! Stellen Sie hierzu eine Kosten-Leistungs-Tabelle nach folgendem Muster auf:

Zahl der Besucher	Preis je Abendkarte	Umsatz	Kosten	Verlust bzw. Gewinn
500	20,00 EUR	10000,00 EUR	10000,00 EUR	—
550	19,00 EUR	10450,00 EUR	10000,00 EUR	+ 450,00 EUR
⋮	⋮	⋮	⋮	⋮

2. Ermitteln Sie, wie viel Karten unverkauft bleiben, wenn der gewinnmaximierende Einheitspreis (Monopolpreis) festgesetzt wird!
3. Angenommen, die Theaterleitung handelt nicht nach dem Gewinnmaximierungsprinzip, sondern nach dem Kostendeckungsprinzip.
   3.1 Berechnen Sie den Preis, den die Theaterleitung verlangen wird!
   3.2 Ermitteln Sie, wie viel Kunden dann keine Karte erhalten können! Begründen Sie, ob es sich in diesem Fall um eine Angebots- oder um eine Nachfragelücke handelt!
4. Begründen Sie, warum in diesem Beispiel Gewinn- und Umsatzmaximum identisch sind!
5. Die Theaterleitung gelangt zur Ansicht, dass der Gewinn durch Preisdifferenzierung bei ausverkauftem Haus erhöht werden kann. Sie teilt die vorhandenen Plätze in drei Ränge ein. Für den Rang I (500 Plätze) verlangt sie 20,00 EUR je Karte, für den Rang II (200 Plätze) 16,00 EUR und für den Rang III (100 Plätze) 14,00 EUR.
   5.1 Ermitteln Sie, ob alle Karten verkauft werden!
   5.2 Ermitteln Sie den Gesamtgewinn! (Rechnerisch nachweisen!)
6. Nennen Sie die Art des Angebotsmonopols, die im Fall 5. vorliegt!

6.2.3 Preisbildung des unvollkommenen Angebotsoligopols

Die Probleme der Oligopoltheorie sind bis heute noch nicht befriedigend gelöst. Zwar gibt es eine große Anzahl von Oligopolmodellen. Empirisch haben sie jedoch ebenso wenig Bedeutung, wie manche der komplizierteren Fortentwicklungen. Die heutige Theorie wendet sich daher mehr und mehr von den Modellen ab. Vielmehr wird versucht, die Wirklichkeit zu beobachten, typische Verhaltensweisen festzustellen und daraus brauchbare allgemein gültige Aussagen zu gewinnen. Diese Notwendigkeit ergibt sich vor allem deshalb, weil in der Wirklichkeit die homogenen Oligopole kaum vorkommen, sondern die heterogenen Oligopole vorherrschen.

Zum Zwecke der Veranschaulichung seien im Folgenden dennoch zwei Oligopolmodelle vorgestellt, die einige grundsätzliche Aussagen über das Wesen oligopolistischer Märkte zulassen.

Beispiel 1:

Angenommen, es bieten zwei Oligopolisten (Angebotsdyopol) ein heterogenes Gut (z.B. zwei Stanzmaschinentypen) an. Hat z.B. Anbieter A die Mengen-Preis-Kombination CP (4000/400) verwirklicht und senkt er den Preis auf P_1 (300 GE), wird er, falls sein Konkurrent nicht nachzieht, die Menge x_2 (5500 Stück), sonst die Menge x_1 (4800 Stück) je Zeiteinheit absetzen. Eine konkurrierende Preissenkung ist wahrscheinlicher, sodass die Nachfrage bei oligopolistischer heterogener Konkurrenz unelastischer reagiert (von x_0 nach x_1) als beim Monopolisten (von x_0 nach x_2).

Geknickte Nachfragekurve

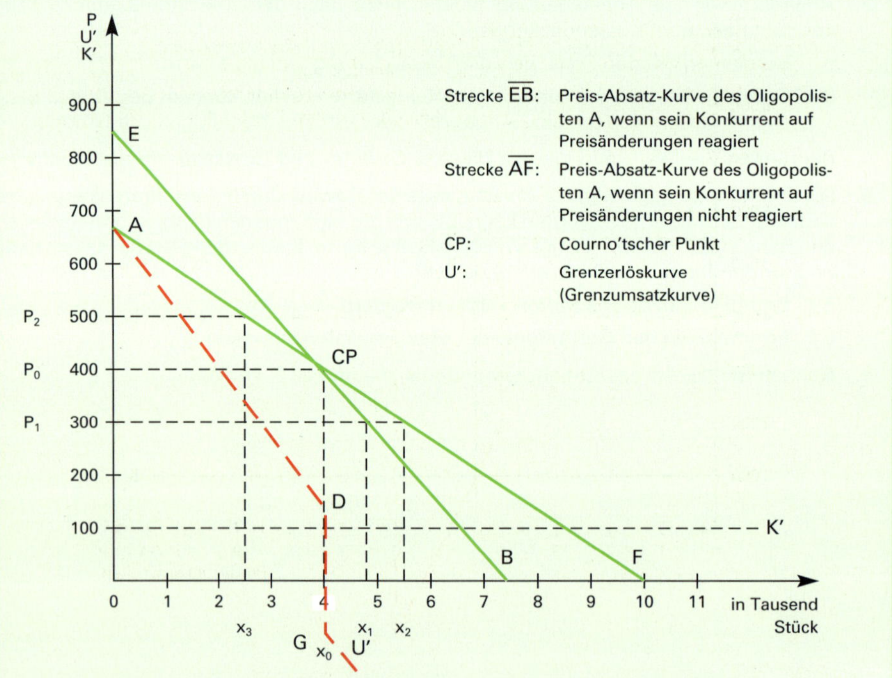

Bei einer Preiserhöhung wird hingegen der Konkurrent wahrscheinlich nicht nachziehen, weil ihm nunmehr die Nachfrage zuströmt, die der Anbieter A aufgrund der Preiserhöhung verliert. Erhöht Anbieter A den Preis z.B. auf 500 GE (P_2 in der Abb. von S. 94), wird er lediglich die Menge x_3 absetzen können. Seine Preis-Absatz-Kurve verläuft also entlang der Strecke $\overline{ACP}$. Die Nachfragekurve des Oligopolisten besitzt mithin einen „Knick" (kinked demand curve = geknickte Nachfragekurve).

Wegen dieses Knicks besitzt die Grenzerlöskurve (U') einen unbestimmten Bereich $\overline{DG}$, sodass bei einer Kostensenkung bzw. -erhöhung innerhalb dieses Bereichs keine Änderung in der gewinnmaximalen Mengen-Preis-Kombination eintritt. Dies erklärt die Tatsache, dass auf oligopolistischen Märkten häufig eine relative Preisstarrheit zu beobachten ist.

Beispiel 2:

Die Modelle für die heterogene polypolistische Konkurrenz können auch auf die Oligopoltheorie angewendet werden, denn auch beim heterogenen Angebotsoligopol besitzen die Anbieter einen mehr oder weniger großen autonomen (monopolistischen) Bereich, der ihnen gestattet, Preispolitik zu betreiben, ohne dass die Konkurrenz reagiert oder reagieren muss. Angenommen, in einer Volkswirtschaft teilen sich drei Autohersteller den Kraftfahrzeugmarkt mit drei verschiedenen Typen. Dem Produzenten A ist es gelungen, bei einem Teil der Käufer durch Reklame, Formgestaltung und Leistung die Vorstellung zu erwecken, dass sein Auto besonders robust, preiswert und wirtschaftlich sei. Sein Preis liegt bei 5000 GE.

Doppelt geknickte Nachfragekurve

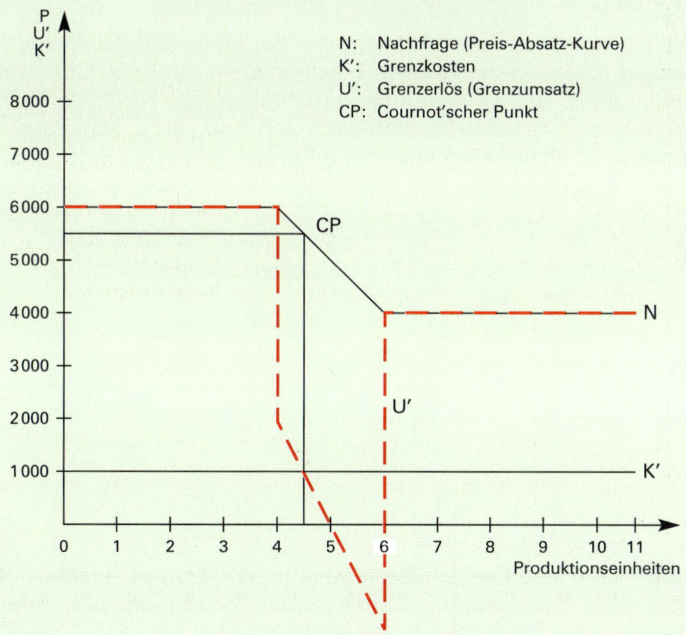

Der zweite Anbieter B kann einen Preis von 6000 GE verlangen, weil er eine gehobene Käuferschicht davon zu überzeugen verstand, dass sein Autotyp auch verwöhnten Ansprüchen genügt.

Der dritte Anbieter C schließlich wendet sich mit seinem Produkt an die schwächeren Einkommensschichten und fordert einen Preis von 4000 GE.

Unter den gegebenen Bedingungen kann Anbieter A seinen Preis nicht höher als 6000 GE festsetzen, denn bei einem Preis von 6000 GE und darüber würde er alle seine Kunden verlieren, weil diese nunmehr den Wagen des Anbieters B kaufen. Senkt A seinen Preis auf 4000 GE, so gewinnt er alle Kunden des C, weil diese nun auch den (zumindest vermeintlich) besseren Wagen kaufen wollen. Bei Preisen von 4000 und 6000 GE befindet sich das Unternehmen A also in der Situation des Mengenanpassers. Zwischen diesen Preisen aber ist – behalten die Konkurrenzunternehmen ihre Preise bei – das Unternehmen in seiner Preisgestaltung mehr oder weniger frei. Eine Preiserhöhung des Anbieters A von 5000 auf z.B. 5500 GE wird einen Verlust an Kunden bringen, weil mancher sich jetzt entschließt, etwas mehr und länger zu sparen, um dann den Wagen des Unternehmens B zu kaufen. Senkt A seinen Preis von 5000 GE auf beispielsweise 4500 GE, können zwar Kunden gewonnen werden, aber nicht allzu viele, da der Preis von 4500 GE für die meisten Käufer des C-Typs immer noch zu hoch ist.

Der Zusammenhang lässt sich leicht bildlich darstellen (siehe Abbildung S. 95). Tragen wir auf der y-Achse den Pkw-Preis, auf der x-Achse die absetzbaren Pkw-Einheiten ab, so zeigt sich, dass die Absatzkurve (Nachfragekurve) des Herstellers A einen monopolistischen Teilbereich zwischen den Preisen von 4000 und 6000 GE besitzt, innerhalb derer er nur mit den Reaktionen seines eigenen Kundenstamms zu rechnen hat. Liegen seine Grenzkosten z.B. bei 1000 GE, so wird er, falls er Gewinnmaximierung anstrebt, einen Preis in Höhe von 5500 GE wählen und 4,5 Pkw-Einheiten produzieren und absetzen (Cournotscher Punkt).

Diese Aussage gilt nur, wie bereits gesagt wurde, wenn die **Konkurrenten** des A ihre Preise **unverändert** lassen. Setzt nämlich B seinen Preis auf 5500 GE herunter, verliert A **sämtliche** Kunden an B, falls er seinen Preis nicht ebenfalls zurücknimmt. Weitere Preissenkungen von A und B müssten endlich auch den Anbieter C veranlassen, seinen Preis zu reduzieren, wenn er nicht seinerseits seine Kunden an A und B abgeben will.

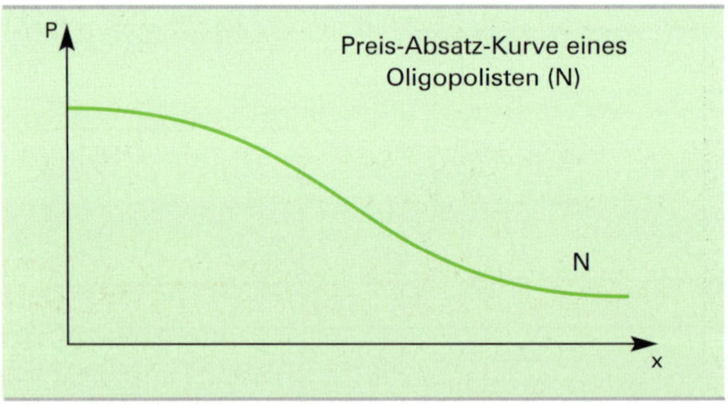

Die Preis-Absatz-Kurve des Oligopolisten wird in Wirklichkeit geschwungen verlaufen. Auch wird er bei einer Preiserhöhung über 6000 GE nur **allmählich** Kunden verlieren, bei einer Preissenkung unter 4000 GE nur allmählich Kunden hinzugewinnen.

Zusammenfassung

Überblick über die Marktformen

	Zahl der Anbieter	Marktbeschaffenheit	Preisbildung
wachsende Marktmacht ↓	**viele**	vollkommene polypolistische Konkurrenz	Bildung eines Einheitspreises; der einzelne Anbieter bzw. Nachfrager hat keinen Einfluss auf den Preis
		unvollkommene polypolistische Konkurrenz	Es gibt mehrere Preise für ein Gut; der einzelne Anbieter hat einen geringen Spielraum bei der Preisfestsetzung
	wenige	vollkommene oligopolistische Konkurrenz	Bildung eines Einheitspreises durch abgestimmtes Verhalten der Oligopolisten
		unvollkommene oligopolistische Konkurrenz	Es gibt unterschiedliche Preise für eine Güterart; Oligopolisten müssen die Reaktion ihrer Konkurrenten bei Preisänderungen und/oder Produktänderungen berücksichtigen
	einer	vollkommenes Monopol	Der Monopolist kann nur einen Preis für ein Gut verlangen; er ist in der Preisbildung unabhängig
		unvollkommenes Monopol	Der Monopolist kann Preise differenzieren (z. B. Tag- und Nachtstromtarif)

Wachsende Marktmacht führt zu zunehmender Aufhebung der Preisgesetze

Übungsaufgabe

19

1. Erklären Sie, warum auf oligopolistischen Märkten i. d. R. Ruhe an der „Preisfront" herrscht!

2. Erläutern Sie, warum das Modell des Angebotspolypolisten auf unvollkommenem Markt auch auf das mögliche Verhalten eines Angebotsoligopolisten auf unvollkommenem Markt anwendbar ist!

3. Angenommen, auf dem Markt für Universallexika befinden sich nur zwei Anbieter (Verlage), und zwar der Arnold-Verlag und der Brecht-Verlag. Die Nachfrage ist polypolistisch.

   Der Arnold-Verlag kann zurzeit in einer Periode 3000 Lexika (1 Lexikon hat 12 Bände) zu einem Preis von je 2500 GE verkaufen. Seine Grenzkosten (proportional-variablen Kosten) betragen 1000 GE je Lexikon.

   Der Arnold-Verlag sieht sich zwei möglichen linearen Nachfragekurven gegenüber:

   - Preis-Absatz-Kurve, wenn der Brecht-Verlag auf Preisänderungen des Arnold-Verlags entsprechend reagiert

Preis	3750 GE	1250 GE
Lexika	1500 Stück	4500 Stück

   - Preis-Absatz-Kurve, wenn der Brecht-Verlag auf Preisänderungen des Arnold-Verlags nicht reagiert

Preis	3000 GE	1500 GE
Lexika	2000 Stück	5000 Stück

7 Speth - ISBN 978-3-8120-0584-5

Aufgaben:

3.1 Zeichnen Sie die beiden möglichen Preis-Absatz-Kurven des Arnold-Verlags, die dazugehörigen Grenzerlöskurven (Grenzumsatzkurven) sowie die Grenzkostenkurve!

Lösungshinweis:

x-Achse: 1 cm ≙ 1000 Lexika (1 PE, d. h. Produktionseinheit);
y-Achse: 1 cm ≙ 500 GE.

3.2 Der Arnold-Verlag muss damit rechnen, dass der Brecht-Verlag seinen Absatzpreis stabil hält, wenn er seinen Absatzpreis anhebt. Andererseits muss der Arnold-Verlag davon ausgehen, dass bei einer eigenen Preissenkung der Brecht-Verlag in gleicher Weise reagiert.

3.2.1 Begründen Sie die vermuteten Entscheidungen des Brecht-Verlags!

3.2.2 Zeichnen Sie die „geknickte Preis-Absatz-Kurve" des Arnold-Verlags!

3.3 Beim Arnold-Verlag sind die proportional-variablen Kosten (Grenzkosten) um 50 % gestiegen. Wie wird der Arnold-Verlag entscheiden, wenn sein oberstes Unternehmensziel die Gewinnmaximierung ist und der Brecht-Verlag nicht reagiert?

3.4 Angenommen, der Arnold-Verlag hat die Absicht, seinen Konkurrenten (den Brecht-Verlag) vom Markt zu verdrängen. Er will notfalls auf die Deckung seiner fixen Kosten verzichten, unter keinen Umständen jedoch auf die Deckung seiner variablen Kosten, die sich zurzeit auf 1 250 GE belaufen.

3.4.1 Erklären Sie, für welchen Absatzpreis sich der Arnold-Verlag entscheiden wird, wenn er unter den oben genannten Bedingungen einen möglichst hohen Marktanteil „erobern" möchte und der Brecht-Verlag auf seine Maßnahme entsprechend reagiert!

3.4.2 Ermitteln Sie, wie viel Exemplare der Arnold-Verlag unter den oben genannten Bedingungen absetzen könnte, wenn der Brecht-Verlag nicht reagieren würde!

Lehrplaneinheit 2: Rechtsformen der Unternehmen

Hinweis:

Die Lerninhalte **Rechtliche Grundlagen der Unternehmen** (Kaufleute, Handelsregister, Firma) sowie die **Rechtsformen Einzelunternehmung, offene Handelsgesellschaft, Kommanditgesellschaft (KG)** und **Gesellschaft mit beschränkter Haftung (GmbH)** haben die Schüler bereits im Berufskolleg I im Fach Gesamtwirtschaft kennengelernt.[1]

Um den Schülern jedoch den vom Lehrplan geforderten Vergleich der unterschiedlichen Rechtsformen der Unternehmen zu erleichtern, werden im Folgenden die bereits bekannten Rechtsformen Einzelunternehmung, KG und GmbH nochmals dargestellt. Auf die rechtlichen Grundlagen der Unternehmen wird im Folgenden nicht mehr eingegangen.

1 Rechtsformen im Überblick

(1) Begriff Rechtsformen

Merke:

Die **Rechtsform** stellt die Rechtsverfassung eines Unternehmens dar. Sie regelt die Rechtsbeziehungen innerhalb des Unternehmens und zwischen den Unternehmen und Dritten.

(2) Überblick über die Rechtsformen

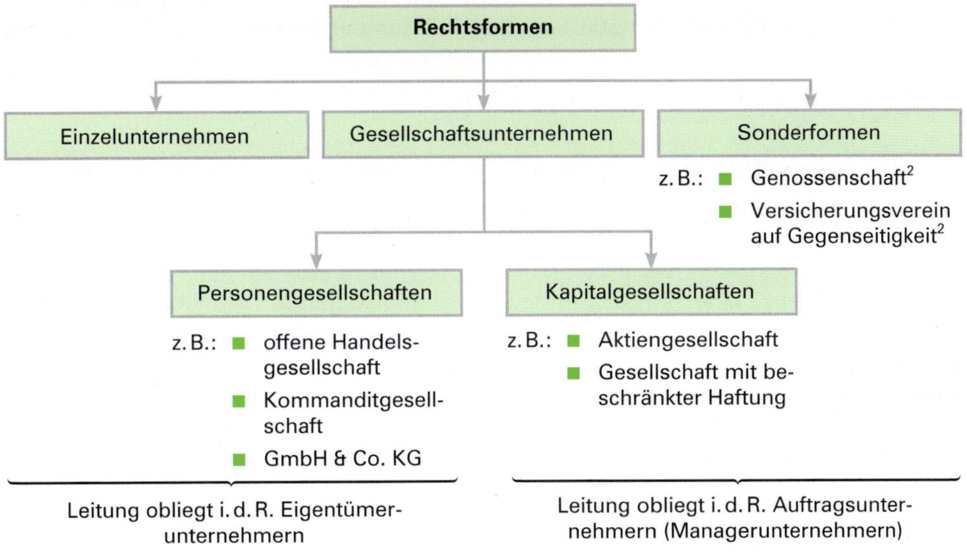

1 Vgl. hierzu die Ausführungen im Band „Gesamtwirtschaft für das kaufmännische Berufskolleg I“, Kapitel 1, S. 9–57 bzw. im Band „Betriebs- und Gesamtwirtschaft für das einjährige Berufskolleg zum Erwerb der Fachhochschulreife BK-1 BK FH Wirtschaft, Lehrplaneinheit 4, S. 252ff.

2 Der Lehrplan sieht die Behandlung der Genossenschaft und des Versicherungsvereins auf Gegenseitigkeit nicht vor.

2 Einzelunternehmung

2.1 Begriff, Firma und Gründung einer Einzelunternehmung

(1) Begriff Einzelunternehmer

Merke:

Einzelunternehmer ist, wer es selbst „unternimmt", Geschäfte in **eigenem Namen** und auf **eigene Rechnung** mit **vollem Risiko** zu tätigen und hierzu sein **eigenes Geld- und Sachkapital** einsetzt.

(2) Firma

Die Firma des Einzelunternehmers richtet sich i.d.R. nach dem Vor- und Zunamen des Einzelunternehmers. Sie muss die Bezeichnung „eingetragener Kaufmann" bzw. „eingetragene Kauffrau" oder eine allgemein verständliche Abkürzung dieser Bezeichnung enthalten [§ 19 I, Nr. 1 HGB].

Beispiele:

Beauty-Farm Erna Starnecker, eingetragene Kauffrau; Textilwerke Hans Schmidt e.Kfm.

(3) Gründung

Für die **Gründung** des Einzelunternehmens bestehen keine gesetzlichen Formvorschriften. Erfordert ein Unternehmen eine kaufmännische Einrichtung, ist eine Eintragung ins Handelsregister erforderlich. Werden in das Einzelunternehmen **Grundstücke** eingebracht, ist die **Schriftform** mit **notarieller Beurkundung** erforderlich [§ 311 b I, S. 1 BGB].

2.2 Eigenkapitalaufbringung, Geschäftsführung, Kontrolle der Geschäftsführung, Gewinnverwendung und Verlustbeteiligung

Im **Innenverhältnis**[1] einer Einzelunternehmung sind folgende Rechtsbeziehungen von Bedeutung:

Eigenkapital-aufbringung	Das **Eigenkapital** stellt der Einzelunternehmer zur Verfügung. Über die **Höhe des aufzubringenden Eigenkapitals** gibt es **keine gesetzliche Vorschrift.**
Geschäftsführung	Die **Geschäftsführung,** d.h., die Leitung des Unternehmens obliegt dem Einzelunternehmer allein. Er trifft alle Anordnungen in seinem Betrieb (also im **Innenverhältnis**) allein, ohne andere anhören zu müssen.

1 Unter **Innenverhältnis** versteht man die Rechtsbeziehungen innerhalb der Einzelunternehmung.

Kontrolle der Geschäftsführung	Eine **Kontrolle der Geschäftsführung** gibt es nur indirekt, z. B. über die Kreditwürdigkeit des Einzelunternehmers. ■ Die **Kreditwürdigkeit** hängt vor allem von der **persönlichen Zuverlässigkeit, Ehrlichkeit** sowie den menschlichen und beruflichen **Erfahrungen, Kenntnissen, Fähigkeiten** sowie von der **Leistungsfähigkeit** und **-willigkeit** des Einzelunternehmers ab. ■ Aufgrund der meistens beschränkten Finanzkraft durch erzielte Gewinne und des relativ niedrigen, den Gläubigern haftenden Vermögens ist die **wirtschaftliche** Kreditwürdigkeit nicht sehr hoch.
Gewinnverwendung und Verlustbeteiligung	Der Einzelunternehmer hat das Recht auf den gesamten **Gewinn.** Andererseits hat er den **Verlust** ebenfalls allein zu tragen.

2.3 Vertretung und Haftung

Im **Außenverhältnis**[1] einer Einzelunternehmung sind folgende Rechtsbeziehungen von Bedeutung:

Vertretung	Das Recht auf **Vertretung** des Unternehmens gegenüber Dritten (nach „außen") hat der Einzelunternehmer. Er schließt für das Unternehmen alle erforderlichen Rechtsgeschäfte mit Dritten ab (z. B. Kaufverträge, Mietverträge, Kreditverträge).
Haftungsverhältnisse	Der Einzelunternehmer haftet für alle Verbindlichkeiten des Unternehmens mit seinem Geschäfts- und sonstigen Privatvermögen **unbeschränkt** und **unmittelbar.**

2.4 Auflösung, Bedeutung, Vor- und Nachteile der Einzelunternehmung

(1) Auflösung der Unternehmung

Die Auflösung des Einzelunternehmens liegt allein im Entscheidungsbereich des Einzelunternehmens, es sei denn, das Unternehmen wird wegen Zahlungsunfähigkeit im Rahmen eines Insolvenzverfahrens[2] aufgelöst. Auch die Umwandlung in eine andere Rechtsform (z. B. in eine OHG) führt zur Auflösung des Einzelunternehmens.

(2) Bedeutung, Vor- und Nachteile der Einzelunternehmung

Gesamtwirtschaftlich gesehen nimmt das Einzelunternehmen eine wichtige Stellung ein. Wir finden es in allen Wirtschaftsbereichen. In der Landwirtschaft, im Einzelhandel und im Handwerk stellen Einzelunternehmen die vorherrschende Unternehmensform dar. In der Industrie sind dagegen die Gesellschaftsunternehmen die wichtigsten Unternehmensformen.

1 Das **Außenverhältnis** regelt die Rechtsbeziehungen des Unternehmens mit außenstehenden Dritten.

2 **Insolvenz**: Zahlungsunfähigkeit.

Für einen **Unternehmer** hat diese Unternehmensform **Vor- und Nachteile**:

Vorteile (Gründungsmotive)	Nachteile
■ Keine Abstimmung der Entscheidungen mit anderen (Ausnahme: Mitbestimmung der Arbeitnehmer). ■ Schnelle Entscheidungsmöglichkeiten. ■ Rasche Anpassung an veränderte wirtschaftliche Verhältnisse (z.B. Aufnahme neuer Produkte). ■ Klarheit und Eindeutigkeit der Unternehmensführung. ■ Großes Eigeninteresse des Inhabers an der Arbeit, da ihm der Gewinn allein zusteht (Gewinn als Leistungsanreiz).	■ Bei falschen Entscheidungen trägt der Inhaber das Risiko allein. ■ Der Erfolg des Unternehmens hängt untrennbar an der Person des Inhabers, seinen fachlichen Fähigkeiten, seinem Charakter und seiner Gesundheit. ■ In der Regel geringe Eigenkapitalkraft und beschränkte Kreditbeschaffungsmöglichkeiten. ■ Großes Haftungsrisiko.

3 Offene Handelsgesellschaft (OHG)

3.1 Begriff, Firma und Gründung einer OHG

(1) Begriff

Merke:

- Die **offene Handelsgesellschaft (OHG)** ist eine **Gesellschaft**, deren Zweck auf den Betrieb eines **Handelsgewerbes** unter **gemeinschaftlicher Firma** gerichtet ist und bei der die **Haftung keines Gesellschafters gegenüber den Gesellschaftsgläubigern beschränkt ist** [§ 105 I HGB].[1]
- Die offene Handelsgesellschaft ist eine **Personengesellschaft.**

(2) Firma

Die Firma, unter der die OHG ihre Rechtsgeschäfte abschließt (z.B. Kauf-, Miet-, Arbeitsverträge), muss die Bezeichnung „offene Handelsgesellschaft" oder eine allgemein verständliche Abkürzung dieser Bezeichnung enthalten [§ 19 I, Nr. 2 HGB].

Beispiele:

Karl Wagner OHG; Wagner & Wunsch – offene Handelsgesellschaft; Wunsch OHG, Kraftfahrzeughandel und -reparaturen; Freiburger Kraftfahrzeughandel und -reparaturen OHG.

1 Bei der OHG, wie auch bei der KG, steht die Person als Gesellschafter im Vordergrund. Aus diesem Grund spricht man bei der OHG und der KG von **Personengesellschaften.**

Haftet in einer offenen Handelsgesellschaft keine natürliche Person, muss die Firma eine Bezeichnung enthalten, welche die Haftungsbeschränkung anzeigt.

Beispiele:

Fritz Kleiner GmbH & Co. OHG; Hans Schmied AG & Co. OHG.

(3) Gründung

Zur Gründung der OHG sind **zwei Voraussetzungen** erforderlich:

■ Abschluss eines Gesellschaftsvertrags

Der Gesellschaftsvertrag wird in der Praxis aus Gründen der Rechtssicherheit (Beweissicherheit) regelmäßig **schriftlich** abgeschlossen.[1] Im Gesellschaftsvertrag werden alle **wesentlichen Rechte und Pflichten,** die die Gesellschafter geregelt sehen wollen, festgehalten, z.B. die Art und Höhe der Kapitaleinlage,[2] die Gewinn- und Verlustverteilung, die Höhe der Privatentnahmen.

■ Eintragung ins Handelsregister

Die OHG ist beim zuständigen Gericht zur Eintragung in das Handelsregister anzumelden [§ 106 I HGB]. Die Anmeldung beim Handelsregister muss von sämtlichen Gesellschaftern der OHG vorgenommen werden [§ 108 HGB].

Die Anmeldung hat zu enthalten:

- Namen, Vornamen, Geburtsdatum und Wohnort jedes Gesellschafters,
- Firma der Gesellschaft und den Ort, wo sie ihren Sitz hat,
- Zeitpunkt des Geschäftsbeginns,
- Vertretungsmacht des Gesellschafters [§ 106 II HGB].

■ Entstehung der Gesellschaft

Im Innenverhältnis	Das Unternehmen entsteht mit **Abschluss des Gesellschaftsvertrags** bzw. zu dem im Gesellschaftsvertrag **festgelegten Termin.**
Im Außenverhältnis	■ Betreibt die OHG **ein Handelsgewerbe,** so ist sie nach § 1 I HGB auch ohne Eintragung Kaufmann. In diesem Fall ist die OHG im **Außenverhältnis** entstanden, sobald ein Gesellschafter im Namen der OHG Geschäfte tätigt, z.B. einen Kaufvertrag abschließt **(deklaratorische Wirkung der Handelsregistereintragung).** ■ Betreibt die OHG **kein Handelsgewerbe,** entsteht die OHG im **Außenverhältnis** mit ihrer Eintragung **(konstitutive Wirkung der Handelsregistereintragung).**

1 Werden in die OHG Grundstücke eingebracht, ist Schriftform mit **notarieller Beurkundung** erforderlich (siehe §§ 311 b I, S. 1; 128 BGB).

2 Ebenso wie beim Einzelunternehmen gibt es bei der OHG keine gesetzliche Vorschrift über die Höhe des Eigenkapitals.

Beispiel für einen Gesellschaftsvertrag

Verhandelt in Ravensburg, den 10. Mai 20..

Vor dem unterzeichnenden Notar Dr. jur. Wilhelm Ambach in Ravensburg erschienen heute: Friedrich Stolz, Ravensburg, und Frank Krug, Ravensburg

Genannte Personen gaben nachstehende Erklärung zur notarischen Niederschrift. Sie schließen nachstehenden

Gesellschaftsvertrag

§ 1 Gründer

Herr Stolz betreibt in Ravensburg unter der Firma Friedrich Stolz e.Kfm. eine Kfz-Reparaturwerkstatt. Er nimmt Herrn Krug als Gesellschafter einer zu gründenden offenen Handelsgesellschaft auf.

§ 2 Firma

Die offene Handelsgesellschaft erhält die Firma Stolz & Krug OHG.

§ 3 Sitz der Gesellschaft

Der Niederlassungsort der Gesellschaft ist Ravensburg.

§ 4 Gegenstand und Dauer des Unternehmens

Die Gesellschaft betreibt auf unbestimmte Zeit die Reparatur und den An- und Verkauf von Kraftfahrzeugen samt Zubehör.

§ 5 Einlagen

Herr Stolz bringt seinen Gewerbebetrieb ein. Der Wert der Einlage wird entsprechend der letzten Bilanz vom 31. Dezember 20.. und mit Zustimmung von Herrn Krug mit 800000,00 EUR angesetzt. Herr Krug beteiligt sich mit seinem Grundstück im Wert von 380000,00 EUR.

§ 6 Mitarbeit (Geschäftsführung, Vertretung)

(1) Jeder Gesellschafter hat der Gesellschaft Stolz & Krug OHG seine volle Arbeitskraft zu widmen.

(2) Zur Geschäftsführung und Vertretung der Gesellschaft ist jeder Gesellschafter für sich allein berechtigt und verpflichtet.

(3) Geschäfte, deren Gegenstand den Wert von 50000,00 EUR übersteigen, dürfen von beiden Gesellschaftern nur gemeinsam vorgenommen werden. Das Gleiche gilt uneingeschränkt für die Aufnahme von Krediten und das Eingehen von Wechselverbindlichkeiten.

§ 7 Privatentnahmen

Jeder Gesellschafter kann für seine Arbeitsleistung monatlich 5000,00 EUR Privatentnahmen tätigen.

§ 8 Gewinn- und Verlustverteilung

Am Gewinn und Verlust sind Herr Stolz mit 60 %, Herr Krug mit 40 % beteiligt.

§ 9 Kündigung

Die Frist zur Kündigung des Gesellschaftsvertrages beträgt 10 Monate zum Schluss des Kalenderjahres.

§ 10 Tod eines Gesellschafters

Stirbt ein Gesellschafter, so wird die Gesellschaft mit dessen Erben fortgesetzt. Diese sind von Geschäftsführung und Vertretung ausgeschlossen.

gez. Stolz gez. Krug gez. Ambach, Notar

3.2 Eigenkapitalaufbringung, Geschäftsführung, Kontrolle der Geschäftsführung, Gewinnverwendung und Verlustbeteiligung

(1) Begriff Innenverhältnis

Merke:

- Unter **Innenverhältnis** versteht man die Rechtsbeziehungen der Gesellschafter untereinander.
- Innerhalb der Gesellschaft gelten zunächst die **Vereinbarungen des Gesellschaftsvertrags** sowie die **zwingenden Vorschriften des HGB.** Ist ein Sachverhalt im Gesellschaftsvertrag nicht geregelt, gelten die **Bestimmungen des HGB.**

Wagner & Wunsch OHG		
Gesellschafter Wagner	Rechtsbeziehungen im **Innenverhältnis**: geregelt durch: ⟷ – Gesellschaftsvertrag und zwingende Vorschriften des HGB – bei fehlender Vereinbarung gelten die Vorschriften des HGB und gegebenenfalls des BGB	Gesellschafter Wunsch

(2) Eigenkapitalaufbringung

Die Kapitaleinlagen können in Geld, in Sachwerten und/oder in Rechtswerten geleistet werden (z.B. Buchgeld, Gebäude, Grundstücke, Maschinen, Patente). Die Summe der geleisteten Kapitaleinlagen bildet als gemeinschaftliches Vermögen der Gesellschaft ein Sondervermögen [§ 718 I BGB] und steht den Gesellschaftern zur **gesamten Hand** zu [§ 719 BGB]. Das persönliche Eigentum der Gesellschafter an ihren Einlagen erlischt. Die **Einlagen der Gesellschafter** werden (trotz getrennter Buchung ihrer einzelnen Kapitalanteile) **gemeinschaftliches Vermögen (Gesamthandsvermögen)** aller Gesellschafter (siehe §§ 718ff. BGB, § 105 III HGB). Ein einzelner Gesellschafter kann damit nicht mehr über seinen Kapitalanteil verfügen. Grundstücke werden im Grundbuch auf die OHG eingetragen. Alle Gesellschafter können nur noch gemeinsam über den einzelnen Gegenstand verfügen.

(3) Geschäftsführung

Geschäftsführung bei gewöhnlichen und außergewöhnlichen Geschäften

Die Geschäftsführungsbefugnisse der Gesellschafter richten sich nach dem Gesellschaftsvertrag, bei fehlender Vereinbarung nach dem HGB [§§ 114 – 116 HGB].

- Bei **gewöhnlichen Geschäften** ist vom HGB das **Einzelgeschäftsführungsrecht** vorgesehen, d.h., jeder einzelne Gesellschafter ist zur Vornahme aller Handlungen berechtigt, die der gewöhnliche Betrieb des Handelsgewerbes dieser Unternehmung mit sich bringt [§ 116 I HGB].

Beispiel:

Arbeitsaufträge an Belegschaftsmitglieder erteilen, Rechnungen bezahlen, Bestellungen unterschreiben, Arbeitnehmer einstellen oder entlassen, Steuern begleichen.

Widerspricht ein Gesellschafter einer Geschäftsführungsmaßnahme eines Mitgesellschafters, so muss diese unterbleiben. Bei einem gewöhnlichen Geschäft steht jedem Gesellschafter ein **Vetorecht** zu.

- Bei **außergewöhnlichen Geschäften** besteht nach HGB **Gesamtgeschäftsführungsrecht,** d. h., es bedarf eines Gesamtbeschlusses aller Gesellschafter. Stimmt ein Gesellschafter nicht zu, so muss das Geschäft unterbleiben.

Beispiel:

Der Gesellschafter Albrecht befürwortet einen riskanten Aktienkauf zur Geldanlage. Dem Mitgesellschafter Berthold ist das Risiko zu hoch. Das Geschäft muss unterbleiben.

Weitere Beispiele: Grundstückskäufe bzw. -verkäufe, Aufnahme neuer Gesellschafter, Änderung des Unternehmenszwecks, Aufnahme von Großkrediten.

Der **Gesellschaftsvertrag** kann vorsehen, dass bei **allen Geschäften** die Zustimmung aller Gesellschafter, der Mehrheit der Gesellschafter oder die von mindestens zwei Gesellschaftern vorliegen muss **(Gesamtgeschäftsführungsrecht).**

Auf Antrag der übrigen Gesellschafter kann einem Gesellschafter die Befugnis zur Geschäftsführung durch gerichtliche Entscheidung entzogen werden, wenn ein wichtiger Grund vorliegt (z.B. grobe Pflichtverletzung, Unfähigkeit zur ordnungsmäßigen Geschäftsführung [§ 117 HGB]).

(4) Kontrolle der Geschäftsführung

Die Gesellschafter haben die Befugnis, sich über die Angelegenheiten der Gesellschaft persönlich zu unterrichten, in die Handelsbücher und Papiere der Gesellschaft einzusehen und sich hieraus einen Jahresabschluss (Bilanz und Gewinn- und Verlustrechnung) anzufertigen. Das Kontrollrecht ist **zwingendes Recht,** kann also nicht durch Gesellschaftsvertrag aufgehoben werden.

(5) Gewinnverwendung, Privatentnahme und Verlustbeteiligung

Gewinnverwendung

Jeder Gesellschafter hat Anspruch auf einen Anteil am Jahresgewinn. Ist im Gesellschaftsvertrag nichts anderes vereinbart, gilt das HGB [§ 121 HGB]. Danach erhalten die Gesellschafter zunächst eine 4 %ige Verzinsung der (jahresdurchschnittlichen) Kapitalanteile. (Falls der Gewinn nicht ausreicht, erfolgt eine entsprechend niedrigere Verzinsung.) Ein über die 4 % hinausgehender Rest wird unter die Gesellschafter „nach Köpfen", d. h. zu gleichen Teilen verteilt.[1]

1 Die Gewinnverwendung der OHG wird auf S. 163f. dargestellt.

Mit dieser Regelung will das Gesetz zwei Gesichtspunkten gerecht werden.

- Mit der Verzinsung soll der möglicherweise **unterschiedlichen Kapitalbeteiligung** der Gesellschafter Rechnung getragen werden: Wer mehr Kapital einbringt, soll auch einen höheren Gewinnanteil haben.

- Mit der Verteilung des „Rests" nach Köpfen soll die Tatsache berücksichtigt werden, dass die **Mitarbeit und Haftung der Gesellschafter entlohnt** wird. Bei gleichmäßiger Verteilung des Rests wird allerdings unterstellt, dass die persönliche Mitarbeit der Gesellschafter gleichwertig ist.

Recht auf Privatentnahme

Da die Gesellschafter im Normalfall ihren Lebensunterhalt aus der Entlohnung ihrer unternehmerischen Tätigkeit bestreiten müssen, sieht das Gesetz vor, dass (bei fehlender sonstiger Vereinbarung) jeder Gesellschafter berechtigt ist, während des Geschäftsjahres bis zu 4 % seines zu Anfang des Geschäftsjahres vorhandenen Kapitalanteils zu entnehmen [§ 122 I HGB]. Dieses Recht zur Privatentnahme besteht auch dann, wenn die Gesellschaft derzeit Verluste erzielt. Will ein Gesellschafter mehr als 4 % bzw. mehr als den im Gesellschaftsvertrag vereinbarten Prozentsatz entnehmen, müssen die übrigen Gesellschafter zustimmen [§ 122 II HGB].

Verlustbeteiligung

Nach der gesetzlichen Regelung wird der Verlust zu gleichen Teilen (nach „Köpfen") verteilt [§ 121 III HGB]. Abweichende vertragliche Regelungen sind möglich.

3.3 Vertretung und Haftung

(1) Begriff Außenverhältnis

Merke:

- Unter Außenverhältnis versteht man die Rechtsbeziehungen der Gesellschafter gegenüber **außenstehenden Dritten.**
- Im Außenverhältnis **gelten grundsätzlich die Bestimmungen des HGB.** Abweichende Vereinbarungen müssen, soweit sie gesetzlich zulässig sind, im Handelsregister eingetragen werden.

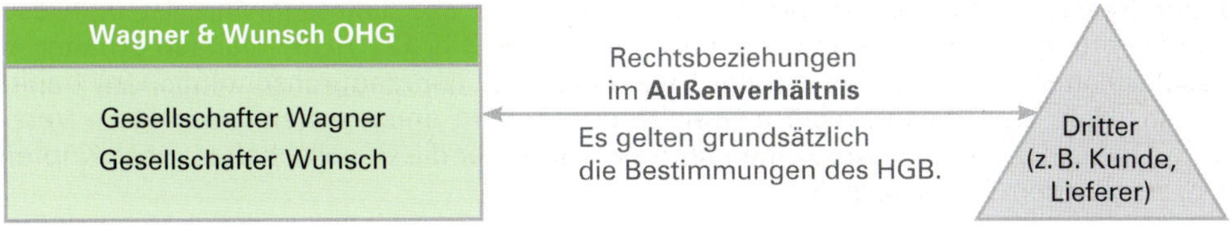

(2) Vertretung

Einzelvertretungsrecht [§§ 125, 126 HGB]

Ist im Gesellschaftsvertrag nichts anderes bestimmt und im Handelsregister eingetragen, besteht Einzelvertretungsrecht, d. h., jeder einzelne Gesellschafter hat das Recht, die OHG (und damit die übrigen Gesellschafter) gegenüber Dritten zu vertreten und zu verpflichten (z. B. durch Kaufverträge, Darlehensverträge, Mietverträge, Arbeitsverträge). Dieses Einzelvertretungsrecht gilt somit für **gewöhnliche und außergewöhnliche Rechtsgeschäfte.** Zum Schutz der Dritten (z. B. Lieferer und Kunden) kann das Einzelvertretungsrecht im Umfang **nicht** durch den Gesellschaftsvertrag **beschränkt werden.**

Beispiel:

Angenommen, die Arndt OHG hat drei Gesellschafter: Arndt, Brecht und Czerny. Im Gesellschaftsvertrag wurde Gesamtgeschäftsführung vereinbart, d. h., alle Geschäfte bedürfen eines Gesamtbeschlusses der Gesellschafter. Brecht kauft, ohne die übrigen Gesellschafter zu fragen und zu informieren, eine neue Maschine. Der Kaufvertrag ist rechtswirksam, weil Brecht das Einzelvertretungsrecht besitzt. Die übrigen Gesellschafter müssen den Vertrag gegen sich gelten lassen: Die OHG muss die Maschine abnehmen und bezahlen. Brecht hat jedoch gegen die Vereinbarungen über die Geschäftsführung verstoßen. Sollte durch seinen Vertragsabschluss der Gesellschaft ein Schaden entstehen, ist er gegenüber den übrigen Gesellschaftern schadensersatzpflichtig.

Gesamtvertretungsrecht [§ 125 II HGB]

Im Gesellschaftsvertrag kann **Gesamtvertretung** vereinbart werden. Dies bedeutet, dass ein Gesellschafter nur zusammen mit mindestens einem weiteren Gesellschafter Rechtsgeschäfte mit Dritten rechtswirksam für die OHG abschließen kann.

Die Gesamtvertretung ist Dritten gegenüber nur rechtswirksam, wenn sie im Handelsregister eingetragen oder dem Dritten z. B. durch Rundschreiben bekannt ist.

Entzug der Vertretungsmacht

Der Entzug der Vertretungsmacht ist bei wichtigem Grund (z. B. Ernennung eines Prokuristen ohne Beschluss aller Gesellschafter) auf Antrag der übrigen Gesellschafter durch eine Gerichtsentscheidung möglich [§ 127 HGB]. Der Ausschluss eines Gesellschafters von der Vertretung ist von sämtlichen Gesellschaftern zur Eintragung in das Handelsregister anzumelden [§§ 107, 108 I HGB].

(3) Haftung

Begriff und Umfang der Haftung [§§ 128 – 130 HGB]

Die OHG-Gesellschafter haften

unbeschränkt	Die OHG-Gesellschafter haften mit ihrem Geschäftsvermögen **und** mit ihrem sonstigen Privatvermögen.

unmittelbar	Die Gläubiger (z.B. die Verkäufer) können die Forderungen nicht nur der OHG gegenüber, sondern zugleich unmittelbar (direkt) gegenüber **jedem** OHG-Gesellschafter geltend machen. Dies bedeutet, dass jeder einzelne Gesellschafter durch die Gesellschaftsgläubiger verklagt werden kann. Der Gesellschafter kann nicht verlangen, dass der Gläubiger zuerst gegen die OHG klagt. Eine „Einrede der Vorausklage" steht dem Gesellschafter nicht zu.
gesamtschuldnerisch („solidarisch")	Jeder Gesellschafter haftet persönlich (allein) für die gesamten Schulden der Gesellschaft [§ 128 I HGB], nicht jedoch für die privaten Schulden der übrigen Gesellschafter.

Eine vertragliche Vereinbarung zwischen den Gesellschaftern, durch die die Haftung beschränkt wird (z.B. auf den übernommenen Kapitalanteil), ist nur im **Innenverhältnis** gültig [§ 128, S. 2 HGB].

Der Gläubiger kann seine Forderung somit nach Belieben von jedem Gesellschafter ganz oder teilweise verlangen. Der Gesellschafter hat nicht das Recht, vom Gläubiger zu verlangen, auch die anderen Gesellschafter in Anspruch zu nehmen bzw. zu verklagen. Hat ein Gesellschafter an einen Gläubiger eine Zahlung vorgenommen, so hat er gegenüber seinen Mitgesellschaftern einen Ausgleichsanspruch.[1]

Beispiel:

Der Gesellschafter Haufe der Kleiner & Haufe OHG hat mit Kleiner im Gesellschaftsvertrag vereinbart, dass er für Verbindlichkeiten nur in Höhe von 25000,00 EUR haftet. Wird Herr Haufe von einem Gläubiger der OHG mit 30000,00 EUR in Haft genommen, so kann er von Herrn Kleiner den Mehrbetrag von 5000,00 EUR fordern.

Haftung bei Eintritt [§ 130 I HGB]	Tritt ein Gesellschafter in eine bereits bestehende OHG ein, haftet er auch für die vor seinem Eintritt bestehenden Verbindlichkeiten der OHG. Schließen die Gesellschafter die Haftung aus oder wird die Haftung vertraglich eingeschränkt, so ist dies nur im Innenverhältnis gültig [§ 130 II HGB]. Ein Haftungsausschluss gegenüber Dritten ist nicht möglich.
Haftung bei Austritt [§ 160 I HGB]	Tritt ein Gesellschafter aus, haftet er noch fünf Jahre für die Verbindlichkeiten der OHG, die zum Zeitpunkt seines Ausscheidens bestanden [§ 160 I, S. 1 HGB]. Die Fünfjahresfrist beginnt am Ende des Tages, an dem das Ausscheiden des Gesellschafters in das Handelsregister eingetragen worden ist [§ 160 I, S. 2 HGB].
Haftung bei Auflösung der Gesellschaft [§ 159 I HGB]	Die Gesellschafter haften für Verbindlichkeiten der Gesellschaft bis zu fünf Jahren nach Auflösung der OHG. Auch hier beginnt die Fünfjahresfrist erst am Ende des Tages, an dem die Auflösung der Gesellschaft in das Handelsregister eingetragen worden ist.

1 Da die OHG unter einer Firma betrieben wird, kann ein Gläubiger auch die OHG als Ganzes verklagen. Das von den einzelnen Gesellschaftern eingebrachte Eigenkapital sowie der durch Gewinne erzielte Reinvermögenszuwachs „gehört" den einzelnen Gesellschaftern nicht etwa zu Bruchteilen, sondern stellt vielmehr **gemeinschaftliches Vermögen aller Gesellschafter** dar. Daraus folgt, dass die OHG selbst auch Ansprüche haben kann, die sie notfalls einklagen kann. Vertreten wird die OHG durch die Gesellschafter.

3.4 Auflösung, Vor- und Nachteile, Bedeutung der OHG

(1) Auflösung der OHG

Kündigungsrecht der Gesellschafter (Austritt aus der OHG)

Wenn keine Vereinbarung zwischen den Gesellschaftern getroffen wurde, gilt die gesetzliche Regelung: Kündigungsmöglichkeit unter Einhaltung der Kündigungsfrist von mindestens 6 Monaten zum Schluss des Geschäftsjahres [§ 132 HGB].

Auf Antrag eines Gesellschafters kann die Auflösung der Gesellschaft ohne Kündigung durch gerichtliche Entscheidung ausgesprochen werden, wenn ein wichtiger Grund vorliegt. Das Gericht kann auch den Ausschluss eines Gesellschafters verfügen, wenn die übrigen Gesellschafter dies begründet verlangen [§§ 133, 140 HGB].

Wird die OHG aufgelöst, so ist das nach Abzug der Schulden verbleibende Vermögen im Verhältnis der Kapitalanteile unter die Gesellschafter aufzuteilen **(Recht auf Liquidationserlös).** Verbleibt nach der Liquidation der OHG ein negativer Kapitalanteil, so haben die Gesellschafter eine entsprechende **Ausgleichszahlung** zu erbringen.

Auflösungsgründe

Auflösungsgründe können z.B. sein [§ 131 I HGB]:

- Ablauf der Zeit, für welche die OHG eingegangen ist,
- Beschluss der Gesellschafter,
- Eröffnung des Insolvenzverfahrens über das Vermögen der OHG,
- eine gerichtliche Entscheidung.

Ist im Gesellschaftsvertrag nichts anderes vereinbart, führt das Ausscheiden eines Gesellschafters nicht zur Auflösung der OHG. Besteht eine OHG aus nur zwei Gesellschaftern und will einer von ihnen ausscheiden, so kann die OHG nicht fortbestehen, da eine Personengesellschaft mindestens zwei Gesellschafter voraussetzt.

(2) Vor- und Nachteile der OHG

Vorteile (Gründungsmotive)	Nachteile
■ Ausnutzung unterschiedlicher Kenntnisse und Fähigkeiten der Gesellschafter verbessert die Geschäftsführung. ■ Die Umwandlung eines Einzelunternehmens in eine OHG vergrößert die Eigenkapitalbasis des Unternehmens. ■ Bei guten privaten Vermögensverhältnissen ist die Kreditwürdigkeit der OHG größer als die des Einzelunternehmens. ■ Da das Eigenkapital und die Unternehmensführung in einer Hand sind, ist das Interesse der Gesellschafter an der Geschäftsführung groß. ■ Verteilung des Unternehmerrisikos.	■ Persönliche Meinungsverschiedenheiten zwischen den Gesellschaftern können den Bestand des Unternehmens gefährden. ■ Dem Wachstum des Unternehmens sind häufig finanzielle Grenzen gesetzt, weil das Eigenkapital der Gesellschafter zur Finanzierung großer Investitionen nicht ausreicht. ■ Fremdkapital kann nur in begrenztem Maße aufgenommen werden (Gegensatz siehe AG!). ■ Durch aufwendige Lebenshaltung der Gesellschafter kann die Existenz des Unternehmens aufs Spiel gesetzt werden, da Kontrollorgane fehlen. ■ Unbeschränkte, direkte, gesamtschuldnerische Haftung der Gesellschafter.

(3) Bedeutung der OHG

Die OHG ist der Modellfall (Prototyp) einer Personengesellschaft. Innerhalb der OHG kooperieren zwei oder mehrere Gesellschafter, die persönlich und unbeschränkt haften. Die OHG-Gesellschafter sind daher **Unternehmer** im ursprünglichen Sinne, die

- das **Eigenkapital selbst aufbringen,**
- die **Geschäfte persönlich führen,**
- das **Unternehmen vertreten** und
- das **Risiko auf sich nehmen.**

Deshalb ist das Interesse der Gesellschafter am Wohlergehen des Unternehmens und an der Unternehmensführung normalerweise sehr groß. Die OHG ist die geeignete Unternehmensform für mittelgroße Unternehmen, die keinen allzu großen Bedarf an finanziellen Mitteln haben.

Zusammenfassung

- Bei den **Einzelunternehmen** werden alle wichtigen Unternehmerfunktionen und Risiken vom Einzelunternehmer (von einem Gesellschafter) wahrgenommen, dem auch der Gewinn allein zusteht und der auch entstehende Verluste allein zu tragen hat.
- Das **Haftungsrisiko** ist aufgrund der unbeschränkten und unmittelbaren alleinigen Haftung des Einzelunternehmers für die Geschäftsverbindlichkeiten verhältnismäßig hoch.
- Die **Kreditwürdigkeit** der Einzelunternehmen hängt vor allem von der persönlichen Zuverlässigkeit sowie von den beruflichen Fähigkeiten und Kenntnissen der Einzelunternehmer ab.
- Die **OHG** ist u.a. durch folgende **Merkmale** charakterisiert: (1) Zusammenschluss von mindestens zwei Personen; (2) Handelsgewerbe; (3) gemeinschaftliche Firma; (4) unbeschränkte, unmittelbare und gesamtschuldnerische Haftung aller Gesellschafter.
- Die **Firma** muss die Bezeichnung „offene Handelsgesellschaft" oder eine allgemein verständliche Abkürzung dieser Bezeichnung enthalten [§ 19 I, Nr. 2 HGB].
- Zur **Gründung** ist erforderlich: (1) Gesellschaftsvertrag; (2) Eintragung ins Handelsregister.
- **Entstehung der OHG:**
  - Im **Innenverhältnis** entsteht das Unternehmen mit Abschluss des Gesellschaftsvertrags bzw. zum vereinbarten Termin.
  - Im **Außenverhältnis** entsteht die OHG – sofern ein Handelsgewerbe im Sinne des § 1 II HGB betrieben wird –, sobald ein Gesellschafter im Namen der OHG tätig wird. Wird kein Handelsgewerbe im Sinne des § 1 II HGB betrieben, entsteht die OHG mit der Eintragung ins Handelsregister.
- **Rechtsverhältnisse im Innenverhältnis:**
  - Die **Pflichten der Gesellschafter** sind: (1) Leistung der im Gesellschaftsvertrag vereinbarten **Kapitaleinlage;** (2) Pflicht zur **persönlichen Mitarbeit;** (3) **Verlusttragung** nach HGB oder nach Vertrag; (4) Einhaltung des **Wettbewerbsverbots.**
  - Die **Rechte der Gesellschafter** sind: (1) Recht auf **Geschäftsführung** (gesetzlich: Einzelgeschäftsführungsbefugnis bei gewöhnlichen Geschäften, Gesamtgeschäftsführungsbefugnis bei außergewöhnlichen Geschäften). Gesamtgeschäftsführungsbefugnis für gewöhnliche Geschäfte muss im Gesellschaftsvertrag vereinbart sein; (2) **Kontrollrecht** über Geschäftslage und -entwicklung; (3) **Recht auf Gewinnanteil** (gesetzlich: 4 % des jahresdurchschnittlichen Kapitalanteils, Rest Pro-Kopf-Anteil); (4) Recht auf **Privatentnahme** (gesetzlich höchstens jährlich bis zu 4 % des Eigenkapitalanteils zu Beginn des Geschäftsjahrs); (5) **Kündigungsrecht;** (6) Recht auf **Liquidationserlös** bei Auflösung der OHG.

- **Rechtsverhältnisse im Außenverhältnis:**
  - **Pflicht zur Haftung.** Die OHG-Gesellschafter haften unbeschränkt, unmittelbar und gesamtschuldnerisch (solidarisch).
  - **Recht auf Vertretung.** Gesetzlich: Einzelvertretungsmacht; Gesamtvertretung muss im Handelsregister eingetragen sein.

Übungsaufgaben

20 Frank Strobel, 40 Jahre alt, ist seit 15 Jahren im Verkauf des Autohauses Hans Stolz tätig, davon 10 Jahre als Verkaufsleiter. Strobel ist bereit, sich mit einem Grundstück im Wert von 380 000,00 EUR am Unternehmen zu beteiligen. Er möchte als gleichberechtigter Partner mitarbeiten und volle Verantwortung mitübernehmen. Stolz und Strobel entschließen sich zur Gründung einer OHG.

Aufgaben:

1. Begründen Sie, ob der Gesellschaftsvertrag einer Formvorschrift unterliegt!
2. Erklären Sie, welche gesetzlichen Voraussetzungen bei der Gründung einer OHG bezüglich der Form des Gesellschaftsvertrags und hinsichtlich der Firmierung beachtet werden müssen!
3. Prüfen Sie, ob die bisherige Firma „Kfz-Reparaturwerkstatt Hans Stolz e.Kfm." fortgeführt werden kann!
4. Stolz und Strobel schließen am 1. September 20.. einen Gesellschaftsvertrag ab. Die Handelsregistereintragung erfolgt am 14. November 20... Nennen Sie das Datum, an dem die OHG entstanden ist!
5. Die Handelsgeschäfte werden am 15. September 20.. aufgenommen. Am 20. September kauft Frank Strobel eine Hebebühne im Wert von 140 000,00 EUR. Der Lieferer verlangt von Hans Stolz die Bezahlung der Rechnung. Beurteilen Sie die Rechtslage!
6. Stolz möchte am 30. November 20.. zwei Kfz-Mechaniker einstellen. Begründen Sie, ob Herr Stolz die Mechaniker einstellen darf!
7. Erläutern Sie, wodurch sich die Vertretungsbefugnis von der Geschäftsführungsbefugnis unterscheiden!
8. Im Februar des folgenden Jahres nehmen Stolz und Strobel Franz Stang als neuen Gesellschafter in die OHG auf. Einige Wochen später wendet sich die Langinger KG, Lieferer für Autozubehör, mit ihrer Forderung über 9 700,00 EUR direkt an den neuen Gesellschafter. Dieser lehnt die Zahlung ab.

   Beurteilen Sie die folgenden Argumente und begründen Sie Ihre Antwort:

   8.1 Die Langinger KG soll sich direkt an die OHG wenden.

   8.2 Die Verbindlichkeit sei von Stolz eingegangen worden, also müsse im Zweifel dieser zahlen.

   8.3 Die Verbindlichkeit stamme aus dem Vorjahr also aus der Zeit vor seinem Eintritt in die Gesellschaft.

   8.4 Die Haftung austretender OHG-Gesellschafter ist gesetzlich nicht geregelt.
9. Laut Gesellschaftsvertrag darf Stang nur Geschäfte bis zu einer Höhe von 20 000,00 EUR ohne Einwilligung der anderen Gesellschafter vornehmen. Stang be-

stellt Ersatzteile im Wert von 25 000,00 EUR. Begründen Sie, ob die Gesellschaft an die Willenserklärung gebunden ist!

10. Frank Strobel ist über den Vorfall so verärgert, dass er aus der OHG ausscheiden möchte. Beschreiben Sie, welche Regelung das HGB für das Ausscheiden eines OHG-Gesellschafters vorsieht!

11. Stellen Sie dar, wie ist die Gewinnverteilung der OHG gesetzlich geregelt ist!

12. Für den Bau eines Einfamilienhauses will Frank Strobel sein von ihm eingebrachtes unbebautes Grundstück zum Verkehrswert aus dem Vermögen der OHG entnehmen. Prüfen Sie, ob er gegen den Willen seiner Mitgesellschafter das Grundstück zurückerhalten kann!

21 Die Herren Meier, Schmidt und Kunz betreiben gemeinsam eine Möbelfabrik als OHG.

Aufgaben:

1. Nennen Sie zwei Gründe, die die Gesellschafter veranlasst haben könnten, die Gesellschaftsform der OHG zu wählen!

2. Nennen Sie vier Beispiele, wie die Firma lauten könnte!

3. Herr Meier und Herr Schmidt kaufen am 24. November 20.. gegen den Willen von Herrn Kunz ein zusätzliches Lagergebäude.

   3.1 Begründen Sie, ob die OHG an diesen Vertrag gebunden ist!

   3.2 Der Verkäufer des Lagergebäudes verlangt am 25. November 20.. von Herrn Kunz die Bezahlung der gesamten Kaufsumme. Dieser lehnt entschieden ab. Er glaubt, ausreichende Gründe zu haben. Erstens war er gegen diesen Kauf. Zweitens müsse sich der Gläubiger doch erst einmal an die OHG wenden und, wenn diese nicht zahle, an die Gesellschafter, die den Kaufvertrag unterzeichnet haben. Drittens sehe er gar nicht ein, dass er alles zahlen solle. Wenn überhaupt, so zahle er höchstens den ihn betreffenden Anteil an der Kaufsumme, nämlich ein Drittel. Nehmen Sie zu diesen Aussagen Stellung!

   3.3 Am 30. Juni des folgenden Jahres scheidet Herr Kunz wegen bestehender Differenzen aus der Gesellschaft aus. Am 30. September des folgenden Jahres wendet sich der Verkäufer des Lagergebäudes erneut an ihn und fordert ihn auf, den noch offenen Restbetrag von 12 000,00 EUR zu bezahlen. Überprüfen Sie die Rechtslage!

4. Als Schmidt im Urlaub ist, kauft Meier ein Grundstück, das für die Erweiterung der Großhandlung notwendig ist. Schmidt, der von dem Grundstückskauf erst nachträglich Kenntnis erhält, ist gegen den Kauf.

   4.1 Begründen Sie, ob Herr Meier berechtigt war, das Grundstück zu kaufen!

   4.2 Begründen Sie, ob der Kaufvertrag für die OHG bindend ist!

   4.3 Begründen Sie, ob Herr Schmidt die Zahlung des Kaufpreises verweigern kann, wenn der Verkäufer des Grundstücks von ihm den gesamten Kaufpreis fordert

22 Axel Sterk betreibt als Einzelunternehmer die industrielle Herstellung und den Vertrieb von Gartenzwergen. Das Unternehmen firmiert unter „Gartenzwergfabrik Axel Sterk e.K." und ist in das Handelsregister eingetragen. Der Umsatz des Einzelunternehmens hat sich so vergrößert, dass es der Inhaber für zweckmäßig hält, den Betrieb zu erweitern. Sterk bietet Igor Wetzel an, ihn als Gesellschafter aufzunehmen. Wetzel ist hierzu bereit und bringt 140 000,00 EUR Barvermögen und ein unbebautes Grundstück in die zu gründende OHG ein.

Am 15. August 20.. wird der Gesellschaftsvertrag abgeschlossen (siehe nachfolgenden Auszug). Die Eintragung in das Handelsregister erfolgt am 10. September 20..

8 Speth - ISBN 978-3-8120-0584-5

Auszug aus dem Gesellschaftsvertrag

§ 1 Gegenstand des Unternehmens ist die Herstellung und der Vertrieb von Gartenzwergen.

§ 2 Axel Sterk nimmt Igor Wetzel als Gesellschafter in sein Unternehmen auf. Die dadurch entstehende OHG wird unter der bisherigen Firmenbezeichnung „Gartenzwergfabrik Axel Sterk OHG" geführt.

§ 3 Axel Sterk bringt in die OHG sein Einzelunternehmen ein, und zwar so, wie es bis zum 15. August 20.. geführt wurde. Der Einbringung wird die berichtigte Bilanz zum 15. August 20.. zugrunde gelegt. In ihr ist ein Eigenkapital von 500000,00 EUR ausgewiesen.

Igor Wetzel bringt sein Grundstück an der Simoniussteige ein. Der Wert wird mit 200000,00 EUR festgelegt. Außerdem leistet er eine Bareinlage von 140000,00 EUR.

§ 4 Igor Wetzel haftet nicht für die bisherigen Verbindlichkeiten der Firma „Gartenzwergfabrik Axel Sterk e. K.".

§ 5 Die Gesellschaft beginnt am 1. September 20..

§ 6 Kündigt ein Gesellschafter, ist der andere Gesellschafter berechtigt, das Unternehmen ohne Liquidation zu übernehmen und unter der bisherigen Firma weiterzuführen.

§ 7 Die Aufnahme von Darlehen sowie Anschaffungen, deren Wert im Einzelfall 60000,00 EUR überschreitet, erfordern einen gemeinsamen Beschluss aller Gesellschafter.

§ 8 Für die Gewinn- und Verlustverteilung gelten die gesetzlichen Bestimmungen.

Aufgaben:

1. Begründen Sie, ob der Gesellschaftsvertrag einer gesetzlichen Formvorschrift unterliegt!
2. Begründen Sie, ob die in § 2 des Gesellschaftsvertrags vorgesehene Firmierung zulässig ist!
3. Begründen Sie, welche rechtliche Wirkung die Handelsregistereintragung im vorgegebenen Fall hat!
4. Igor Wetzel schließt am 15. November 20.. mit der Seppl AG einen langfristigen Vertrag über die Lieferung von Ton im Wert von 62000,00 EUR. Als Sterk von der Lieferung erfährt, verweigert er die Bezahlung der Rechnung, da er den Preis für überhöht hält. Außerdem sei Wetzel nicht zum Abschluss des Kaufvertrags befugt gewesen. Die Seppl AG solle daher den Kaufpreis direkt von Wetzel einfordern.

   Erläutern Sie die Rechtslage!
5. Wetzel ist kaufmännisch nicht vorgebildet.

   Machen Sie ihm den Unterschied zwischen der unbeschränkten, persönlichen Haftung und der Verlustbeteiligung deutlich!
6. Sterk möchte im November 20.. für seine Sammlung eine Skulptur für 40000,00 EUR erwerben. Er beabsichtigt, den Betrag dem Gesellschaftsvermögen zu entnehmen. Beurteilen Sie die Rechtslage!
7. Das eingebrachte Grundstück von Igor Wetzel geht in das Gesellschaftsvermögen ein. Erläutern Sie, welche rechtlichen Konsequenzen sich daraus für Wetzel ergeben!
8. Wetzel möchte trotz zu erwartender Verluste 20.. monatlich 1200,00 EUR entnehmen. Sterk ist gegen die Entnahme.

   Beurteilen Sie die Lage unter rechtlichem und betriebswirtschaftlichem Aspekt!
9. Erklären Sie, warum Wetzel und Sterk im Gesellschaftsvertrag vereinbart haben, dass beim Ausscheiden eines Gesellschafters das Unternehmen nicht liquidiert (aufgelöst) werden soll!

10. Durch die Verzögerung einer Rohstofflieferung hat die Gesellschaft für ca. vier Wochen freie Liquidität in Höhe von 150000,00 EUR. Igor Wetzel möchte den Gesamtbetrag spekulativ in einen Aktienkauf anlegen. Axel Sterk widerspricht.

    Beurteilen Sie die Rechtslage!

11. Kann Igor Wetzel die Haftung für die bei seinem Eintritt in die Gesellschaft bestehenden Verbindlichkeiten ausschließen?

    Nehmen Sie hierzu Stellung!

12. Peter Sterk, der Bruder von Axel Sterk, möchte in die OHG eintreten. Allerdings will er keine Einlage leisten, sondern der OHG lediglich seine Arbeitskraft zur Verfügung stellen. Beurteilen Sie diesen Sachverhalt

    12.1 im Hinblick auf die Einlagepflicht des OHG-Gesellschafters,

    12.2 aus Sicht der Mitgesellschafter und

    12.3 aus Sicht der Gläubiger!

4 Kommanditgesellschaft (KG)

4.1 Begriff, Firma und Gründung einer KG

(1) Begriff

Merke:

- Die **Kommanditgesellschaft (KG)** ist eine **Gesellschaft** mit mindestens zwei Personen,
  - deren Zweck auf den Betrieb eines **Handelsgewerbes** unter **gemeinschaftlicher Firma** gerichtet ist und
  - bei der die **Haftung von mindestens einem Gesellschafter** gegenüber den Gläubigern auf den Betrag einer bestimmten Vermögenseinlage **beschränkt** ist **(Kommanditisten)**, während **die anderen Gesellschafter** (mindestens ein Gesellschafter) den Gläubigern gegenüber **unbeschränkt haften (Komplementäre)** [§ 161 I HGB].
- Die Kommanditgesellschaft ist eine **Personengesellschaft.**

Es gibt bei der KG mindestens **einen Gesellschafter (Komplementär),** der nach den **Vorschriften des OHG-Rechts haftet**, und mindestens **einen Gesellschafter (Kommanditist),** dessen **Haftung beschränkt** ist. In der Praxis macht der Vorteil der Haftungsbeschränkung für die Kommanditisten die große Attraktivität der KG im Vergleich mit der OHG aus.

(2) Firma

Die Firma der KG muss die Bezeichnung „Kommanditgesellschaft" oder eine allgemein verständliche Abkürzung dieser Bezeichnung (z.B. KG) enthalten [§ 19 I, Nr. 3 HGB].

Beispiele:

Müller und Moser sind Vollhafter (Komplementäre), Krause ist Teilhafter (Kommanditist). Mögliche Firmen sind z.B.: Müller & Moser KG; Müller Kommanditgesellschaft; Mannheimer Import KG; Emmendinger Import-Export KG.

Beispiel für einen Gesellschaftsvertrag (KG):

Verhandelt in Soest, den 12. November 20..

Vor dem unterzeichnenden Notar Otto Janz in Stuttgart erschienen heute:

Franz Burr, Stuttgart, Hedwig Burr, Stuttgart, Katharina Kolb geb. Burr, Esslingen

Genannte Personen gaben nachstehende Erklärung zur notarischen Niederschrift. Sie schließen nachstehenden

Gesellschaftsvertrag

§ 1 Grundlagen

1. Die Firma der Gesellschaft lautet: Sport-Burr KG.
2. Gegenstand des Unternehmens ist die Herstellung von Sportgeräten und alle damit im Zusammenhang stehenden Geschäfte.
3. Sitz der Gesellschaft ist Stuttgart.
4. Die Dauer der Gesellschaft ist unbestimmt. Die Gesellschaft beginnt als Kommanditgesellschaft erst mit der Eintragung im Handelsregister.

§ 2 Geschäftsjahr

Geschäftsjahr ist das Kalenderjahr.

§ 3 Gesellschafter, Einlagen

1. Unbeschränkt haftender Gesellschafter ist Franz Burr mit einem festen Kapitalanteil von 5 000 000,00 EUR.
2. Kommanditisten sind unter der aufschiebenden Bedingung der Eintragung der Gesellschaft im Handelsregister:

–	Hedwig Burr mit einer Kommanditeinlage (gleichzeitig Hafteinlage) von	1 200 000,00 EUR
–	Katharina Kolb geb. Burr mit einer Kommanditeinlage (gleichzeitig Hafteinlage) von	2 000 000,00 EUR
	Das gesamte Eigenkapital beträgt somit:	8 200 000,00 EUR

Für das Stimmrecht und den Anspruch auf Gewinn sind nur die aufgeführten Festeinlagen maßgebend.

§ 4 Verwaltung der Gesellschaft

Die Geschäftsführung und Vertretung stehen dem Komplementär Franz Burr unter Ausschluss der übrigen Gesellschafter allein zu. Die Befugnis zur Geschäftsführung erstreckt sich auf alle Handlungen, die der gewöhnliche Betrieb des Handelsgewerbes der Gesellschaft mit sich bringt. Zu außergewöhnlichen Geschäftsführungsmaßnahmen bedarf der Komplementär Franz Burr der Zustimmung der Gesellschafterversammlung.

§ 5 Gesellschafterversammlungen

1. Gesellschafterversammlungen finden mindestens einmal jährlich nach Ende des Geschäftsjahres statt. Auf Verlangen eines Gesellschafters sind weitere Gesellschafterversammlungen einzuberufen. Zu den Gesellschafterversammlungen soll mit vierzehntägiger Frist geladen werden.
2. Die Gesellschafterversammlung beschließt über sämtliche Angelegenheiten der Gesellschaft, soweit sie nicht ausdrücklich der Geschäftsführung vorbehalten sind, insbesondere über Änderungen des Gesellschaftsvertrages, die Feststellung des Jahresabschlusses, die Gewinnverteilung, die Prüfung des Jahresabschlusses und die Entlastung des Geschäftsführers sowie über außerordentliche Angelegenheiten.

3. Änderungen des Gesellschaftsvertrages bedürfen der Einstimmigkeit. In allen anderen Angelegenheiten der Gesellschaft beschließt die Gesellschafterversammlung mit einfacher Mehrheit der vorhandenen Stimmen.

§ 6 Verteilung von Gewinn und Verlust

1. Der Komplementär erhält für seine Tätigkeit – unabhängig davon, ob ein Gewinn erzielt worden ist – eine Vergütung, deren Höhe von der Gesellschafterversammlung festgesetzt und dem Umfang der Tätigkeit entsprechend angepasst wird.
2. An dem danach verbleibenden Gewinn oder Verlust der Gesellschaft sind die Gesellschafter entsprechend ihrer Beteiligung am Gesellschaftsvermögen beteiligt.
3. Über die Entnahme der Gewinnanteile beschließt die Gesellschafterversammlung einstimmig.

§ 7 Kündigung der Gesellschaft

1. Jeder Gesellschafter kann die Gesellschaft mit einer Frist von 6 Monaten zum Jahresende kündigen. Für die Rechtzeitigkeit der Kündigung kommt es auf den Zugang der Kündigung an. Das Recht zur fristlosen Kündigung aus wichtigem Grunde bleibt hiervon unberührt. Der kündigende Gesellschafter scheidet aus der Gesellschaft aus. Die Gesellschaft wird von den übrigen Gesellschaftern fortgesetzt.
2. Kündigt der Komplementär, sind die Kommanditisten berechtigt, zum Kündigungsstichtag einen neuen Komplementär aufzunehmen oder zu bestimmen, dass einer von ihnen die Stellung des Komplementärs übernimmt. Ist am Kündigungsstichtag kein Komplementär vorhanden, ist die Gesellschaft aufgelöst.
3. Bei Tod eines Gesellschafters wird die Gesellschaft nicht aufgelöst, sondern mit den Erben fortgeführt.
4. Veräußerungen und Übertragungen von Gesellschaftsanteilen bedürfen eines vorherigen einstimmigen Beschlusses aller Gesellschafter.

§ 8 Gerichtsstand

Für Streitigkeiten aus diesem Vertrag ist das Gericht in Stuttgart örtlich zuständig.

Unterschriften:

Franz Burr	Hedwig Burr	Katharina Kolb
Komplementär	Kommanditisten	Kommanditisten

Otto Janz

Notar

(3) Gründung

Der Gründungsablauf der KG entspricht derjenigen der OHG. Einzige Besonderheit: Wegen der beschränkten Haftung des Kommanditisten wird die Höhe der Kommanditeinlagen ins Handelsregister eingetragen [§ 162 I HGB]. Veröffentlicht wird jedoch nur die Zahl der Kommanditisten, nicht aber die Höhe ihrer Einlage. Die Anmeldung zum Handelsregister ist von allen Gesellschaftern vorzunehmen, also auch von den Kommanditisten.

4.2 Rechtliche Stellung des Kommanditisten in der KG

Beachte:

Für die **Komplementäre** gelten die gleichen Bestimmungen wie für die persönlich haftenden Gesellschafter einer OHG, d.h., es werden die für die OHG geltenden gesetzlichen Vorschriften angewendet [§ 161 II HGB]. Die eigenständige Regelung der KG in den §§ 162ff. HGB befasst sich nur mit der **Sonderstellung des Kommanditisten.**

(1) Eigenkapitalaufbringung, Geschäftsführung, Kontrolle der Geschäftsführung

Eigenkapitalaufbringung	Die Kommanditisten können die vertraglich festgelegte Kapitaleinlage **(Pflichteinlage)** in Geld, in Sachwerten und/oder in Rechtswerten einzahlen. Die Höhe der Pflichteinlage kann dabei von der in das Handelsregister eingetragenen Einlage, der **Haftsumme (Hafteinlage),** abweichen.
Geschäftsführungs- und Widerspruchsrecht	Die Kommanditisten sind von der **Geschäftsführung ausgeschlossen.** Sie können lediglich Handlungen der persönlich haftenden Komplementäre widersprechen, wenn diese über den gewöhnlichen Betrieb des Handelsgewerbes der KG hinausgehen, z.B. bei Grundstückskäufen und -verkäufen, bei der Aufnahme eines neuen Gesellschafters oder bei Änderung des Betriebszwecks [§ 164 HGB]
Kontrolle der Geschäftsführung	Die Kommanditisten haben **kein ständiges Kontrollrecht.** Sie können jedoch Abschriften des Jahresabschlusses (Jahresbilanz mit Gewinn- und Verlustrechnung) verlangen und deren Richtigkeit unter Einsicht in die Geschäftsbücher und sonstiger Geschäftspapiere überprüfen [§ 166 I, II HGB].

(2) Gewinnverwendung und Verlustbeteiligung

Gewinnverwendung[1]

Nach dem Gesetz erhalten die Kommanditisten (und die Komplementäre) zunächst eine **4 %ige Verzinsung** der (durchschnittlichen) Kapitalanteile. Der eventuell verbleibende **Restgewinn ist in „angemessenem" Verhältnis** (z.B. nach den Kapitalanteilen) zu verteilen [§§ 167f. i.V.m. §§ 120, 221 I und II HGB]. Wegen der Unbestimmtheit der gesetzlichen Regelung ist es erforderlich, im Gesellschaftsvertrag die Gewinnverteilung eindeutig zu regeln, um spätere Unstimmigkeiten zu vermeiden.

Beispiel:

Bei der Müller KG könnte die Gewinnbeteiligung wie folgt geregelt sein: „Aus dem Jahresreingewinn erhält jeder Gesellschafter zunächst eine 6 %ige Verzinsung der durchschnittlichen Kapitalanteile. Reicht der Gewinn nicht aus, erfolgt eine entsprechend niedrigere Verzinsung. Übersteigt der Jahresreingewinn 6 % der durchschnittlichen Kapitalanteile, wird der übersteigende Betrag im Verhältnis 3 : 3 : 1 verteilt."

Die Gewinnanteile der Kommanditisten werden ihren Kapitalanteilen nur so lange gutgeschrieben, bis diese voll geleistet sind [§ 167 II HGB]. Ist die **Pflichteinlage der Kommanditisten erreicht,** so haben sie **Anspruch auf Auszahlung ihrer Gewinnanteile.** Die im Unternehmen belassenen Gewinnanteile der Kommanditisten stellen „sonstige Verbindlichkeiten" der KG gegenüber den Kommanditisten dar.

1 Die Gewinnverwendung der KG wird auf S. 165f. dargestellt.

Wird der Kapitalanteil des Kommanditisten durch Verlust oder Auszahlung gemindert, und zwar unter den auf die vereinbarte Einlage geleisteten Betrag, so kann der Kommanditist keine Auszahlung seines Gewinnanteils fordern. In diesem Fall wird der Gewinnanteil zur Auffüllung der Kommanditeinlage verwendet. Der Kommanditist ist dabei nicht verpflichtet, früher bezogene Gewinne wegen später eingetretener Verluste zurückzuzahlen [§ 169 II HGB]. Der Kommanditist hat **kein Recht auf Privatentnahmen** [§§ 169 I, 122 HGB].

Verlustbeteiligung

Eine Verlustbeteiligung der Kommanditisten erfolgt bis zur Höhe des Kapitalanteils in einem **„angemessenen" Verhältnis** der Kapitalanteile [§ 168 II HGB]. Wegen der Unbestimmtheit der gesetzlichen Regelung empfiehlt es sich, die Art und Weise der Verlustbeteiligung der Kommanditisten im Gesellschaftsvertrag eindeutig festzulegen.

Beispiel:

Bei der Müller KG (Müller und Moser sind Vollhafter, Krause ist Teilhafter) könnte die Verlustbeteiligung wie folgt geregelt sein: „Müller, Moser und Krause teilen sich einen eventuellen Verlust im Verhältnis 3 : 3 : 1."

Beachte:

Zunächst gelten immer die Vereinbarungen zwischen den Gesellschaftern im Gesellschaftsvertrag und erst dann ersatzweise die gesetzlichen Bestimmungen des HGB.

(3) Vertretung und Haftung

Keine Vertretungsbefugnis

Kommanditisten sind nach dem HGB (gesetzlich) grundsätzlich **nicht zur Vertretung der KG** ermächtigt [§ 170 HGB].[1] Die Kommanditgesellschaft wird durch die **Vollhafter (Komplementäre)** vertreten. Möglich ist jedoch, einem oder mehreren Kommanditisten Handlungsvollmacht oder Prokura zu erteilen.

Haftung

Nach Eintragung der KG ins Handelsregister	Soweit die Kommanditisten ihre vertraglich bestimmte und im Handelsregister eingetragene Einlage geleistet haben, haften sie mit ihrer Einlage nur mittelbar **(Risikohaftung)**[2] [§ 171 I, S. 1, 2. HS. HGB]. Soweit ein Kommanditist seine Einlage nach Eintragung noch nicht geleistet hat, haftet er mit dem ausstehenden Betrag den Gesellschaftsgläubigern unmittelbar [§ 171 I, S. 1, 1. HS. HGB].
Eintritt in eine bestehende KG	Tritt ein Kommanditist in eine bestehende KG ein, so haftet der beitretende Kommanditist gegenüber einem gutgläubigen Dritten in der Zeit zwischen seinem Eintritt und der Eintragung der Kapitaleinlage in das Handelsregister wie ein Komplementär [§ 176 II HGB].

1 Aufgrund des Gesellschaftsvertrags können jedoch auch die Kommanditisten das Vertretungsrecht haben.

2 Zur Risikohaftung siehe auch S. 128.

4.3 Auflösung, Bedeutung, Vor- und Nachteile der KG

(1) Auflösung der KG

Kündigungsrecht	Wenn keine abweichenden Vereinbarungen zwischen den Gesellschaftern getroffen wurden, gilt die gesetzliche Regelung: Kündigungsmöglichkeit unter Einhaltung einer Kündigungsfrist von mindestens 6 Monaten zum Schluss des Geschäftsjahres [§ 161 II i. V. m. § 132 HGB].
Auflösungsgründe	Es gelten die für die OHG angegebenen Auflösungsgründe (siehe Seite 110).[1] Beim Tod eines Kommanditisten wird die Gesellschaft mangels abweichender vertraglicher Bestimmungen mit den Erben fortgesetzt [§ 177 HGB]. Die Erben des verstorbenen Kommanditisten sind zunächst Teilhafter der KG mit dem Recht, die geerbte Einlage zu kündigen.

(2) Bedeutung der KG

Die Rechtsform der Kommanditgesellschaft ermöglicht den **Kommanditisten,** sich an einem Unternehmen durch Kapitaleinlagen zu beteiligen und die Haftung (das Risiko ihres Verlusts) auf diese Einlagen zu beschränken, ohne zur Geschäftsführung und Vertretung verpflichtet (und berechtigt) zu sein.

Für **Komplementäre** bietet die Rechtsform der KG die Möglichkeit, das Gesellschaftskapital sowie die Kreditbasis durch Aufnahme von Kommanditisten zu erweitern, ohne in der Geschäftsführung und Vertretungsbefugnis beschränkt zu werden.

(3) Vorteile und Nachteile der KG

Vorteile der Unternehmensform KG	Nachteile der Unternehmensform KG
■ Ausnutzung unterschiedlicher Kenntnisse und Fähigkeiten der Gesellschafter verbessert die Geschäftsführung. ■ Da das Eigenkapital und die Unternehmensführung in einer Hand sind, ist das Interesse der Gesellschafter an der Geschäftsführung groß. ■ Verteilung des Unternehmerrisikos.	■ Unbeschränkte, direkte, gesamtschuldnerische Haftung der Komplementäre. ■ Persönliche Meinungsverschiedenheiten zwischen den Gesellschaftern können den Bestand des Unternehmens gefährden (siehe Kündigungsrecht!). ■ Dem Wachstum des Unternehmens sind häufig finanzielle Grenzen gesetzt, weil das Eigenkapital der Gesellschafter zur Finanzierung großer Investitionen nicht ausreicht. Fremdkapital kann nur in begrenztem Maße aufgenommen werden. ■ Durch aufwendige Lebenshaltung der Gesellschafter kann die Existenz des Unternehmens aufs Spiel gesetzt werden, da Kontrollorgane fehlen.

1 Die KG muss mindestens einen Komplementär aufweisen. Tritt der einzige (letzte) Komplementär aus der KG aus, so führt dies zur Auflösung der KG. Führen die Kommanditisten die Gesellschaft ohne (neuen) Komplementär fort, dann wird die KG grundsätzlich zu einer OHG, d.h., die Kommanditisten haften unbeschränkt.

Zusammenfassung

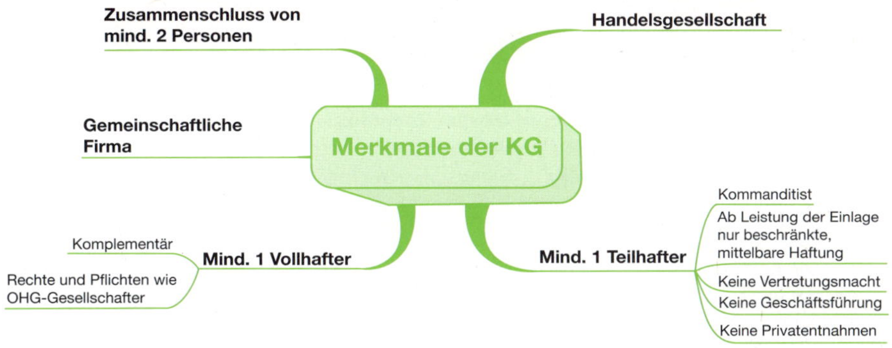

Übungsaufgaben

23 1. Die bisherige Einzelunternehmerin Gerda Metzger e.Kfr. möchte sich aus Altersgründen aus der Unternehmensführung zurückziehen. Zusammen mit ihren beiden Töchtern Eva und Gerlinde gründet sie eine KG. Kapitalmäßig möchte Gerda Metzger noch im Unternehmen verbleiben.

Aufgaben:

1.1 Erklären Sie, welche Gründe Frau Metzger dazu bewogen haben könnten, eine KG zu gründen!

1.2 Erklären Sie anhand der angeführten Personen, wie man die Gesellschafter bei dieser Rechtsform bezeichnet und beschreiben Sie kurz deren Aufgaben!

1.3 Bilden Sie ein Beispiel dafür, wie die Firma der KG lauten könnte!

1.4 Um die Liquidität der KG zu stärken, wollen die Töchter Eva und Gerlinde ein Betriebsgrundstück verkaufen. Die Mutter Gerda widerspricht dem Geschäft. Erläutern Sie die Rechtslage!

2. Der Kommanditist Gerhard Paulußen beabsichtigt, in die am Ort bestehende Möbelfabrik Franz OHG als persönlich haftender Gesellschafter einzutreten.

Aufgaben:

2.1 Beurteilen Sie die Rechtslage!

2.2 Häufig wird eine OHG in eine KG umgewandelt, wenn ein OHG-Gesellschafter stirbt. Nennen Sie hierfür Gründe!

2.3 Kommanditgesellschaften sind oft „Familiengesellschaften", d.h., die Gesellschafter sind miteinander verwandt. Begründen Sie diese Tatsache!

2.4 Müller und Moser sind Vollhafter, Krause ist Teilhafter. Müller ernennt im Einverständnis mit Moser einen Prokuristen[1]. Krause wurde nicht gefragt und ist auch nicht einverstanden. Beurteilen Sie die Rechtslage!

24 Wolfgang Thein und Michael Kreher haben eine OHG gegründet. Der Gesellschaftsvertrag vom 10. November 13 setzt den Beginn der OHG auf den 1. Januar 14 fest, die Eintragung im Handelsregister erfolgt am 10. Januar 14.

1 Der **Prokurist** ist zu allen gerichtlichen und außergerichtlichen Geschäften und Rechtshandlungen ermächtigt, die der Betrieb **irgendeines Handelsgewerbes** mit sich bringt.

Im Hinblick auf eine am 1. Januar 14 eintretende Preiserhöhung schließt Thein im Namen der OHG am 1. Dezember 13 einen Kaufvertrag über eine Schleifmaschine im Wert von 160000,00 EUR ab, für die bereits innerhalb von 30 Tagen nach Vertragsabschluss eine Vorauszahlung von 55 000,00 EUR zu leisten ist.

Aufgaben:

1. Untersuchen und begründen Sie,
   1.1 ob Thein den Kaufvertrag zu diesem Zeitpunkt schon abschließen durfte, ohne gegen den Gesellschaftsvertrag zu verstoßen;

   1.2 ob der Kaufvertrag **beide** Gesellschafter rechtlich bindet oder ob Thein **allein** für die Verbindlichkeiten aus dem Kaufvertrag haftet,

   1.3 wie Kreher sich gegen die Eigenmächtigkeiten Theins **vor** und **nach** Abschluss des Kaufvertrags hätte zur Wehr setzen können!
2. Nach dem unerwarteten Tod Krehers wird die Gesellschaft mit dessen beiden volljährigen Söhnen als Kommanditisten fortgesetzt.
   2.1 Die Kommanditisten wollen so weit wie möglich in die Rechte ihres verstorbenen Vaters eintreten. – Überprüfen Sie, welche Rechte ihres Vaters ihnen nach dem HGB nicht zustehen!

   2.2 Könnten die Kommanditisten bei entsprechendem Gesellschaftsvertrag eine dem Komplementär ähnliche „Machtposition" ausüben? Beurteilen und begründen Sie diese Frage im Hinblick auf das Außen- und Innenverhältnis!
3. Beim Tode Theins wollen dessen Erben ebenfalls – wie die Erben Krehers – nur als Teilhafter in die Gesellschaft eintreten. Zeigen Sie, wie unter den gegebenen Umständen der Fortbestand des Unternehmens gewährleistet werden kann! (Mehrere Möglichkeiten!)
4. Unterscheiden Sie die OHG von der KG im Hinblick auf die Merkmale (1) Gesellschafterrisiko (Haftung), (2) Geschäftsführung, (3) Vertretung und (4) Gewinn- und Verlustverteilung!

5 Gesellschaft mit beschränkter Haftung (GmbH)

5.1 Begriff, Firma und Gründung einer GmbH

(1) Begriff

Merke:

- Die **Gesellschaft mit beschränkter Haftung** (GmbH) ist eine **Handelsgesellschaft** mit **eigener Rechtspersönlichkeit (juristische Person[1]).**
- Die Gesellschafter sind mit einem oder mehreren Geschäftsanteilen an der Gesellschaft beteiligt, **ohne persönlich** für die Verbindlichkeiten der Gesellschaft **zu haften** [§ 13 I, II GmbHG].
- Die GmbH ist eine **Kapitalgesellschaft.**

Die **GmbH** hat **selbstständige Rechte und Pflichten.** Mithilfe ihrer Organe ist es möglich, Rechtsgeschäfte abzuschließen. Sie kann z. B. Eigentum an Grundstücken erwerben und vor Gericht klagen und verklagt werden. Die GmbH ist Gläubiger und Schuldner, nicht

1 **Juristische (rechtliche) Personen** sind „künstliche" Personen, denen der Staat die Eigenschaft von Personen kraft Gesetzes verliehen hat. Sie sind damit rechtsfähig, d. h. Träger von Rechten und Pflichten [§ 2 I a GmbHG].

etwa die GmbH-Gesellschafter. Die **GmbH-Gesellschafter** statten die GmbH lediglich mit **Eigenkapital** aus, indem sie sich mit Geschäftsanteilen am Stammkapital der GmbH beteiligen.

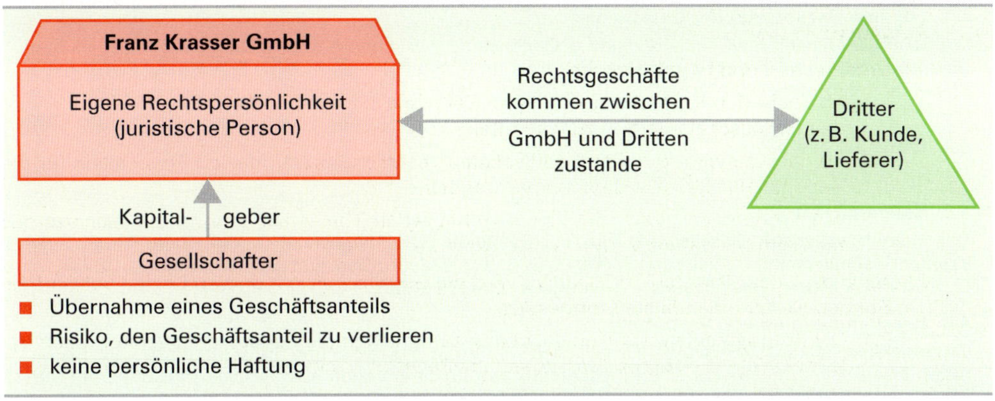

Die GmbH ist eine rechtliche Konstruktion, durch die unternehmerisches Kapital in einer juristischen Person verselbstständigt und die Haftung auf das Gesellschaftsvermögen begrenzt wird. Dies eröffnet Eigenkapitalgebern (Gesellschaftern) die Möglichkeit, ihr Risiko auf das eingesetzte Kapital zu begrenzen sowie ihre persönliche Haftung zu vermeiden. Es kommt zu einer rechtlichen **Trennung von Unternehmens- und Privatvermögen.**

(2) Firma

Die **Firma** der GmbH muss die Bezeichnung **„Gesellschaft mit beschränkter Haftung"** oder eine allgemein verständliche Abkürzung dieser Bezeichnung (z. B. GmbH) enthalten [§ 4 GmbHG].

Beispiele:

Albrecht Büller GmbH; Freiburger Maschinenfabrik GmbH; Albrecht Büller Maschinenfabrik GmbH; Backhaus Gesellschaft mit beschränkter Haftung.

(3) Gründung

■ Errichtung der GmbH

Die GmbH kann durch **eine Person**[1] oder **mehrere Personen** errichtet werden [§ 1 GmbHG].

Zur **Errichtung der GmbH** ist ein **notariell beurkundeter Gesellschaftsvertrag (Satzung)**[2] erforderlich, der von sämtlichen Gesellschaftern unterzeichnet werden muss [§ 2 I GmbHG]. GmbH-Gesellschafter ist nur der, der in die **Gesellschafterliste** eingetragen ist [§ 16 I GmbHG]. Jeder Gesellschafter hat Anspruch darauf, in die Liste eingetragen zu werden. Ein Beispiel für eine Satzung einer GmbH finden Sie auf S. 124.

1 Bei einer Einpersonen-GmbH erfolgt die Gründung in einem **vereinfachten Verfahren** unter Zuhilfenahme eines **Musterprotokolls,** das dem Vertrag gleichsteht und vom Gesetz ebenfalls als „Gesellschaftsvertrag" bezeichnet wird [§ 2 Ia GmbHG].

2 **Beurkundung**: Der Notar beurkundet die **Unterschrift** und den **Inhalt der Erklärung**.

Beispiel für die Satzung einer GmbH:

Satzung der Kramer GmbH, Heidelberg

§ 1 Sitz und Gegenstand der Gesellschaft

Die Gesellschaft hat ihren Sitz in Heidelberg. Gegenstand des Unternehmens: Die Ausübung eines Speditionsgewerbes, die Tätigkeit eines Frachtführers und Lagerhalters sowie die Erledigung aller damit in Zusammenhang stehenden Aufgaben. Die Gesellschaft kann Filialen errichten und sich an anderen Firmen beteiligen.

§ 2 Name der Firma

Der Name der Firma lautet: Kramer GmbH

§ 3 Stammkapital

Das Stammkapital der Gesellschaft wird auf 60000,00 EUR festgesetzt. Darauf übernehmen Sven Kramer Geschäftsanteil 1: Nennwert 30000,00 EUR, Sonja Maunz Geschäftsanteil 2: Nennwert 20000,00 EUR und Max Moser Geschäftsanteil 3: Nennwert 10000,00 EUR.

§ 4 Geschäftsführung und Vertretung

Zu den ersten Geschäftsführern der Gesellschaft werden Sven Kramer und Sonja Maunz bestellt. Sie besitzen Einzelvertretungsmacht. Die arbeitsrechtlichen Bestimmungen sind in einem gesonderten Vertrag zu vereinbaren.

§ 5 Gesellschafterversammlung

Über wichtige Entscheidungen ist eine Gesellschafterversammlung abzuhalten und das Ergebnis zu protokollieren. Die Einberufung erfolgt zwei Wochen vor der Abhaltung der Versammlung unter Bekanntgabe der zu beschließenden Punkte.

§ 6 Beschlussfassung

Abgestimmt wird mit einfacher Mehrheit. Dabei gewährt jeder Euro eines Geschäftsanteils eine Stimme. Bei Stimmengleichheit gilt der Antrag als abgelehnt.

§ 7 Feststellung des Jahresabschlusses, Entlastung der Geschäftsführer

Die Gesellschafterversammlung hat auch über die Feststellung des Jahresabschlusses, die Gewinnverwendung und die Entlastung der Geschäftsführer zu beschließen.

§ 8 Übertragung von Geschäftsanteilen

Die Geschäftsanteile können nur mit Zustimmung der anderen Gesellschafter zum Ende eines Geschäftsjahres übertragen werden. Diese Übertragung muss der Gesellschaft mindestens vier Monate zuvor angezeigt werden.

§ 9 Einziehung von Geschäftsanteilen

Die Gesellschafter können auch die Einziehung von Geschäftsanteilen beschließen. Dies gilt besonders dann, wenn über das Vermögen eines Gesellschafters das Insolvenzverfahren eröffnet wurde. Der betroffene Gesellschafter hat dabei kein Stimmrecht.

§ 10 Auflösung der Gesellschaft

Wird die Gesellschaft durch Auflösung beendet, so ist aus den Reihen der Gesellschafter ein Liquidator zu bestellen. Dieser hat das Geschäftsvermögen zu veräußern, die Gläubiger zu befriedigen und den verbleibenden Überschuss entsprechend der Höhe der zuletzt von den Gesellschaftern gehaltenen Beteiligung zu verteilen.

Heidelberg, den 15. September 20..

Unterschriften:

Sven Kramer	Sonja Maunz	Max Moser
Gesellschafter	Gesellschafter	Gesellschafter

Otto Janz

Notar

Beachte:

Für **unkomplizierte Standardgründungen** steht den Gründern der GmbH ein **notariell zu beurkundendes Musterprotokoll** als Anlage zum GmbHG zur Verfügung. Als „einfache Standardgründung" gilt z.B. eine Bargründung[1] mit höchstens **drei Gesellschaftern** und **einem Geschäftsführer** [§ 2 I a GmbHG]. Am Musterprotokoll dürfen keine Veränderungen oder Ergänzungen vorgenommen werden.

Anmeldung der GmbH ins Handelsregister

Die **Anmeldung zur Eintragung in das Handelsregister** darf erst erfolgen, wenn auf **jeden Geschäftsanteil ein Viertel des Nennbetrags** eingezahlt sind [§ 7 II, S. 1 GmbHG]. Insgesamt muss auf das Stammkapital mindestens so viel eingezahlt werden, dass der Gesamtbetrag der eingezahlten Geldeinlagen (Bareinlagen), die **Hälfte des Mindeststammkapitals,** d.h. 12500,00 EUR, erreicht [§ 7 II, S. 2 GmbHG]. Außerdem müssen die Nennbeträge und die laufenden Nummern der von jedem Gesellschafter übernommenen Geschäftsanteile ersichtlich sein [§ 8 I, Nr. 3 GmbHG].

Bei Bareinlagen:

- mindestens ein Viertel des Nennbetrags eines Geschäftsanteils,
- insgesamt zu leistende Einzahlungen 12500,00 EUR.

Bei Sacheinlagen:

Sie sind in vollem Umfang zu leisten.

Wurden **Sacheinlagen** vereinbart, sind diese vor der Eintragung ins Handelsregister in **vollem Umfang** zu leisten.

Die GmbH als juristische Person mit Kaufmannseigenschaft entsteht erst durch die Eintragung der GmbH ins Handelsregister **(konstitutive Wirkung der Eintragung)** [§§ 11 I, 13 GmbHG]. Schließen die Gesellschafter **vor der Handelsregistereintragung** im Namen der Gesellschaft Rechtsgeschäfte ab, so haften die Handelnden persönlich und solidarisch [§ 11 II GmbHG].

5.2 Eigenkapitalaufbringung, Geschäftsführung, Kontrolle der Geschäftsführung, Gewinnverwendung und Verlustbeteiligung

(1) Eigenkapitalaufbringung

Stammeinlagen

Der Betrag, der auf einen Geschäftsanteil zu leisten ist, wird als Stammeinlage bezeichnet. Die Höhe der zu leistenden Einlage richtet sich nach dem bei der Gründung der Gesellschaft im Gesellschaftsvertrag festgesetzten Nennbetrag des Geschäftsanteils [§ 14 GmbHG].

Geschäftsanteil

Ein Geschäftsanteil ist der nominelle Anteil am Stammkapital der GmbH. Er ist mit einem Nennbetrag versehen. Die **Nennbeträge** der einzelnen Geschäftsanteile können unterschiedlich hoch sein, müssen jedoch auf **volle Euro** lauten. Jeder Gesellschafter beteiligt

1 Das bedeutet, dass **keine Sacheinlagen** getätigt werden dürfen.

sich im Rahmen der Errichtung (Gründung) der GmbH mit einem oder mehreren Geschäftsanteilen [§ 5 II GmbHG]. Die Summe der Nennbeträge aller Geschäftsanteile muss mit der Höhe des Stammkapitals übereinstimmen [§ 5 III GmbHG].

Geschäftsanteile können jederzeit – ohne dass eine Genehmigung der übrigen Gesellschafter eingeholt werden muss – veräußert werden.

Der Wert der Geschäftsanteile kann steigen oder fallen, je nachdem wie erfolgreich die Geschäftstätigkeit der GmbH verläuft.

Beispiel:

Florian Habel, Konstantin Schopel und Lasse Landmann wollen eine GmbH gründen. In dem Gesellschaftsvertrag setzen sie das Stammkapital auf 25 000,00 EUR fest. Florian Habel, der auch zum Geschäftsführer der GmbH bestimmt wird, übernimmt einen Geschäftsanteil mit einem Nennbetrag in Höhe von 15 000,00 EUR (Geschäftsanteil Nr. 1). Die beiden anderen Gesellschafter übernehmen jeweils einen Geschäftsanteil mit einem Nennbetrag in Höhe von 5 000,00 EUR (Geschäftsanteile Nr. 2 und 3).

Stammkapital

Dies ist der in der Satzung festgelegte Gesamtbetrag aller Geschäftsanteile. Das Stammkapital muss mindestens 25 000,00 EUR betragen [§ 5 I GmbHG].

(2) Geschäftsführung

Geschäftsführer

Die Geschäftsführer leiten die GmbH **(Geschäftsführungsrecht).** Sie werden von der Gesellschafterversammlung gewählt oder durch den Gesellschaftsvertrag (Satzung) bestimmt. Die Zeitdauer der Bestellung ist nicht bestimmt.

Der Geschäftsführer ist der gesetzliche Vertreter der GmbH. Er vertritt die GmbH nach außen und hat damit die **Vertretungsbefugnis.** Sind mehrere Geschäftsführer bestellt, besteht **Gesamtvertretungsbefugnis,** sofern der Gesellschaftsvertrag nichts anderes vorsieht [§ 35 II GmbHG]. Eine Beschränkung der Vertretungsmacht ist Dritten gegenüber unwirksam [§ 37 GmbHG].

Gesellschafterversammlung

Die Geschäftsführer leiten die Gesellschaft **nicht** in eigener Verantwortung; sie müssen vielmehr im Rahmen der Satzung und des Gesetzes die **Weisungen der Gesellschafter** unmittelbar befolgen. Aus diesem Grund ist die Gesellschafterversammlung das **oberste Organ** der GmbH. In ihm nehmen die Gesellschafter ihre Rechte wahr [§§ 45, 46 GmbHG]. Beschlussfassungen erfolgen grundsätzlich mit der Mehrheit der abgegebenen Stimmen. Dabei gewährt **jeder Euro** eines Geschäftsanteils **eine Stimme.** Notariell zu beurkundende Satzungsänderungen bedürfen einer Mehrheit von drei Vierteln der abgegebenen Stimmen [§§ 47 I, II; 53 GmbHG].

Aufsichtsrat

Grundsätzlich benötigen Gesellschaften mit bis zu 500 Arbeitnehmern keinen Aufsichtsrat, es sei denn, die Satzung schreibt die Bestellung eines Aufsichtsrats vor [§ 52 I GmbHG]. Beschäftigt die GmbH **mehr als 500 Arbeitnehmer,** so **muss ein Aufsichtsrat gewählt werden** [§ 1 I Nr. 3 DrittelbG]. Durch die verschiedenen Gesetze zur Stärkung der Mitbestimmungsrechte der Arbeitnehmer und Gewerkschaften gelten bezüglich der **Wahl, Zusammensetzung** und **Zahl der Aufsichtsräte** unterschiedliche Vorschriften:

Größe der GmbH	Geltendes Gesetz	Vorschriften über den Aufsichtsrat (AR)
GmbH mit i. d. R. mehr als 500 bis zu 2 000 Arbeitnehmer	Drittelbeteiligungsgesetz von 2004 [DrittelbG]	Der AR besteht aus mindestens 3 Personen oder aus einer höheren, durch drei teilbaren Mitgliederzahl. Die Gesellschafterversammlung wählt $^2/_3$, die Belegschaft $^1/_3$ der AR-Mitglieder **(„Drittel-Parität")**.
GmbH mit in der Regel mehr als 2 000 Arbeitnehmer	Mitbestimmungsgesetz von 1976 [MitbestG 1976]	Der AR hat 12 bis 20 Mitglieder. Die Hälfte wird von der Gesellschafterversammlung gewählt. Ein AR-Mitglied wird von den leitenden Angestellten, die übrigen von der restlichen Belegschaft gewählt **(„gleichgewichtige Mitbestimmung")**.

Die **Aufgaben** des **Aufsichtsrats** sind vor allem:

- **Überwachung der Geschäftsführung,** Einsicht und Prüfung der Geschäftsbücher und Schriften sowie der Vermögensgegenstände,
- **Einberufung einer außerordentlichen Gesellschafterversammlung,** wenn es das Wohl der Gesellschaft erfordert (z. B. bei Eintritt hoher Verluste),
- **Prüfung des Jahresabschlusses.** Der Aufsichtsrat hat die Gesellschafterversammlung über das Ergebnis der Prüfung schriftlich zu unterrichten.

(3) Kontrolle der Geschäftsführung

Der Geschäftsführer hat einem Gesellschafter auf dessen Wunsch unverzüglich Auskunft über die Angelegenheit der Gesellschaft zu geben **(Auskunfts- und Einsichtsrecht).** Die Einsicht in die Bücher und Schriften ist dem Gesellschafter gestattet [§ 51 a GmbHG]. Besteht ein Aufsichtsrat, so erfolgt eine Überwachung der Geschäftsführung auch noch durch den Aufsichtsrat.

(4) Gewinnverwendung und Verlustbeteiligung

Gewinnverwendung	Jeder Gesellschafter hat einen Anspruch auf den sich nach der jährlichen Bilanz ergebenden Reingewinn. Die Verwendung des Gewinns erfolgt gesetzlich nach dem Verhältnis der Geschäftsanteile. Im Gesellschaftsvertrag kann eine andere Gewinnverteilung vereinbart sein [§ 29 GmbHG].
Verlustbeteiligung	Sie richtet sich an der Regelung im Gesellschaftsvertrag aus.

5.3 Vertretung und Haftung

(1) Vertretung

Die Vertretung der GmbH obliegt dem Geschäftsführer. Der Geschäftsführer hat eine **Gesamtvertretungsbefugnis** [§ 35 II GmbHG] (z. B. mit einem weiteren Geschäftsführer, einem Prokuristen oder einem Gesellschafter).

(2) Haftung

Die **Gesellschafter** der GmbH **haften nicht** für die Verbindlichkeiten der Gesellschaft. Als juristische Person des Handelsrechts (Kapitalgesellschaft) haftet lediglich die GmbH selbst [§ 13 I, II GmbHG]. Das einzige Risiko, das der GmbH-Gesellschafter eingeht, ist, dass er den Wert seines Geschäftsanteils teilweise oder ganz verliert. Das Letztere ist der Fall, wenn die GmbH wegen Überschuldung oder Zahlungsunfähigkeit aufgelöst wird, also kein Eigenkapital mehr übrig bleibt. Die GmbH-Gesellschafter übernehmen daher nur eine **Risikohaftung,** die mit der beschränkten und mittelbaren Haftung eines Aktionärs (siehe S. 141) vergleichbar ist.

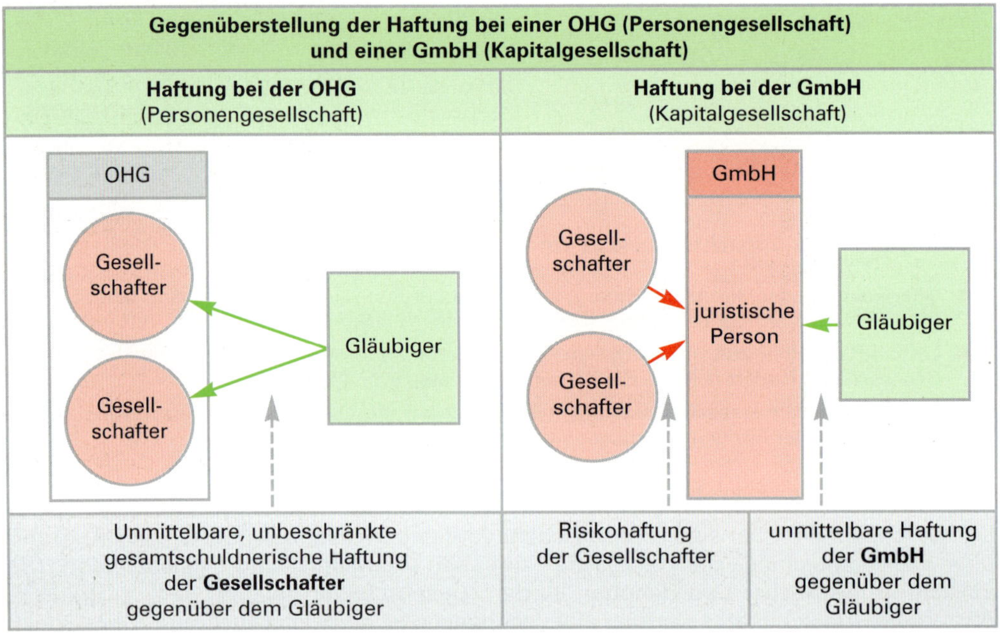

5.4 Unternehmergesellschaft als Sonderform der GmbH

Höhe des Kapitals	Die **Unternehmergesellschaft** (UG, „Mini-GmbH")[1] kann mit **einem geringeren Stammkapital** als dem Mindeststammkapital von 25 000,00 EUR gegründet werden [§ 5a I GmbHG]. Das Stammkapital kann somit zwischen 1 EUR und 24 999,00 EUR liegen. **Sacheinlagen sind ausgeschlossen** [§ 5a II GmbHG].
Firma	Die **Unternehmergesellschaft** muss in der Firma den Rechtsformzusatz **„Unternehmergesellschaft (haftungsbeschränkt)"** oder **„UG (haftungsbeschränkt)"** führen.
Anmeldung zum Handelsregister	Die Anmeldung einer Unternehmergesellschaft zur Handelsregistereintragung kann erst erfolgen, wenn das **Stammkapital in voller Höhe eingezahlt** ist.
Gewinnausschüttung	Die Unternehmergesellschaft darf ihre **Gewinne** – sofern sie welche erzielt – **zu höchstens $^3/_4$** an die Gesellschafter **ausschütten.** Sie muss **ein Viertel** des um einen Verlustvortrag aus dem Vorjahr geminderten Jahresüberschusses **ansparen, bis sie das Mindestkapital** von 25 000,00 EUR erreicht hat. Der angesparte Betrag ist in eine gesetzliche Rücklage einzustellen.

1 Die Unternehmergesellschaft ist **keine eigene Rechtsform,** sondern lediglich eine besondere Variante der GmbH.

	Die Rücklage darf nur verwandt werden zur **Erhöhung des Stammkapitals,** zum **Ausgleich eines Jahresfehlbetrags,** soweit er nicht durch einen Gewinnvortrag aus dem Vorjahr gedeckt ist, oder zum **Ausgleich eines Verlustvortrags aus dem Vorjahr,** soweit er nicht durch einen Jahresüberschuss gedeckt ist [§ 5a, III GmbHG].
Umwandlung in eine GmbH	Wenn das Mindestkapital von 25000,00 EUR erreicht ist, kann die Unternehmergesellschaft in eine „gewöhnliche" GmbH umgewandelt werden. Die UG ist als „Einbahnstraße" konzipiert. Das bedeutet, dass die UG nur im Rahmen einer **Erstgründung** errichtet werden kann und daher insbesondere eine Zurückführung der GmbH in eine UG nicht möglich ist.

5.5 Auflösung und Bedeutung der GmbH

(1) Auflösung der GmbH

Neben der **zwangsweisen Auflösung durch das Gericht** wegen **Zahlungsunfähigkeit** oder **Überschuldung** kann die GmbH nach **Ablauf der im Gesellschaftsvertrag bestimmten Zeit,** durch **Beschluss der Gesellschafter** (grundsätzlich mit einer Mehrheit von drei Viertel der abgegebenen Stimmen) oder auch durch **gerichtliches Urteil** aufgelöst werden.

(2) Bedeutung der GmbH

Die Gesellschaft mit beschränkter Haftung ist vor allem bei Familienunternehmen und bei Unternehmen mittlerer Größe anzutreffen, weil für die

- Gründung ein sehr niedriges Anfangskapital (Eigenkapital) vorgeschrieben ist,
- die Haftung der Gesellschafter begrenzt ist,
- ein enges Verhältnis zwischen Gesellschaftern und Geschäftsführern besteht (die Gesellschafter häufig selbst Geschäftsführer sind) und
- die Gründung verhältnismäßig unkompliziert und kostengünstig ist.

Häufig gründen Großunternehmen Gesellschaften mit beschränkter Haftung, die Teilfunktionen übernehmen (z.B. Forschung und Entwicklung, Erschließung neuer Rohstoffquellen, Wahrnehmung des Vertriebs). Daneben eignet sich die Rechtsform der GmbH auch zur Ausgliederung bestimmter kommunaler Aufgaben (z.B. können kommunale Wasserwerke, Versorgungsunternehmen, Krankenhäuser, Müllverbrennungsanlagen in Rechtsform der GmbH betrieben werden).

6 GmbH & Co. KG

6.1 Begriff, Firma und Gründung einer GmbH & Co. KG

(1) Begriff

Bei der **GmbH & Co. KG** handelt es sich um eine **Kommanditgesellschaft** (KG), an der eine **GmbH** als einzige persönlich haftende Gesellschafterin **(Komplementär)** beteiligt ist

Kommanditisten können die **Gesellschafter der GmbH** (echte, typische GmbH & Co. KG) **oder andere Personen** (unechte, atypische GmbH & Co. KG) sein.

9 Speth - ISBN 978-3-8120-0584-5

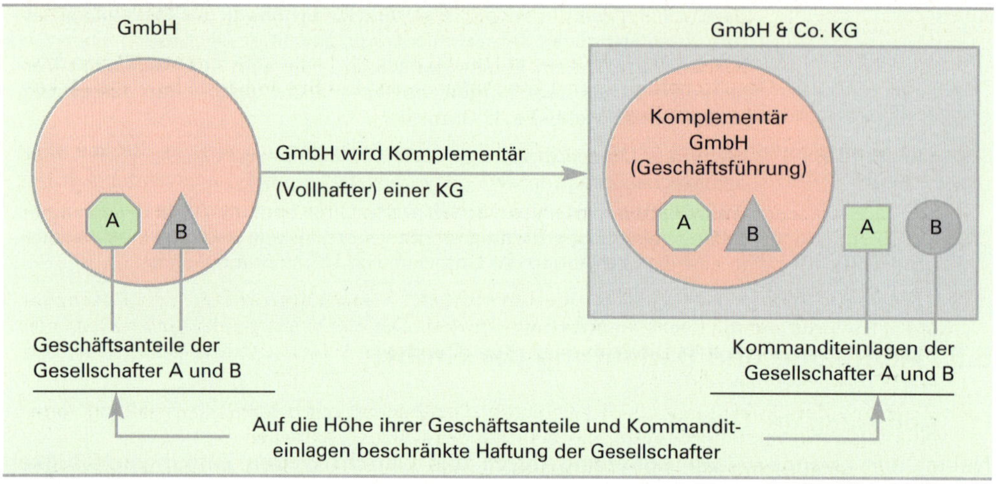

(2) Firma

Die **Firma** einer GmbH & Co. KG muss die Bezeichnung „Kommanditgesellschaft" oder eine allgemein verständliche Abkürzung dieser Bezeichnung enthalten [§ 19 I, Nr. 3 HGB].

Beispiele:

Exportgesellschaft Wild m.b.H. & Co. KG; Impex GmbH KG; Isnyer Saatgut GmbH KG; Friedrich Metzger GmbH & Co. KG

(3) Gründung

Für die Gründung einer GmbH & Co. KG ist es erforderlich, zwei Firmen zu gründen, und zwar eine KG und eine GmbH. Zum Gründungsablauf dieser Rechtsformen siehe S. 117 und S. 123f.

6.2 Merkmale der GmbH & Co. KG

Da es sich bei der GmbH & Co. KG um eine KG handelt, an der eine GmbH als Komplementärin beteiligt ist, und beide Rechtsformen bereits behandelt sind, beschränken wir uns im Folgenden auf einige Besonderheiten.

Erleichterung der Kapitalbeschaffung	Die GmbH & Co. KG kann durch die Aufnahme weiterer Kommanditisten ihr Kapital erweitern, wobei die neuen Gesellschafter nur einen geringen Einfluss auf das Unternehmen gewinnen.
Geschäftsführung und Vertretung	Die GmbH & Co. KG wird durch die GmbH (Komplementär) vertreten, die auch die Geschäftsführungsbefugnis besitzt [§§ 125, 161 II, 170 HGB]. Für die GmbH handeln die Geschäftsführer, die bei der typischen GmbH & Co. KG mit den Kommanditisten identisch sind. Im Übrigen sind die Rechtsgrundlagen die gleichen wie bei der KG.
Haftungsbeschränkung	Die GmbH als Komplementär haftet zwar unbeschränkt mit ihrem Vermögen, die Gesellschafter der GmbH allerdings nur mit ihren Geschäftsanteilen.
Nachfolgeregelung	Anstelle einer natürlichen Person tritt die GmbH als Vollhafter ein. Damit ist die Unternehmensfortführung gesichert, denn die GmbH ist „unsterblich". Dies ist insbesondere für Familienunternehmen wichtig.

Zusammenfassung

- Die **GmbH** ist durch folgende **Merkmale** charakterisiert: (1) juristische Person; (2) Handelsgesellschaft; (3) Gesellschafter sind mit Geschäftsanteilen am Stammkapital beteiligt; (4) keine persönliche Haftung der Gesellschafter.
- Das **Stammkapital** beträgt mindestens 25000,00 EUR. Es ergibt sich aus der **Summe aller Geschäftsanteile.**
- Die **haftungsbeschränkte Unternehmergesellschaft** – eine Unterform der GmbH – kann auch mit einem geringeren Stammkapital als das Mindeststammkapital von 25000,00 EUR gegründet werden.
- Jeder Gesellschafter übernimmt eine bestimmte Zahl an **Geschäftsanteilen.** Jeder Geschäftsanteil ist wiederum mit einem **Nennbetrag** versehen. Der Nennbetrag jedes Geschäftsanteils muss auf volle EUR lauten. Die Summe der Nennbeträge aller Geschäftsanteile muss mit dem Stammkapital übereinstimmen.
- Die **Firma der GmbH** muss die Bezeichnung „Gesellschaft mit beschränkter Haftung" oder eine allgemein verständliche Abkürzung dieser Bezeichnung enthalten.

  Die **haftungsbeschränkte Unternehmergesellschaft** muss in der Firma den Rechtsformzusatz „Unternehmergesellschaft (haftungsbeschränkt)" oder „UG (haftungsbeschränkt)" führen.
- Zur **Gründung der GmbH** sind erforderlich: (1) eine Person oder mehrere Personen; (2) notariell beurkundete Satzung; (3) Mindesteinzahlung 12500,00 EUR bzw. $^1/_4$ aller Geschäftsanteile; (4) Eintragung ins Handelsregister.
- Erst durch die Eintragung entsteht die GmbH als juristische Person mit Kaufmannseigenschaft **(konstitutive Wirkung der Eintragung).**
- **Bestellung, Rechtsstellung und Aufgabe der Organe der GmbH**
-

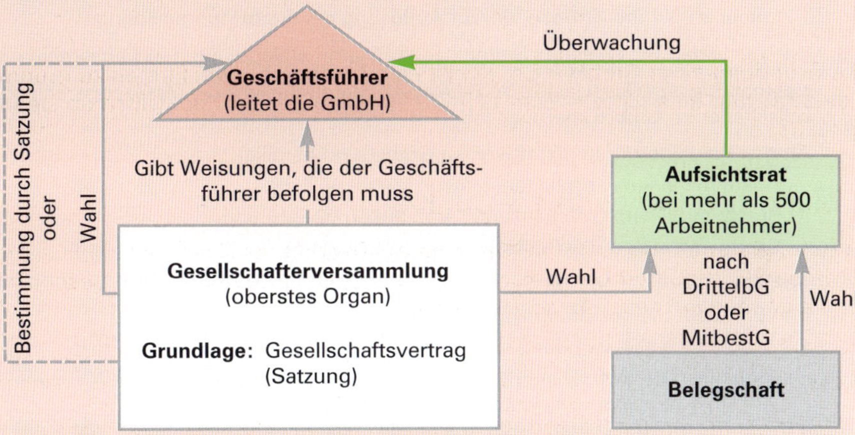

- Als juristische Person des Handelsrechts **haftet die GmbH** in Höhe des Stammkapitals selbst. Die Gesellschafter der GmbH haften nur indirekt, d.h., sie riskieren den Wert ihres Geschäftsanteils teilweise oder ganz zu verlieren **(Risikohaftung).**
- Die **Vertretung** der GmbH nach außen erfolgt durch den (die) Geschäftsführer. Soweit die Satzung nichts anderes bestimmt, besteht für eine aus mehreren Personen bestehende Geschäftsführung **Gesamtvertretungsmacht. Einzelvertretungsmacht** muss, um rechtswirksam zu sein, im **Handelsregister eingetragen** werden.
- **Die Geschäftsführung** erfolgt durch die Geschäftsführer, die Gesellschafter der GmbH und/oder auch andere unbeschränkt geschäftsfähige natürliche Personen.

- In Gesellschaften mit mehr als 500 Arbeitnehmern ist ein **Aufsichtsrat (AR)** zwingend vorgeschrieben.
- Die **Zusammensetzung des AR** richtet sich nach der **Anzahl der beschäftigten Arbeitnehmer.**
- Die **Auflösung der GmbH** erfolgt im Rahmen eines Insolvenzverfahrens, durch Beschluss der Gesellschafterversammlung oder aufgrund einer Satzungsbestimmung.
- Die **Merkmale der GmbH & Co. KG** sind: (1) Es handelt sich um eine KG; (2) Vollhafter (Komplementär) ist eine GmbH.

Übungsaufgaben

25 1. Die Heinz Kern OHG betreibt eine Großhandlung für Medizintechnik. Sie soll in eine GmbH umgewandelt werden. Gleichzeitig soll der bisherige Verkaufsleiter Fritz Dick als Gesellschafter in die neue GmbH aufgenommen werden.

Aufgaben:

1.1 Ermitteln Sie, wodurch sich die Personengesellschaft von der Kapitalgesellschaft unterscheidet!

1.2 Nennen Sie zwei Gründe, die für die Wahl der Gesellschaftsform GmbH sprechen!

1.3 Beschreiben Sie, welche finanziellen Voraussetzungen für die Anmeldung zur Eintragung der GmbH in das Handelsregister gegeben sein müssen!

1.4 Bilden Sie zwei Beispiele, wie die Firma der neuen GmbH lauten könnte!

1.5 Erklären Sie, wie die Haftungsverhältnisse bei der GmbH und der OHG geregelt sind!

1.6 Erklären Sie, wie sich die Vertretung der GmbH von der der OHG unterscheidet!

1.7 Nennen Sie drei Gründe, die zur Auflösung der GmbH führen können!

2. Unterscheiden Sie zwischen Stammkapital, Stammeinlage und Geschäftsanteil!

3. Nehmen Sie den Gesetzestext zu Hilfe und erklären Sie, wie die Mindesteinzahlung der Gesellschafter im GmbHG geregelt ist!

4. An den Heidelberger Impfstoffwerken GmbH sind beteiligt:
   - Adam mit einem Geschäftsanteil von 25000,00 EUR,
   - Brecht mit einem Geschäftsanteil von 30000,00 EUR und
   - Czerny mit einem Geschäftsanteil von 45000,00 EUR.

Aufgaben:

4.1 Ermitteln Sie das Stammkapital!

4.2 Berechnen Sie, wie der Gewinn in Höhe von 90000,00 EUR zu verteilen ist, wenn die Gewinnverteilung nach dem GmbHG erfolgt! Nennen Sie den Betrag, den jeder Gesellschafter erhält!

4.3 Czerny möchte seinen Geschäftsanteil verkaufen. Entscheiden Sie, ob er das rechtlich kann und gegebenenfalls wie!

26 Die Albrecht Bühner KG stellt Nahrungsergänzungsmittel her. An der KG sind beteiligt Albrecht Bühner als Komplementär und Sigrid Bühner als Kommanditistin. Da auf dem Markt ein starker Wettbewerb herrscht, müssen erhebliche Investitionen vorgenommen werden. Albrecht Bühner entschließt sich daher, die KG in eine GmbH umzuwandeln und zwei neue Gesellschafter aufzunehmen. Es sind dies Ingo Bach und Franz Werder.

Albrecht Bühner legt folgenden Vorschlag für einen Gesellschaftsvertrag vor (Auszug):

Auszug aus dem Gesellschaftsvertrag

§ 1 Firma: Albrecht Bühner GmbH

§ 2 Sitz der Gesellschaft: Nürtingen

§ 3 Geschäftsbeginn: 10. August 20..

§ 4 Die Geschäftsanteile betragen:

- Geschäftsanteil Nr.1, Albrecht Bühner Nennwert: 30000,00 EUR
- Geschäftsanteil Nr.2, Sigrid Bühner Nennwert: 20000,00 EUR
- Geschäftsanteil Nr.3, Ingo Bach Nennwert: 15000,00 EUR
  Einzahlung: 50 % bis zum 30. September 20..
  50 % bis zum 31. Dezember 20..
- Geschäftsanteil Nr.4, Franz Werder Nennwert: 40000,00 EUR

Das Stammkapital der Gesellschaft beträgt 105000,00 EUR.

§ 5 Gegenstand des Unternehmens ist die Produktion und der Vertrieb von Nahrungsergänzungsmitteln.

§ 6 Zu Geschäftsführern der GmbH werden bestellt:

- Albrecht Bühner, zuständig für Beschaffung und Produktion
- Sigrid Bühner, zuständig für Marketing und Vertrieb

Die Geschäftsführer besitzen Einzelvertretungsmacht.

Ingo Bach und Franz Werder sind von der Geschäftsführung ausgeschlossen.

Die notarielle Beurkundung des Gesellschaftsvertrags erfolgt am 30. Juli 20.., die Handelsregistereintragung am 30. August 20...

Aufgaben:

1. Erklären Sie, welche gesetzlichen Gesellschaftsrechte Albrecht Bühner und welche Sigrid Bühner hat, solange das Unternehmen als Kommanditgesellschaft betrieben wird!
2. Bechreiben Sie den Hauptvorteil, der sich für die Gesellschafter insgesamt aus der Umwandlung in eine GmbH ergibt!
3. Erläutern Sie, was die GmbH unternehmen kann, wenn Ingo Bach den noch zu leistenden Restbetrag auf seinen Geschäftsanteil nicht vertragsgemäß zahlt!
4. Sigrid Bühner, zuständig für Marketing und Vertrieb, kauft ohne Wissen von Albrecht Bühner Rohstoffe im Wert von 56000,00 EUR ein. Albrecht Bühner verweigert die Zahlung mit der Begründung, der Kaufvertrag sei ohne sein Wissen abgeschlossen worden.

   Beurteilen Sie die Rechtslage!
5. Geben Sie in Stichworten an, welcher Punkt im Gesellschaftsvertrag der GmbH außer den in den §§ 1 – 6 genannten vertraglich noch geregelt werden sollten!
6. Ingo Bach und Franz Werder sind mit der Geschäftsführung von Sigrid Bühner nicht zufrieden und verlangen ihre Ablösung als Geschäftsführerin.

   Außerdem sind Bach und Werder der Meinung, die Kleber GmbH, ein starkes Konkurrenzunternehmen auf dem Nahrungsergänzungsmittelmarkt, zu übernehmen. Hierzu verlangen Sie eine Erhöhung des Stammkapitals um 200000,00 EUR.

   Überprüfen Sie, welche Erfolgsaussichten Bach und Werder bezüglich der beiden Vorhaben bei den gegebenen Beteiligungsverhältnissen haben!
7. Die Albrecht Bühner GmbH beschäftigt Ende 20.. 480 Mitarbeiter. Im folgenden Jahr soll die Belegschaft um 180 Mitarbeiter aufgestockt werden.

   7.1 Erläutern Sie, ob für diesen Fall ein Aufsichtsrat zwingend zu bilden ist und wie er sich gegebenenfalls zusammensetzt!

   7.2 Sigrid Bühner schlägt die Umwandlung der GmbH in eine GmbH & Co. KG, unter Beibehaltung der bisherigen Gesellschafter, vor.
   Erläutern Sie die Rechtsform dieser GmbH & Co. KG!

7 Aktiengesellschaft (AG)

7.1 Begriff, Firma und Gründung der Aktiengesellschaft

(1) Begriff

Merke:

- Die **Aktiengesellschaft** ist eine **Handelsgesellschaft mit eigener Rechtspersönlichkeit (juristische Person),** deren Gesellschafter (Aktionäre) **mit Einlagen an dem in Aktien** zerlegten **Grundkapital** beteiligt sind, **ohne persönlich für die Verbindlichkeiten** der Gesellschaft zu **haften.**
- Die Aktiengesellschaft ist eine **Kapitalgesellschaft.**

Die Aktiengesellschaft ist ab ihrer Eintragung in das Handelsregister **rechtsfähig** [§ 6 HGB; § 41 I AktG]. Sie selbst ist es, die Rechtsgeschäfte abschließt, klagen oder verklagt werden kann. Die Aktiengesellschaft ist Gläubiger oder Schuldner, nicht etwa ihre Geldgeber, die Aktionäre. Die Aktionäre statten die AG lediglich mit Eigenkapital aus, indem sie sich mit **Einlagen (Aktien)** am Grundkapital der AG beteiligen. Die Beteiligung an einer Aktiengesellschaft wird von einem Großteil der Aktionäre als eine (zeitweilige) Kapitalanlage angesehen, mit der Aussicht, einen Anteil am Gewinn der Aktiengesellschaft zu erhalten bzw. einen Kursgewinn zu erzielen.

Die Aktiengesellschaft ist die geeignete Unternehmungsform zur Sammlung und zum risikoabhängigen wirtschaftlichen Einsatz einer Vielzahl kleinerer Kapitalien. Gleichzeitig kann das eingesetzte Kapital, durch den Verkauf der Aktie, schnell wieder in Geldmittel umgewandelt werden.

(2) Firma

Die Firma der AG muss die Bezeichnung Aktiengesellschaft oder eine allgemein verständliche Abkürzung dieser Bezeichnung (z. B. AG) enthalten [§ 4 AktG].

Beispiel:

Heidenheimer Büromöbel AG; Ulmer Spiegelglas Aktiengesellschaft; Volkswagenwerk Aktiengesellschaft; Mitter & Töchter AG; Spielwarenfabrik Spiwa AG.

(3) Gründung

■ Feststellung der Satzung

Die Gründung der AG beginnt mit der Feststellung der Satzung. Sie ist das Grundgesetz der zu gründenden AG. Die Satzung ist von einem **Notar zu beurkunden.**

■ Übernahme der Aktien durch die Gründer

Das Grundkapital kann in Form von Geldmitteln, Sachen oder Rechten eingezahlt werden.

- Bei einer **Bargründung** erfolgt die Übernahme der Aktien gegen Geldeinzahlungen. Gesetzlich ist ein Mindestnennbetrag des Grundkapitals (Summe der auf den **Nennbetragsaktien** aufgedruckten Nennwerte) von 50000,00 EUR vorgeschrieben [§ 7 AktG].
- Bei einer **Sachgründung** bringen die Aktionäre statt der Geldeinlagen **Sacheinlagen** (z. B. Einbringung von Patenten und/oder Grundstücken) ein oder die AG tätigt **Sachübernahmen** (z. B. Übernahme von Gebäuden oder Maschinen). Sacheinlagen bzw. Sachübernahmen müssen in der Satzung festgehalten werden [§ 27 AktG].

Der übernommene Anteil am Grundkapital wird in Aktien verbrieft. Der Mindestnennwert einer **Nennbetragsaktie** beträgt 1,00 EUR. Höhere Nennbeträge müssen auf volle Euro lauten [§ 8 II AktG]. Der auf eine **Stückaktie**[1] (Aktie ohne Nennbetrag; nennwertlose Aktie) entfallende anteilige Betrag des Grundkapitals darf 1,00 EUR nicht unterschreiten.

Mit der Übernahme aller Aktien durch die Gründer ist die **Aktiengesellschaft errichtet.**

■ Wahl von Aufsichtsrat, Vorstand, Erstellen und Prüfung des Gründungsberichts

- Die Gründer bestellen den ersten **Aufsichtsrat** sowie den **Abschlussprüfer** für das erste Geschäftsjahr.
- Der Aufsichtsrat bestellt den ersten **Vorstand.**
- Die Gründer erstellen einen Bericht über den Hergang der Gründung **(Gründungsbericht).** Der Gründungsbericht ist durch den Vorstand und den Aufsichtsrat sowie durch einen außenstehenden Gründungsprüfer zu prüfen **(Gründungsprüfung).**

■ Eintragung in das Handelsregister

Nachdem die Gründer den Vorstand, den Aufsichtsrat sowie den Abschlussprüfer gewählt und einen Gründungsbericht (mit Prüfungsvermerk) erstellt haben, wird die Gesellschaft ins **Handelsregister eingetragen.** Mit der Eintragung ist die Aktiengesellschaft (juristische Person, Kaufmann) entstanden (**konstitutive Wirkung** der Eintragung) [§ 41 I AktG].

7.2 Eigenkapitalaufbringung: Aktie als Beteiligungs- und Finanzierungsinstrument bei Aktiengesellschaften

7.2.1 Begriff und Wert der Aktien

(1) Begriff Aktie

Die Aktie verbrieft eine Beteiligung am Eigenkapital (ein Anteilsrecht) und ein Mitgliedschaftsrecht an einer Aktiengesellschaft, denn der Aktionär ist nominell (mit dem Nenwert) mit einem bestimmten Anteil am Grundkapital und real am gesamten Eigenkapital beteiligt.

---

1 Der Nennwert ist der auf einem Wertpapier genannte, aufgedruckte Betrag. Die Begriffe Nennbetragsaktie und Stückaktie werden auf der S. 138 behandelt.

Merke:

Aktien sind **vertretbare Kapitalwertpapiere (Effekten),** die ein Anteilsrecht (Mitgliedschaftsrecht) an einer Aktiengesellschaft verbriefen **(Teilhaberpapiere).**

Erläuterungen:

- **Wertpapiere** sind Urkunden, die ein privates Recht in der Weise verbriefen, dass zur Ausübung dieses Rechts die Innehabung der Urkunde erforderlich ist. Das Recht aus dem Papier folgt dem Recht am Papier.
- **Kapitalwertpapiere** sind Wertpapiere, die einen Ertrag abwerfen und langfristige Forderungen oder Beteiligungen verbriefen.
- **Effekten** sind vertretbare (fungible) Kapitalwertpapiere mit Ertragsanspruch.

(2) Wert der Aktien (Kurs)

Der Aktionär ist über das Grundkapital am Eigenkapital der Aktiengesellschaft beteiligt. Dies bedeutet, dass der Wert der Aktie die Rücklagen und den Gewinnvortrag mit einschließt. Der Preis (Kurs), der für die Aktie bezahlt wird, hängt von der Nachfrage nach Aktien und vom Angebot von Aktien ab. Angebot und Nachfrage werden bestimmt durch die Höhe des Eigenkapitals einer AG, die Gewinnerwartungen der Anbieter und Nachfrager, den Konjunkturverlauf, die politische Lage und durch die spekulativen Überlegungen der Aktienanbieter und -nachfrager.

- Die Aktien der meisten Aktiengesellschaften werden an der Wertpapierbörse gehandelt. Der **Marktpreis (Kurs)** für diese Aktien bildet sich an der Wertpapierbörse.[1] Die Notierung erfolgt in Euro, bezogen auf die kleinste Stückelung (Stückkurs).
- Der **Kurswert** ist der Preis, der für die gekauften Aktien bezahlt werden muss (Stückkurs · Anzahl der gekauften Aktien = Kurswert).

7.2.2 Aktienarten

(1) Arten der Aktien nach ihrer Übertragbarkeit

Inhaberaktien

Bei Inhaberaktien kann jeweils der Besitzer das in der Urkunde verbriefte Recht geltend machen. Der Eigentümer (Inhaber) der Aktien bleibt für die Aktiengesellschaft in der Regel unbekannt. Sie werden durch **Einigung und Übergabe** übertragen [§§ 929ff. BGB].

Namensaktien

Auf ihnen ist bei effektiven Stücken (mit Urkunde) der Name des Anteilseigners (Aktionärs) eingetragen. Bei nicht verbrieften Namensaktien (ohne Urkunde) werden z.B. die Namen der Aktionäre, der Wohnort und die Geburtsdaten der Aktionäre im Aktienregister der AG eingetragen [§ 67 I AktG].[2] Die Übertragung der Namensaktien erfolgt bei **effekti-**

1 Die Wertpapierbörse ist der Markt für vertretbare Kapitalwertpapiere (Effekten).

2 Effektive (gedruckte) Namensaktien als Stückaktien sind noch im Aktienbuch eingetragen.

von Stücken durch **Einigung, Übergabe und Indossament**[1] [§§ 929ff. BGB, § 68 I AktG]. Bei **Namensaktien ohne Urkunde** erfolgt die Übertragung durch **Löschung und Neueintragung im Aktienregister** [§ 67 III AktG]. Nicht voll eingezahlte Aktien (Mindesteinzahlung 25 % des Nennwerts) sind immer Namensaktien [§ 10 II AktG].

In Deutschland wurden bis vor Kurzem wegen der leichteren Abwicklung der Aktiengeschäfte überwiegend Inhaberaktien ausgegeben. Durch die fortgeschrittene Informationstechnologie ist die Durchführung von Käufen bzw. Verkäufen von Namensaktien ähnlich schnell und kostengünstig wie bei Inhaberaktien geworden. Da die notwendigen Umschreibungen im Aktienregister ausschließlich durch elektronische Datenverarbeitung erfolgen können, ist es möglich, Geschäfte mit Namensaktien wie bei Inhaberaktien innerhalb von zwei Börsentagen durchzuführen. Die zunehmende Bedeutung der Namensaktien in Deutschland ist auch darauf zurückzuführen, dass die Gesellschaften die Aktionäre gezielt ansprechen können und zudem die internationale Kapitalbeschaffung erleichtert wird. So können die Namensaktien z.B. problemlos sowohl an den Wertpapierbörsen in Deutschland als auch an den Wertpapierbörsen in den USA gehandelt und notiert werden. (In den USA ist dies nur bei Namensaktien möglich.) Auch die Abwicklung von Hauptversammlungen über das Internet wird möglich werden. Probleme ergeben sich beim Datenschutz, z.B. durch den Missbrauch von Aktionärsdaten beim Marketing oder bei der Werbung.[2]

■ Vinkulierte Namensaktien

Sie stellen Namensaktien dar, bei denen die Übertragung an die Zustimmung der AG gebunden ist [§ 68 II AktG].

(2) Arten der Aktien nach den verbrieften Rechten

■ Stammaktien

Sie sind die „gewöhnlichen", von einer AG zur Beschaffung von Grundkapital herausgegebenen Aktien. Diese Aktien gewähren dem Aktionär die nach dem Aktiengesetz oder der Satzung zustehenden Rechte.

■ Vorzugsaktien

Vorzugsaktien sind gegenüber Stammaktien mit bestimmten Vorzügen ausgestattet. Diese Vorzüge können im Ertrag (z.B. Vorzugsdividende), Bezugsrecht und/oder bei der Liquidation der Gesellschaft liegen. Von praktischer Bedeutung sind vor allem die Dividendenvorzugsaktien. Die Ausgabe von Mehrstimmrechtsaktien ist nach § 12 II AktG unzulässig. Zulässig ist aber die Ausgabe von stimmrechtslosen „Vorzugsaktien" [§ 12 I AktG]. Eine Aufhebung oder Beschränkung des Vorzugs bedarf zur Rechtswirksamkeit der Zustimmung der Vorzugsaktionäre [§ 141 I AktG].

Wichtigster **Nachteil** der Vorzugsaktie ist, dass der Inhaber **kein Stimmrecht in der Hauptversammlung** hat.

---

1 Das **Indossament** ist ein Übertragungsvermerk (vor allem eine Unterschrift) des Weitergebenden.

2 Jeder Aktionär kann deshalb von der Aktiengesellschaft Auskunft über die zu seiner Person in das Aktienregister eingetragenen Daten verlangen. Die Aktiengesellschaften dürfen die Registerdaten für ihre Aufgaben im Verhältnis zu ihren Aktionären verwenden. Sollen die persönlichen Daten zur Werbung für das Unternehmen verwendet werden, ist dies nur möglich, soweit die Aktionäre dem nicht widersprechen. Die Aktionäre sind über ihr Widerspruchsrecht in angemessener Weise zu informieren [§ 67 VI AktG].

(3) Arten der Aktien nach ihrem Ausgabezeitpunkt[1]

Alte Aktien	Hierunter versteht man die zum Zeitpunkt einer Grundkapitalerhöhung bereits vorhandenen Aktien. Sie gewähren ein Bezugsrecht auf „junge Aktien“.
Junge Aktien	Sie sind Aktien, die bei einer Grundkapitalerhöhung [§§ 182ff. AktG] den Aktionären zum Kauf angeboten werden. Die alten Aktionäre können ihr Bezugsrecht verkaufen, sodass auch Dritte die jungen Aktien erwerben können.

(4) Arten der Aktien nach der Angabe der Beteiligungshöhe

Nennbetragsaktien	Sie müssen auf mindestens einen Euro, höhere Aktiennennbeträge müssen auf volle Euro lauten [§ 8 II AktG]. Bei Nennbetragsaktien bestimmt sich der Anteil am Grundkapital nach dem Verhältnis ihres Nennbetrags zum Grundkapital [§ 8 IV AktG].
Stückaktien	Sie lauten auf keinen Nennbetrag **(nennwertlose Aktien).** Stückaktien sind am Grundkapital einer Aktiengesellschaft immer in gleichem Umfang beteiligt [§ 8 III, S. 1 und 2 AktG]. Hat z.B. eine Aktiengesellschaft ein Grundkapital (gezeichnetes Kapital) von 10 Mio. EUR und gibt sie 2 Mio. Stückaktien aus, so ist jede Stückaktie mit einem zweimillionstel Teil am Grundkapital der AG beteiligt. Der auf die einzelne Aktie entfallende anteilige Betrag des Grundkapitals darf einen Euro jedoch nicht unterschreiten [§ 8 III, S. 3 AktG]. Aktien dürfen nicht für einen geringeren Betrag als den Nennwert oder den auf die einzelne Stückaktie entfallenden anteiligen Betrag des Grundkapitals ausgegeben werden (geringster Ausgabebetrag, „fiktiver Nennwert“)[2] [§ 9 I AktG]. Eine Ausgabe mit einem höheren Betrag ist jedoch zulässig [§ 9 II AktG].

7.3 Geschäftsführung, Vertretung, Kontrolle der Geschäftsführung und Haftung[3]

Da die Aktiengesellschaft als juristische Person nicht wie ein Mensch handeln kann, braucht sie, um handlungsfähig zu sein, **Organe.** Diese Organe sind: der **Vorstand,** der **Aufsichtsrat** und die **Hauptversammlung.**

Organe der AG		
Vorstand (leitendes Organ)	**Aufsichtsrat** (überwachendes Organ)	**Hauptversammlung** (beschließendes Organ)

1 Siehe hierzu auch Lehrplaneinheit 3, Kapitel 3.2, S. 183ff.

2 Fiktiv: angenommen.

3 Auf die Gewinnverwendung und Verlustbeteiligung wird auf S. 172ff. eingegangen.

(1) Geschäftsführung und Vertretung durch den Vorstand

Wahl und Anzahl der Vorstandsmitglieder

Der Vorstand als leitendes Organ wird vom **Aufsichtsrat** auf höchstens 5 Jahre **bestellt** [§ 84 I AktG]. Er kann aus einer Person oder aus mehreren Personen (den Vorstandsmitgliedern, Direktoren) bestehen, die natürliche und unbeschränkt geschäftsfähige Personen sein müssen [§ 76 III AktG]. Bei Gesellschaften mit einem Grundkapital von mehr als 3 Mio. EUR muss er, soweit die Satzung nicht ausdrücklich anderes bestimmt, aus mindestens zwei Personen bestehen [§ 76 II AktG].

Aufgaben des Vorstands

Die Aufgaben des Vorstands sind vor allem:

Geschäftsführung und Vertretung	**Geschäftsführung** nach **innen** und **Vertretung** der AG nach **außen,** z. B. Abschluss von Verträgen, Ernennung von Bevollmächtigten, Verkehr mit Behörden. Der Vorstand hat die AG in eigener Verantwortung zu leiten [§ 76 II AktG]. Nach dem Gesetz besteht, sofern der Vorstand mehrere Mitglieder hat, **Gesamtgeschäftsführungsbefugnis** und **Gesamtvertretungsmacht** [§§ 77, 78 AktG]. Abweichende Bestimmungen müssen in der Satzung niedergelegt sein. Einzelvertretungsmacht muss aber, um wirksam zu sein, im Handelsregister eingetragen werden [§ 81 AktG].
Unterrichtung des Aufsichtsrats	Der Vorstand hat den Aufsichtsrat über die Geschäftslage der AG [§ 90 AktG] regelmäßig zu unterrichten.
Erstellung des Jahresabschlusses	Der Jahresabschluss besteht aus der **Bilanz** mit der **Gewinn- und Verlustrechnung** [§ 242 HGB] und dem **Anhang.** Daneben hat der Vorstand mittlerer und großer Aktiengesellschaften einen **Lagebericht** aufzustellen [§ 264 HGB].
Einberufung der ordentlichen Hauptversammlung	Mindestens einmal jährlich [§ 121 AktG] sowie einer außerordentlichen Hauptversammlung bei hohen Verlusten, Überschuldung oder Zahlungsunfähigkeit [§ 92 AktG].

Einhaltung des Wettbewerbsverbots durch die Vorstandsmitglieder [§ 88 AktG]

Die Vorstandmitglieder dürfen ohne Einwilligung des Aufsichtsrats weder ein Handelsgewerbe betreiben noch im Geschäftszweig der Gesellschaft für eigene oder fremde Rechnung Geschäfte machen. Verstößt ein Vorstandsmitglied gegen dieses Verbot, so kann die Gesellschaft z. B. Schadensersatz fordern).

(2) Kontrolle der Geschäftsführung durch den Aufsichtsrat

Wahl, Zusammensetzung und Anzahl der Aufsichtsratsmitglieder

Der Aufsichtsrat besteht – sofern dem nicht andere Gesetze entgegenstehen – aus **mindestens drei Mitgliedern.** Die Satzung kann bestimmte höhere Mitgliederzahlen festsetzen, die jedoch stets durch drei teilbar sein müssen. Die Höchstzahl der Aufsichtsratsmitglieder beträgt bei Gesellschaften mit einem Grundkapital von mehr als 10 Mio. EUR einundzwanzig [§ 95 AktG].

Durch die verschiedenen Gesetze zur Stärkung der **Mitbestimmungsrechte** der Arbeitnehmer und Gewerkschaften gelten bezüglich der **Wahl, Zusammensetzung** und **Zahl der Aufsichtsräte** unterschiedliche Vorschriften, wie die folgende Übersicht zeigt.

Art der AG	Geltendes Gesetz	Vorschriften über den AR
Kleine Aktiengesellschaften (500 bis 2 000 Arbeitnehmer) [§ 1 DrittelbG]	**DrittelbG 2004** (gilt für kleine Aktiengesellschaften und Montangesellschaften mit i. d. R. nicht mehr als 1000 Arbeitnehmern)	Der AR besteht aus mindestens 3 Personen oder aus einer höheren durch drei teilbaren Mitgliederzahl. Die HV wählt $^2/_3$, die Arbeitnehmer oder deren Delegierte wählen $^1/_3$ der AR-Mitglieder **(„Drittel-Parität")**. Höchstzahl 21 Mitglieder.
Große Aktiengesellschaften (i. d. R. mehr als 2000 Arbeitnehmer) [§ 1 MitbestG]	**MitbestG 1976** (gilt für große Aktiengesellschaften, die nicht Montangesellschaften sind)	Der AR hat 12 bis 20 Mitglieder. Die Hälfte wird grundsätzlich von der HV gewählt (Vertreter der Aktionäre). Die übrigen AR-Mitglieder der Arbeitnehmer (von denen ein Mitglied Vertreter der leitenden Angestellten sein muss) werden von den Delegierten der Arbeitnehmer oder direkt von den wahlberechtigten Arbeitnehmern gewählt **(„gleichgewichtige Mitbestimmung")**.

Die Aufsichtsratsmitglieder werden von der **Hauptversammlung** sowie von der Belegschaft (den Arbeitnehmern) **für 4 Jahre gewählt**. Nur natürliche und unbeschränkt geschäftsfähige Personen können Aufsichtsratsmitglieder werden [§ 100 I AktG].

Aufgaben des Aufsichtsrats

Die Aufgaben des Aufsichtsrats sind vor allem:

- **Bestellung des Vorstands,** Abberufung des Vorstands, wenn wichtige Gründe (z. B. Pflichtverletzungen) vorliegen, Überwachung des Vorstands, Einsicht und Prüfung der Geschäftsbücher [§§ 84, 111 AktG].
- **Prüfung des Jahresabschlusses,** des Lageberichts und des Vorschlags für die Verwendung des Bilanzgewinns [§ 171 I AktG].
- **Einberufung einer außerordentlichen Hauptversammlung,** wenn es das Wohl der Gesellschaft erfordert (z. B. bei Eintritt hoher Verluste, § 111 III AktG).

(3) Hauptversammlung als Beschlussorgan der Aktionäre

Die Hauptversammlung als **beschließendes Organ** der Aktiengesellschaft ist die **Versammlung der Gesellschafter (Aktionäre).** In der Hauptversammlung nehmen die Aktionäre ihre Rechte durch **Ausübung des Stimmrechts** wahr [§ 118 I AktG].

Jedem Aktionär ist auf Verlangen in der Hauptversammlung vom Vorstand Auskunft über Angelegenheiten der Gesellschaft zu geben, soweit sie zur sachgemäßen Beurteilung des Gegenstands der Tagesordnung erforderlich ist [§ 131 I, S. 1 AktG]. Allerdings darf die Auskunft verweigert werden, wenn dadurch der Gesellschaft oder einem verbundenen Unternehmen ein nicht unerheblicher Nachteil zugefügt würde (zu Einzelheiten vgl. § 131 III AktG). Im Zweifelsfall entscheidet das Gericht über die Berechtigung einer Auskunftsverweigerung.

Wichtige **Aufgaben der Hauptversammlung** sind z. B.:

Wahl der AR-Mitglieder, der Anteilseigner und Abberufung der AR-Mitglieder	**Beschließt über Grundfragen der AG** (z. B. Satzungsänderung, Kapitalerhöhung und -herabsetzung, Verschmelzung, Auflösung)	**Entlastung der Vorstands- und AR-Mitglieder** (Entlastung: nachträgliche Billigung der Tätigkeit des Vorstands und des AR)	**Beschluss über die Verwendung des Bilanzgewinns**

Die **ordentliche Hauptversammlung** muss jährlich in den **ersten 8 Monaten des Geschäftsjahres** zur Entgegennahme des Jahresabschlusses und des Lageberichts sowie zur Beschlussfassung über die Verwendung des Bilanzgewinnes stattfinden.

(4) Haftung

Wer Aktien bei einer Gründung übernimmt oder über die Wertpapierbörse kauft, haftet nicht für die Verbindlichkeiten der Gesellschaft. Als juristische Person haftet lediglich die Aktiengesellschaft selbst [§ 1 I AktG]. Das einzige Risiko, das der Aktionär eingeht, ist, dass er einen Kursverlust erleidet oder dass er im Extremfall den Wert der gesamten Aktien verliert. Das Letztere ist der Fall, wenn die Aktiengesellschaft z. B. wegen Überschuldung aufgelöst wird, also kein Eigenkapital mehr übrig bleibt. Man sagt daher, dass die Aktionäre lediglich eine **Risikohaftung** übernehmen.

7.4 Rechte der Aktionäre

Dividendenrecht [§§ 58 IV, 60 I AktG]	Die Aktionäre haben – im Verhältnis zu ihrem Anteil am Grundkapital – Anspruch auf den Bilanzgewinn. Der Gewinnanteil je Aktie wird Dividende genannt. Das Anrecht auf Dividende wird in der Regel in einem Eurobetrag je Aktie ausgedrückt. Beträgt z. B. die Dividende 0,20 EUR je 1-EUR-Aktie, so schüttet die AG bei einem Grundkapital von 30 Mio. EUR 6 Mio. EUR Gewinn aus.
Bezugsrecht [§§ 186 I, III AktG]	Der Aktionär hat das Recht, dass ihm bei einer Kapitalerhöhung, gemäß seinem Anteil am bisherigen Grundkapital, junge Aktien angeboten werden. Allerdings kann das Bezugsrecht durch Beschluss der Hauptversammlung ganz oder teilweise ausgeschlossen werden.
Anteil am Liquidationserlös [§ 271 AktG]	Wird eine Aktiengesellschaft aufgelöst, so wird das Vermögen nach Abzug der Verbindlichkeiten anteilmäßig unter den Aktionären verteilt.

Recht auf Teilnahme an der Hauptversammlung [§§ 118, 175 AktG]	Jedem Aktionär steht das Recht zu, an der Hauptversammlung teilzunehmen und dort seine Aktionärsrechte wahrzunehmen.
Stimmrecht in der Hauptversammlung [§§ 133ff. AktG]	▪ In der Hauptversammlung entscheiden die Aktionäre über die vom Gesetz bzw. in der Satzung festgelegten Fälle. ▪ Das Stimmrecht der Aktionäre richtet sich an dem Aktiennennwert oder der Anzahl der Stückaktien aus, die sich im Eigentum des Aktionärs befinden [§ 134 I AktG].[1] Zur Ausübung des Stimmrechts muss der Aktionär nicht persönlich an der Hauptversammlung teilnehmen. Das Stimmrecht kann auch durch eine schriftlich beauftragte Person oder Institution (z.B. eine Bank) ausgeübt werden. ▪ Jeder Beschluss der Hauptversammlung muss bei börsennotierten Aktiengesellschaften notariell beurkundet werden.

7.5 Auflösung und Bedeutung der Aktiengesellschaft

(1) Auflösung der Aktiengesellschaft

Neben der zwangsweisen Auflösung im Rahmen eines **Insolvenzverfahrens** wegen **Zahlungsunfähigkeit** und/oder **Überschuldung** kann die AG auch durch **Beschluss der Hauptversammlung** mit einer Mehrheit von mindestens drei Viertel des bei der Beschlussfassung vertretenen Grundkapitals aufgelöst werden. Die Satzung kann weitere Auflösungsgründe bestimmen.

(2) Bedeutung der Aktiengesellschaft

Ermöglicht die Bildung von Großunternehmen	▪ Durch die Aufteilung des Grundkapitals in viele kleine Kapitalanteile sind die Aktiengesellschaften in der Lage, große Kapitalbeträge anzusammeln und zu investieren. ▪ Die starke Marktstellung der großen Kapitalgesellschaften ermöglicht diesen, hohe soziale Leistungen für ihre Belegschaftsmitglieder zu erbringen (z.B. übertarifliche Löhne, zusätzliche Altersversorgung, Ferienheime usw.). ▪ Die großen Unternehmen sind aufgrund ihrer Kapitalkraft in der Lage, kostspielige Forschungsvorhaben zu finanzieren und durchzuführen (z.B. Auffinden neuer Rohstoffquellen, Entwicklung neuer Technologien). Sie sind daher wesentliche Träger der weiteren Produktivitätsentwicklung.

1 Ein Aktionär mit einem „Aktienpaket" zum Nennwert von 10000,00 EUR hat also das fünffache Gewicht gegenüber einem Aktionär, dem nur Aktien im Nennwert von 2000,00 EUR gehören. Da für die Beschlüsse der Hauptversammlung grundsätzlich die einfache Mehrheit der abgegebenen Stimmen genügt [§ 133 AktG], kann ein Großaktionär mit theoretisch 50 %igem Aktienbesitz über den von ihm mitbestimmten Aufsichtsrat erheblichen Einfluss auf die Aktiengesellschaft gewinnen. Lediglich bei Satzungsänderungen ist eine Mehrheit von mindestens 75 % des bei der Beschlussfassung vertretenen Grundkapitals erforderlich **(qualifizierte Mehrheit)** [§§ 179, 182ff. AktG]. Besitzt ein Aktionär also nur wenig mehr als 25 %, so kann er solche Beschlüsse verhindern **(Sperrminorität)**.

Praktisch genügt eine geringere Mehrheit, weil bei der Hauptversammlung in aller Regel nicht alle Aktionäre erscheinen oder ihr Stimmrecht an andere (z.B. an ihre Bank) abtreten

Kompetente Unternehmensführung	■ Die Führung der Aktiengesellschaft kann besonders geeigneten und tüchtigen Fachkräften übertragen werden. Durch die Verteilung der Verantwortung auf mehrere Personen wird die Notwendigkeit einer guten Unternehmensführung besser sichergestellt. ■ Die Trennung von Eigenkapital und Management (Geschäftsleitung) birgt die Gefahr in sich, dass einzelne Personen ohne jeden Anteil am Eigenkapital des verwalteten und vertretenen Unternehmens ihre unbestreitbar große wirtschaftliche und politische Macht missbrauchen. Es ist daher kein Zufall, dass die Mitbestimmung gerade bei den Aktiengesellschaften am weitesten vorangetrieben wurde.
Beeinflusst die Gesamtwirtschaft	■ Ein Vorteil der Aktiengesellschaft ist die beschränkte, mittelbare Haftung der Aktionäre. Damit kann auch ein wirtschafts- und sozialpolitisches Ziel der sozialen Marktwirtschaft, nämlich eine größere Unternehmensbeteiligung der Arbeitnehmer, verfolgt werden. ■ Die Gefahr für eine marktwirtschaftlich orientierte Wirtschaftsordnung besteht allerdings darin, dass die Möglichkeit, jederzeit Aktien anderer Unternehmen aufkaufen zu können, die Konzentration (z. B. die Machtzusammenballung durch Konzernbildung) erleichtert. ■ Durch hintereinandergeschaltete Beteiligungen kann so mit verhältnismäßig geringem Kapital eine Gruppe von Manager-Unternehmern (denen kein „Cent" an den beherrschten Unternehmen „gehören" muss) eine Vielzahl von Unternehmen beherrschen.

Zusammenfassung

- Die **AG** ist vor allem durch folgende **Merkmale** charakterisiert: (1) juristische Person; (2) Handelsgesellschaft; (3) Aktionäre sind mit Einlagen am Grundkapital beteiligt; (4) keine persönliche Haftung der Aktionäre.
- Die **Firma** der AG muss die Bezeichnung „Aktiengesellschaft" oder eine allgemein verständliche Abkürzung dieser Bezeichnung enthalten.
- Das **gezeichnete Kapital (Grundkapital)** ist in **Nennbetragsaktien** oder **Stückaktien** (nennwertlose Aktien) zerlegt. Diese Aktien verbriefen z. B. ein **Anteilsrecht am Eigenkapital der AG** und **Mitgliedschaftsrechte** (z. B. Stimmrecht in der Hauptversammlung).
- Zur **Gründung** der AG sind erforderlich: (1) ein oder mehrere Gründer; (2) Satzung; (3) Mindestnennbetrag des Grundkapitals 50 000,00 EUR; (4) Übernahme der Aktien durch die Gründer; (5) Eintragung ins Handelsregister.
- **Aktien** sind **Teilhaberpapiere.** Sie verbriefen ein nominelles Anteilsrecht am Grundkapital und ein reales Anteilsrecht am Eigenkapital der Aktiengesellschaft. Aktien gewähren dem Inhaber – neben der Beteiligung am Reinvermögen der Gesellschaft – einen Anspruch auf Beteiligung am Gewinn (Dividende), ein Bezugsrecht, ein Stimmrecht und das Recht auf einen Anteil am Liquidationserlös.

- Der **Preis (Kurs)**, der für die Aktie tatsächlich bezahlt wird, hängt von Angebot und Nachfrage ab. Das Eigenkapital ist ein möglicher Maßstab, an dem sich der Kurs einer Aktie ausrichten kann. Hinzutreten können: politische Überlegungen, spekulative Erwägungen, Konjunkturverlauf, Ertragswert oder erwartete Geschäftsabschlüsse.
- Aktien können z. B. nach der **Übertragbarkeit** (in Inhaber- und Namensaktien), den **verbrieften Rechten** (in Stamm- und Vorzugsaktien), dem **Ausgabezeitpunkt** (in junge und alte Aktien) und nach Angabe der **Beteiligungshöhe** (in Nennbetragsaktien und Stückaktien) unterschieden werden.
- Die **Bestellung, Rechtsstellung und Aufgaben der Organe der Aktiengesellschaft** lassen sich aus nachstehender Abbildung entnehmen:

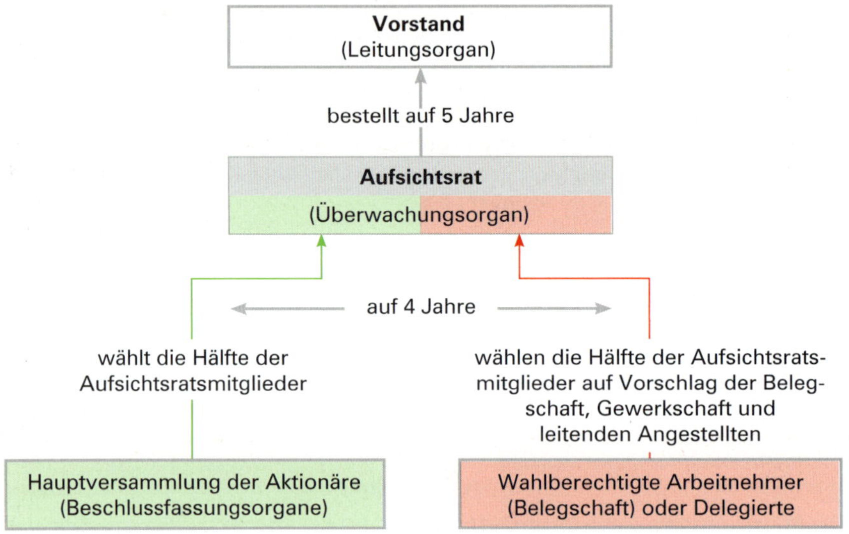

Wahl des Aufsichtsrats nach dem Gesetz über die Mitbestimmung der Arbeitnehmer
(MitbestG: Mitbestimmungsgesetz) vom 4. Mai 1976

- Die **Pflichten des Aktionärs** sind: (1) Leistung der übernommenen Kapitaleinlage; (2) Übernahme der Risikohaftung.
- Die **Rechte des Aktionärs** umfassen: (1) Teilnahme an der HV; (2) Auskunftsrecht; (3) Recht auf Anfechtung eines HV-Beschlusses; (4) Gewinnbeteiligung; (5) Bezugsrecht auf junge Aktien; (6) Anspruch auf Liquidationserlös; (7) Entgegennahme des Jahresabschlusses, Lageberichts, Berichts des Aufsichtsrats und Beschluss über die Verwendung des Bilanzgewinns; (8) Entlastung des Vorstands und des Aufsichtsrats.

Übungsaufgaben

27 1. Die Franz Schneider OHG liefert seit Langem Tuche an die Kleiderfabrik Schorndorf AG, deren Vorstand Herr Dipl.-Kfm. Moder ist. In letzter Zeit erfolgen die Zahlungen der Schorndorf AG nur schleppend, die Bezahlung einiger Rechnungen steht trotz mehrmaliger Mahnungen aus. Die Franz Schneider OHG will daher Herrn Moder auf Zahlung verklagen.

Nehmen Sie im Zusammenhang mit diesem Fall zu folgenden Fragen Stellung:

Aufgaben:

1.1 Begründen Sie, ob die Franz Schneider OHG den Vorstand auf Zahlung verklagen kann!

1.2 Begründen Sie, ob es sinnvoller wäre, die Aktionäre zu verklagen!

1.3 Falls Vorstand und/oder Aktionäre nicht haften: Erläutern Sie, wer haftet!

2. In der Hauptversammlung der Steinbach AG ist die Mehrheit der Anwesenden der Meinung, dass der Vorstand den Umsatzrückgang des vergangenen Jahres durch leichtsinnige Geschäftsführung verschuldet habe. Man verlangt die Absetzung des Vorstands.

Aufgaben:

2.1 Nennen Sie den Personenkreis, der in der Hauptversammlung vertreten ist!

2.2 Überprüfen Sie, ob die Hauptversammlung den Vorstand absetzen kann!

2.3 Erläutern Sie, ob die Hauptversammlung überhaupt einen Einfluss darauf hat, wer Vorstand einer AG wird!

3. Erklären Sie, auf welche Gründe es zurückzuführen ist, dass die meisten großen Unternehmen die Rechtsform der Aktiengesellschaft (AG) aufweisen!

4. Aktiengesellschaften können sich durch Ausgabe von Aktien Finanzmittel beschaffen.

Aufgaben:

4.1 Erklären Sie die Begriffe Nennwert und Kurs!

4.2 Nennen Sie fünf Rechte, die eine Aktie verbrieft. Belegen Sie Ihre Aussage jeweils mit der Angabe der Gesetzesquelle!

4.3 Erkären Sie, warum eine Aktie mit einem Nennwert von 5,00 EUR auf 98,00 EUR steigen kann!

4.4 Erläutern Sie die Vor- und Nachteile der Namensaktien!

4.5 Beschreiben Sie, welche Hauptaufgabe die Aktie hat!

28 Peter Kaiser, alleiniger Inhaber (Gesellschafter) einer Maschinenfabrik, hat ein neues patentiertes Verfahren zur Wiederaufbereitung (Recycling) von Kunststoffen entwickelt und möchte zur Auswertung seiner Erfindung eine Aktiengesellschaft gründen.

Aufgaben:

1. Nennen Sie zwei wichtige wirtschaftliche Entscheidungen, die bei der Gründung dieser AG außer der Wahl der Rechtsform getroffen werden müssen!

2. Nennen Sie die Anzahl der Personen, die zur Gründung einer Aktiengesellschaft erforderlich sind und geben Sie an, wie viel EUR das Grundkapital mindestens betragen muss, das die Gesellschafter aufzubringen haben!

3. Bei der Gründerversammlung wird auch über eine Bargründung und/oder Sachgründung sowie über die Firma der zu gründenden AG gesprochen.

   3.1 Erklären Sie kurz die beiden Gründungsarten!

   3.2 Unterbreiten Sie einen Vorschlag zur Firmenbezeichnung!

4. Nachdem die Gründervoraussetzungen erfüllt sind, wird die Satzung am 28. Juli 20.. unterschrieben und die Aktiengesellschaft am 14. August 20.. beim Handelsregister angemeldet. Am 8. Oktober 20.. erfolgt die Handelsregistereintragung.

   4.1 Beschreiben Sie, in welcher Form der Gesellschaftsvertrag abgeschlossen werden muss und warum!

   4.2 Nennen Sie zwei Stellen, bei denen die neu gegründete AG angemeldet werden muss und begründen Sie kurz diese Anmeldepflicht!

   4.3 Nennen Sie die Aufgabe, die das Handelsregister hat und wo es geführt wird! Erläutern Sie, welche Rechtswirkung die erfolgte Handelsregistereintragung für die AG hat!

10 Speth - ISBN 978-3-8120-0584-5

4.4 Nennen Sie zwei eintragungspflichtige Tatsachen der AG!

4.5 Nennen Sie den Tag, an welchem die AG als juristische Person entstanden ist!

4.6 Erläutern Sie, warum eine AG sogenannte Organe haben muss! Nennen Sie die Organe und jeweils zwei ihrer Aufgaben!

4.7 Nennen Sie zwei Gründe, die zur Auflösung der AG führen können!

5. Nennen und beurteilen Sie einige Vor- und Nachteile großer Aktiengesellschaften

5.1 aus der Sicht der Kapitalgeber,

5.2 aus der Sicht der in diesen Unternehmen Beschäftigten und

5.3 aus der Sicht der Verbraucher!

6. Vergleichen Sie in gegenüberstellender Weise die OHG und die AG hinsichtlich folgender Probleme:

6.1 Vorschriften zur Aufstellung des Gesellschaftsvertrags im Hinblick auf Inhalt und Form,

6.2 Entstehung der beiden Gesellschaften,

6.3 Eigentum am Vermögen nach Entstehen der Gesellschaften,

6.4 Gründung einer Aktiengesellschaft und einer offenen Handelsgesellschaft,

6.5 Haftung der Gründer vor dem Entstehen einer AG und einer OHG,

6.6 unter welchen Voraussetzungen nach den gesetzlichen Bestimmungen bei der OHG und der AG nachträglich Gesellschaftsvertrags- bzw. Satzungsänderungen durchgeführt werden können,

6.7 Geschäftsführungs- und Vertretungsrecht.

7. Arbeiten Sie mit Hilfe Ihrer Gesetzessammlung fünf wesentliche Unterschiede zwischen der AG und der GmbH heraus!

29 Die Baumwollfärberei Max Maier e. Kfm., ein Unternehmen mittlerer Größe, benötigt für die aus Konkurrenzgründen erforderlich gewordene Erweiterung und Rationalisierung ihres Betriebs zusätzliche Finanzierungsmittel. Die Beleihungsgrenzen der Hausbank würden eine etwa 40 %ige Finanzierung der Neuinvestitionen mit Fremdkapital gestatten. Da Maier aber das für die Restfinanzierung notwendige Eigenkapital nicht besitzt, sieht er sich gezwungen, in Zukunft mit Gesellschaftern zusammenzuarbeiten. Er gründet mit den Herren Merger und Baum die Heidelberger Textilveredelungs-GmbH, in die er selbst seinen bisherigen Betrieb einbringt, während sich Merger und Baum mit Bareinlagen beteiligen.

Aufgaben:

1. Beschreiben Sie zwei Vorteile, die die GmbH gegenüber dem Einzelunternehmen und den Personengesellschaften besitzt!

2. Die Rechtsform der GmbH erschien den drei Gesellschaftern günstiger als die der Aktiengesellschaft. Erläutern Sie drei Gründe, die sie zu ihrer Wahl veranlasst haben könnten!

   Vergleichen Sie hierbei auch die Gründungsvoraussetzungen bei der GmbH und AG!

3. Schlagen Sie Herrn Maier eine Regelung des Geschäftsführungsrechts und der Vertretungsmacht vor!

4. Erläutern Sie, wodurch sich die Rechte der Gesellschafterversammlung einer GmbH von den Rechten der Hauptversammlung einer Aktiengesellschaft unterscheiden!

5. Erläutern Sie die Haftung des Einzelunternehmers sowie der Gesellschafter einer OHG und GmbH!

6. Unterscheiden Sie die Gewinnverteilung der OHG von der der GmbH! Nennen Sie zwei weitere Merkmale, durch die sich eine Personengesellschaft von einer Kapitalgesellschaft unterscheidet!
7. Erklären Sie, warum viele „mittelgroße" Industrieunternehmen die Rechtsform der GmbH haben! Nennen Sie drei Gründe!

30 Karl Schwarzbauer aus Neustadt hatte vor 20 Jahren eine Idee: Er nahm den Großunternehmen der pharmazeutischen und kosmetischen Industrie die teure Aufgabe ab, Pröbchen zu verpacken und zu versenden. Sechs Jahre später holte er von namhaften Herstellern immer mehr Aufträge herein, sodass er neue Verpackungsmaschinen kaufte und von Jahr zu Jahr mehr Mitarbeiter einstellen konnte. Zurzeit beschäftigt Karl Schwarzbauer 620 Arbeitskräfte. Die Zukunftsaussichten sind so gut, dass Karl Schwarzbauer eine Aktiengesellschaft gründet, um die Eigenkapitalbasis des Unternehmens zu erweitern.

Aufgaben:

1. Das Grundkapital der neu zu gründenden Aktiengesellschaft soll 10 Mio. EUR betragen. Die Aktien sollen auf den gesetzlichen Mindestnennwert lauten und zum Ausgabekurs von 1,70 EUR emittiert (ausgegeben) werden. Die Hälfte der Aktien will Karl Schwarzbauer übernehmen, indem er sein Unternehmen in die AG einbringt.
   1.1 Nennen Sie zwei Vorteile, die Herr Schwarzbauer durch die Gründung einer AG hat!
   1.2 Die neue AG soll „Verpackungs-Logistik AG" heißen. Prüfen Sie, ob diese Firma den Erfordernissen des Aktiengesetzes entspricht!
   1.3 Erklären Sie, warum Herr Schwarzbauer ausgerechnet 50 % der Aktien übernehmen will!
   1.4 Erklären Sie, welche rechtlichen Erfordernisse Herr Schwarzbauer erfüllen muss, bevor die neue Aktiengesellschaft ins Handelsregister eingetragen wird!
   1.5 In der von Herrn Schwarzbauer und seinem Rechtsanwalt Herrn Dr. Winterhalder verfassten Satzung wird festgelegt, dass die AG von einem Vorstand geleitet und vertreten werden soll. Beurteilen Sie, ob diese Regelung rechtlich möglich ist!
2. Die Aktiengesellschaft wird zum 1. April 20.. in das Handelsregister eingetragen. Sie wird damit Kaufmann kraft Rechtsform. Erläutern Sie, was hierunter zu verstehen ist!
3. Sämtliche Aktien wurden termingerecht untergebracht (verkauft). Zur ersten Hauptversammlung erscheinen 36 Aktionäre, die 80 % des Grundkapitals vertreten.
   3.1 Ermitteln Sie, wie viel Stimmen Herr Schwarzbauer hat und wie viel Stimmen die in der Hauptversammlung erschienenen Aktionäre haben!
   3.2 Nennen Sie fünf wichtige Aufgaben der Hauptversammlung!
4. Der Aufsichtsrat der Verpackungs-Logistik AG wird nach dem DrittelbG gewählt. Die Satzung sieht für den Aufsichtsrat keine höhere Mitgliederzahl als das Aktiengesetz vor. Zum Aufsichtsratsvorsitzenden wird Herr Schwarzbauer gewählt.
   4.1 Nennen Sie die Anzahl der Aufsichtsratsmitglieder, die zu wählen sind!
   4.2 Nennen Sie, wer den Aufsichtsrat wählt!
   4.3 Nennen und beschreiben Sie fünf wesentliche Aufgaben des Aufsichtsrats!
   4.4 Begründen Sie, warum der Aufsichtsrat kein Gehalt erhält, i.d.R. jedoch eine Tantieme!
5. Karl Schwarzbauer wird vom Aufsichtsrat zum Vorstand bestimmt. Erläutern Sie, welche Aufgaben Herrn Schwarzbauer dadurch übertragen werden! (Nennen Sie fünf Beispiele!)
6. Aufgrund eines Buchungsfehlers wird die Eingangsrechnung des langjährigen Lieferers Karl Baumann, Verpackungsmaschinen GmbH, in Freiburg nicht beglichen. Karl Baumann wendet sich daher an Karl Schwarzbauer persönlich und verlangt Zahlung. Beurteilen Sie die Rechtslage!

31 Die Peter Böhm KG soll als Folge des gestiegenen Kapitalbedarfs in eine Aktiengesellschaft umgewandelt werden. Die Komplementäre Peter Böhm und Rudolf Wetzel, die jeweils 5 Mio. EUR halten, sowie die Kommanditistin Anne Kraft, deren Einlage 2 Mio. EUR beträgt, sollen in Höhe der bisherigen Kapitalanteile Aktien zum Nennwert von je fünf Euro übernehmen. Zusätzlich sollen 20 Mio. EUR Grundkapital neu geschaffen und dem Publikum zur Zeichnung angeboten werden. Einzelheiten sind noch festzulegen.

Im Zusammenhang mit der Idee der Umwandlung der KG in eine AG diskutieren die bisherigen Gesellschafter u. a. folgende Fragen:

Aufgaben:

1. Nennen Sie drei Gründe, die für die geplante Umwandlung in die Rechtsform der AG sprechen!
2. Erläutern Sie den Unterschied zwischen einer KG und einer Aktiengesellschaft hinsichtlich
   - Firmierung,
   - Geschäftsführung, Vertretung und
   - Haftung!
3. Die Kommanditistin Anne Kraft hat Bedenken gegen die Umwandlung der KG in eine AG.

   Beurteilen Sie, ob sie die geplante Umwandlung verhindern kann!
4. Die geplante AG soll später 3000 Mitarbeiter beschäftigen.

   Nennen Sie die Anzahl der Mitglieder, die der Aufsichtsrat umfasst und ermitteln Sie, von wem die Aufsichtsratsmitglieder gewählt werden!
5. Ein Vorteil der AG besteht darin, dass das Aktienkapital seitens der Gesellschafter unkündbar ist.

   Erläutern Sie diese Aussage!
6. Erklären Sie, warum es für eine AG leichter ist als für Personengesellschaften und Gesellschaften mit beschränkter Haftung, größere Kapitalbeträge aufzubringen!
7. Erläutern Sie, wo und wie die Aktionäre Einfluss auf die Entscheidungen der AG nehmen können!
8. Begründen Sie, ob ein Lieferer von einem Aktionär, der 10000 Aktien zu je 5,00 EUR besitzt, den Rechnungsbetrag in Höhe von 2 000,00 EUR verlangen kann!

8 Rechtsformwahl und -umwandlung als Entscheidungsproblem

(1) Entscheidungskriterien bei der Rechtsformwahl

Die Wahl der Rechtsform für ein neu zu gründendes Unternehmen oder bei einer Rechtsformumwandlung hängt von vielen **rechtlichen** und **wirtschaftlichen Merkmalen** (Entscheidungskriterien) ab.

Auch **soziale** und **personelle Bedingungen** müssen unter Berücksichtigung der gesetzten betrieblichen Ziele als wichtige Kriterien bei der Wahl einer geeigneten betrieblichen Rechtsform beachtet werden.

Weil sich die innerbetrieblichen und außerbetrieblichen Bedingungen der Betriebe ständig ändern, muss auch immer wieder neu beurteilt und entschieden werden, ob die für das einzelne Unternehmen gewählte Rechtsform beizubehalten ist oder durch eine geeignetere Rechtsform ersetzt werden kann oder muss.

Beispiele:

Stirbt bei einer offenen Handelsgesellschaft (OHG) mit zwei Gesellschaftern eine Person, kann die OHG z.B. in ein Einzelunternehmen (wenn kein neuer Gesellschafter in die OHG eintreten will), in eine KG oder GmbH (wenn die Erben des gestorbenen OHG-Gesellschafters nur beschränkt und mittelbar haften wollen) umgewandelt werden.

Wenn die Gesellschafter einer GmbH zur Finanzierung hoher Anlageinvestitionen (z.B. zur Erweiterung der Produktionskapazität) das Eigenkapital des Unternehmens beträchtlich erhöhen wollen, dann bleibt oft nur die Möglichkeit, die GmbH in eine AG umzuwandeln, weil nur diese Rechtsform durch die Stückelung des Grundkapitals in kleine Anteile und deren Verkauf auf dem Kapitalmarkt (Wertpapierbörse) große Eigenkapitalbeträge durch Beteiligungsfinanzierung vieler Gesellschafter (Aktionäre) beschaffen kann.

Die folgende Tabelle gibt einen zusammenfassenden Überblick über wesentliche rechtliche und wirtschaftliche (finanzielle) Entscheidungskriterien mit den jeweils am besten geeigneten betrieblichen Rechtsformen.

Mögliche rechtliche und wirtschaftliche (finanzielle) Entscheidungsmerkmale	Geeignete betriebliche Rechtsformen
Mittelbare (keine persönliche) und beschränkte Haftung aller Gesellschafter oder mindestens eines Gesellschafters	Kapitalgesellschaften (juristische Personen) wie die Aktiengesellschaft (AG) und Gesellschaft mit beschränkter Haftung (GmbH) mit einer mittelbaren und grundsätzlich beschränkten Haftung aller Gesellschafter Kommanditgesellschaft (KG) mit der mittelbaren und beschränkten Haftung mindestens eines Gesellschafters (Kommanditisten)
Unabhängigkeit des Unternehmens vom Wechsel seiner Gesellschafter	Aktiengesellschaft (AG)
Verteilung der persönlichen Haftungsrisiken und persönlichen Arbeitslast (Geschäftsführungs- und Vertretungsbefugnisse) auf mehrere Gesellschafter (Personen)	Personengesellschaften (offene Handelsgesellschaft, Kommanditgesellschaft)

Mögliche rechtliche und wirtschaftliche (finanzielle) Entscheidungsmerkmale	Geeignete betriebliche Rechtsformen
Geschäftsführung und Vertretung durch Managerunternehmer (Gesellschafter wollen lediglich ihr Kapital in einem Unternehmen anlegen)	Aktiengesellschaft (AG) und Gesellschaft mit beschränkter Haftung (GmbH)
Geschäftsführungs- und Vertretungsrecht bzw. -pflicht der Gesellschafter (Geschäftsinhaber)	Einzelunternehmen, offene Handelsgesellschaft (OHG), Kommanditgesellschaft (KG) bezüglich des Vollhafters (Komplementärs) sowie Gesellschaft mit beschränkter Haftung (GmbH-Gesellschafter: Geschäftsführer)
Gewinne als Leistungsmotivation der Gesellschafter	Einzelunternehmen, Personengesellschaften (OHG, KG) und Gesellschaft mit beschränkter Haftung (GmbH)
Höhe des Eigenkapitalbedarfs	Aktiengesellschaft (AG) bei hohem Kapitalbedarf; Einzelunternehmen, Personengesellschaften (OHG, KG) sowie Gesellschaften mit beschränkter Haftung (GmbH) bei (relativ) niedrigem Kapitalbedarf
Möglichst unkomplizierte und Aufwendungen sparende Unternehmensgründung	vor allem Einzelunternehmen und Personengesellschaften (OHG, KG)
Mitwirkung und Mitbestimmung der Arbeitnehmervertreter durch den Betriebsrat (innerbetriebliche Mitbestimmung) und/oder durch den Vorstand und Aufsichtsrat	z. B. keine Mitwirkung/Mitbestimmung der Arbeitnehmer im Vorstand und Aufsichtsrat bei allen Personenunternehmen (weil diese Organe hier nicht vorhanden sind) sowie bei Tendenzbetrieben[1] in der Rechtsform der Aktiengesellschaft (AG)

(2) Zielkonflikte und Zielharmonie bei der Rechtsformwahl

Wie bei vielen anderen unternehmenspolitischen Entscheidungen, so gibt es auch bei der Rechtsformwahl **Zielkonflikte** und **Zielharmonie.**

Beispiele:

Wollen die Gründer (Gesellschafter) eines Unternehmens z. B. keine Geschäftsführungs- und Vertretungspflichten haben, lediglich mit ihrem Eigenkapitalanteil mittelbar und beschränkt haften und außerdem dem Unternehmen eine optimale Beteiligungsfinanzierung vieler Gesellschafter ermöglichen, dann führen alle genannten Entscheidungskriterien zur Rechtsformwahl der Aktiengesellschaft (AG) **(Zielharmonie).**

Wollen die Gesellschafter hingegen ein großes Unternehmen mit einer kapitalintensiven Massenfertigung gründen und zugleich ein persönliches Geschäftsführungs- und Vertretungsrecht haben, dann besteht ein **Zielkonflikt,** weil der große Kapitalbedarf die Gründung einer Aktiengesellschaft, die gewünschte Geschäftsführung und Vertretung hingegen grundsätzlich die Gründung einer Personengesellschaft erforderlich macht.

---

1 Sogenannte **Tendenzbetriebe** sind Betriebe (Unternehmen), die unmittelbar und überwiegend z. B. politischen, gewerkschaftlichen, konfessionellen, karitativen oder künstlerischen Zielsetzungen dienen (siehe § 1 IV MitbestG).

Die Wahl einer geeigneten Rechtsform eines Unternehmens kann somit immer nur unter Berücksichtigung aller wichtigen, sich gegenseitig ergänzenden, aber auch sich gegenseitig ausschließenden rechtlichen, wirtschaftlichen, sozialen und personellen betrieblichen Zielsetzungen und Bedingungen erfolgen.

Die **Höhe des Kapitalbedarfs,** die **gewünschten Haftungsverhältnisse** und die **Geschäftsführungs- und Vertretungsrechte** hängen z. B. von folgenden, sich gegenseitig beeinflussenden Bedingungen ab:

von der Unternehmensgröße,	z.B. kleinere, mittelgroße und größere Unternehmen;
von der Wirtschaftsbranche,	z.B. Einzelhandel, Großhandel oder Industrieunternehmen;
vom Verkaufs- oder Produktionsprogramm,	z.B. Massenfertigung und Serienfertigung von Elektrogeräten oder Einzelfertigung im Schiffs- und Turbinenbau;
von den Unternehmensrisiken und Gesellschafterrisiken,	z.B. Produktion und Verkauf genormter Büromaterialien oder Herstellung und Verkauf modischer Textilien.

Zusammenfassung

- Wichtige **Entscheidungsgründe** für die Wahl der **Unternehmensform (Rechtsform)** sind z. B.
  - der erforderliche **Kapitalbedarf** und die erforderliche Kreditwürdigkeit,
  - die gewünschten **Haftungsverhältnisse,**
  - die Möglichkeiten der Gesellschafter zur **Geschäftsführung** und **Vertretung,**
  - die **Zahl der erforderlichen Gesellschafter** sowie die
  - **Unternehmensrisiken** (Gesellschafterrisiken).
- Die Rechtsformwahl und Rechtsformumwandlung muss alle auf die Unternehmen einwirkenden **wirtschaftlichen, rechtlichen, sozialen** und **personellen Einflussfaktoren** berücksichtigen und immer wieder neu geprüft werden.

Übungsaufgabe

32 1. Entscheiden Sie bei den folgenden Problemlagen, welche Rechtsform am besten geeignet ist und begründen Sie Ihre Rechtsformwahl:

1.1 Herr Fritz Müller arbeitet als angestellter Bäckermeister in einer Brotfabrik. Sein großer Wunsch ist, selbst (allein) eine eigene Bäckerei zu haben und zu leiten. Aus einer unerwarteten Erbschaft stehen ihm 130 000,00 EUR zur freien Verfügung. Soweit Kredite erforderlich sind, ist Herr Müller bereit, mit seinem gesamten Privatvermögen unbeschränkt zu haften.

1.2 Weil die eigenen Finanzmittel nicht ausreichen und um sich nicht zu stark zu verschulden, sucht Herr Müller einen weiteren Gesellschafter, der sich an der Finanzierung der Bäckerei beteiligt.

1.2.1 Sein Schwager Thein ist bereit, sich mit 100 000,00 EUR zu beteiligen, hat jedoch kein Interesse an der Geschäftsführung und möchte außerdem nur bis zur Höhe seiner Einlage für die Verbindlichkeiten des zu gründenden Unternehmens haften.

1.2.2 Herr Kaiser ist ebenfalls bereit, sich mit 100000,00 EUR zu beteiligen, er möchte jedoch (wie Herr Müller) das Geschäftsführungs- und Vertretungsrecht haben.

1.3 Begründen Sie, welche Rechtsform Herr Müller und Herr Kaiser wählen werden, wenn sie eine kleinere Brotfabrik gründen und auch selbst allein leiten wollen, ohne jedoch den Gläubigern des Unternehmens gegenüber unbeschränkt haften zu müssen!

1.4 Erläutern Sie, aus welchen Gründen die Rechtsform der Aktiengesellschaft in den Fällen 1.1 und 1.2 nicht geeignet ist!

2. Herr Krause hat als selbstständiger Ingenieur eine Kunststoffrecyclinganlage entwickelt und patentieren lassen. Er möchte diese Anlage industriell fertigen und hierzu ein Industrieunternehmen gründen.

Der Industrievertreter Kern und der Bankkaufmann Schmidt sind bereit, sich mit jeweils 600 000,00 EUR an dem zu gründenden Unternehmen zu beteiligen. Herr Krause kann Geldmittel von 80000,00 EUR und ein baureifes Industriegrundstück im Wert von 1,2 Mio. EUR in das Unternehmen einbringen. Bei der Rechtsformwahl sind folgende Ziele und Problemlagen zu berücksichtigen:

- Der voraussichtliche Kapitalbedarf für die Finanzierung des erforderlichen Anlagevermögens liegt bei etwa 3,8 Mio. EUR.
- Alle Kapitalgeber (Gesellschafter) möchten das Geschäftsführungs- und Vertretungsrecht haben, jedoch nur beschränkt und mittelbar bis zur Höhe ihrer Geschäftsanteile haften.
- Die Rechtsform soll vom Wechsel der Gesellschafter unabhängig sein.
- Die Geschäftsanteile sollen möglichst leicht auf andere Gesellschafter übertragen werden können.
- Bei zusätzlichem hohem Eigenkapitalbedarf soll die Möglichkeit einer Eigenkapitalfinanzierung (Eigenkapitalbeteiligung) vieler Gesellschafter bestehen.

Aufgabe:

Begründen Sie, ob unter Beachtung der vorstehend genannten Bedingungen bei der Rechtsformwahl nur Zielharmonie besteht oder mögliche Zielkonflikte bestehen können und ob eine spätere Rechtsformumwandlung angebracht sein kann!

3. Die bisherigen Einzelunternehmer Fritz Lang und Kurt Lehmann planen gemeinsam die Gründung eines Gesellschaftsunternehmens zur Herstellung von Büromöbeln.

Aufgaben:

3.1 Nennen Sie zwei Gründe, warum Lang und Lehmann ihre Unternehmen zunächst als Einzelunternehmen betrieben haben!

3.2 Beide Gesellschafter möchten das Geschäftsführungs- und Vertretungsrecht haben. Ermitteln Sie, bei welchen Unternehmensformen ihnen dies gesetzlich möglich ist!

3.3 Fritz Lang ist bereit, auch persönlich und unbeschränkt zu haften, Kurt Lehmann möchte jedoch nur mit seiner Kapitaleinlage und nicht direkt haften.
Begründen Sie, welche Unternehmensform beide Gründer wählen werden!

3.4 Erklären Sie, welche Gründe Lang und Lehmann veranlasst haben könnten, einen weiteren Gesellschafter als Voll- oder Teilhafter aufzunehmen!

33 Franz Hirschfeld, gelernter Schlosser, und Annegret Grabisch, gelernte Bürokauffrau, wollen gemeinsam ihre Kenntnisse und Fertigkeiten selbstständig am Markt anbieten. Sie lassen bei der Notarin Elke Romländer das auf der nachfolgenden Seite abgebildete Musterprotokoll beurkunden.

Aufgaben:

1. Prüfen Sie, ob dieses Musterprotokoll den rechtlichen Anforderungen entspricht!

2. Begründen Sie, warum der Gesetzgeber eine notarielle Beurkundung eines Gesellschaftsvertrags bzw. eines Musterprotokolls bei der Gründung einer GmbH festgelegt hat!

Urk.-Nr. 0001

Heute, den *15. November 20..* erschienen vor mir, *Elke Romländer*, Notar/in mit dem Amtssitz in *Stuttgart*,

Herr/~~Frau~~[1]

Hirschfeldt, Franz, geb. am 20.03.1975 in Oldenburg, wohnhaft Gerberstraße 12, 70178 Stuttgart, PA-Nr. 10029990,[2]

~~Herr~~/Frau[1]

Grabisch, Annegret, geb. am 10.04.1980 in Esslingen, wohnhaft Eibenweg 8, 73732 Esslingen, PA-Nr. 26394029,[2]

Herr/Frau[1]

....

........................[2]

1. Die Erschienenen errichten hiermit nach § 2 Abs. 1a GmbHG eine Gesellschaft mit beschränkter Haftung unter der Firma *Hirschfeldt Reparaturdienstleistungen UG (haftungsbeschränkt)* mit Sitz in *Stuttgart*.
2. Gegenstand des Unternehmens ist *die Erbringung von Reparaturdiensten.*
3. Das Stammkapital der Gesellschaft beträgt *5000,00 EUR (i. W. Fünftausend Euro)* und wird wie folgt übernommen:

   Herr/~~Frau~~[1] *Hirschfeldt, Franz,* übernimmt einen Geschäftsanteil mit einem Nennbetrag in Höhe von *4000,00 EUR* (i.W. *Viertausend Euro*) (Geschäftsanteil Nr. 1),

   ~~Herr~~/Frau[1] *Grabisch, Annegret,* übernimmt einen Geschäftsanteil mit einem Nennbetrag in Höhe von *1000,00 EUR* (i.W. *Eintausend Euro*) (Geschäftsanteil Nr. 2).

   Die Einlagen sind in Geld zu erbringen, und zwar sofort in voller Höhe/~~zu 50 % sofort~~, im Übrigen sobald die Gesellschafterversammlung ihre Einforderung beschließt[3].
4. Zum Geschäftsführer der Gesellschaft wird Herr/~~Frau~~[4] *Hirschfeldt, Franz*, geboren am *20.03.1975,* wohnhaft in *Stuttgart, Gerberstraße 12,* bestellt. Der Geschäftsführer ist von den Beschränkungen des § 181 des Bürgerlichen Gesetzbuchs befreit.
5. Die Gesellschaft trägt die mit der Gründung verbundenen Kosten bis zu einem Gesamtbetrag von 300 EUR, höchstens jedoch bis zum Betrag ihres Stammkapitals. Darüber hinausgehende Kosten tragen die Gesellschafter im Verhältnis der Nennbeträge ihrer Geschäftsanteile.
6. Von dieser Urkunde erhält eine Ausfertigung jeder Gesellschafter, beglaubigte Ablichtungen die Gesellschaft und das Registergericht (in elektronischer Form) sowie eine einfache Abschrift das Finanzamt – Körperschaftsteuerstelle – .
7. Die Erschienenen wurden ~~vom Notar~~ / von der Notarin insbesondere auf Folgendes hingewiesen:

   ....

   ....

Hinweise:

1 Nichtzutreffendes streichen. Bei juristischen Personen ist die Anrede Herr/Frau wegzulassen.

2 Hier sind neben der Bezeichnung des Gesellschafters und den Angaben zur notariellen Identitätsfeststellung ggf. der Güterstand und die Zustimmung des Ehegatten sowie die Angaben zu einer etwaigen Vertretung zu vermerken.

3 Nichtzutreffendes streichen. Bei der Unternehmergesellschaft muss die zweite Alternative gestrichen werden.

4 Nichtzutreffendes streichen.

9 Unternehmenszusammenschlüsse durch Kapitalbeteiligung

9.1 Kooperation

9.1.1 Begriffe Kooperation und Konzentration

In einer Marktwirtschaft stehen die Unternehmen in einem mehr oder weniger harten Wettbewerb um die Käufer ihrer Leistungen (Sachgüter, Dienstleistungen). Um den Konkurrenzdruck zu mildern, arbeiten sie häufig mit anderen Unternehmen zusammen (sie kooperieren mit anderen Unternehmen), wobei sich die Zusammenarbeit (die Kooperation) auf den verschiedensten Gebieten vollziehen kann, beispielsweise im Einkauf (z.B. gemeinsame Beschaffung), in der Produktion (z.B. Schaffung gemeinsamer Normen) oder im Absatz (z.B. Gemeinschaftswerbung).

Merke:

- **Kooperation (Unternehmenskooperation)** ist jede Zusammenarbeit zwischen Unternehmen.
- Die verschiedenen Möglichkeiten der Kooperation bezeichnet man als **Unternehmenszusammenschlüsse.**
- Unternehmenszusammenschlüsse können zur Machtzusammenballung („Monopolisierung") führen. Man spricht in diesem Fall von **Konzentration.**[1]

9.1.2 Zweck (Ziele) der Kooperation

Oberziel von Unternehmenszusammenschlüssen ist die **Sicherung der Lebensfähigkeit** (Existenz) der beteiligten Unternehmen durch **Gewinnerhöhung** oder **Verlustminderung.** Die Verfolgung dieser Ziele ist in allen Unternehmensbereichen (Beschaffung, Fertigung, Absatz, Finanzierung, Personalwirtschaft) möglich, sodass sich zahlreiche **Unterziele** ergeben.

Im Einzelnen können sich folgende **Unterziele** ergeben:

Sicherung der Rohstoffversorgung	Z.B. durch gemeinsame Beschaffungsmarktforschung, gemeinsame Erschließung von Rohstoffvorkommen, vertragliche oder kapitalmäßige Bindung vorgelagerter Unternehmen.
Kostensenkungen	Z.B. durch zwischenbetrieblichen Erfahrungsaustausch, gemeinsame Forschung und Produktentwicklung, gemeinsame Rationalisierungsmaßnahmen und Abstimmung der Produktprogramme.
Sicherung der Absatzmärkte	Z.B. durch gemeinsame Absatzwerbung, gemeinsame Verkaufskontore und gemeinsame Preispolitik zur Abwehr von Großunternehmen, gemeinsame Markenartikel und Gütezeichen.
Ausschaltung oder Beschränkung des Wettbewerbs	Z.B. durch Mengen- und Preisabsprachen.

1 Konzentration: Zusammenfassung; hier: Zusammenballung wirtschaftlicher Macht bei einem oder wenigen Unternehmen bzw. staatlichen Betrieben.

Gemeinsame Finanzierung großer Aufträge	Zu denen ein einzelnes Unternehmen nicht in der Lage ist.
Erhöhung der wirtschaftlichen Macht	Z. B. Ausschaltung der Konkurrenz durch den Aufkauf kleinerer (schwächerer) Unternehmen.

9.1.3 Arten der Kooperation durch Unternehmenszusammenschlüsse

(1) Arten der zwischenbetrieblichen Zusammenarbeit nach dem Umfang der rechtlichen und wirtschaftlichen Selbstständigkeit

Unternehmenszusammenschlüsse können so gestaltet sein, dass die kooperierenden Unternehmen ihre **rechtliche und ihre wirtschaftliche Selbstständigkeit außerhalb der Vertragsabsprachen behalten.** Hierzu gehören z.B. Interessengemeinschaften, Arbeitsgemeinschaften, Konsortien,[1] Gemeinschaftsunternehmen („Joint Ventures")[2] und Kartelle.[3]

Unternehmenszusammenschlüsse, bei denen ein oder mehrere Partner ihre **wirtschaftliche Selbstständigkeit verlieren,** bezeichnet das Aktiengesetz als **verbundene Unternehmen.** Zu ihnen gehören z.B. die **Konzerne.**

Zusammenschlüsse von zwei oder mehreren Unternehmen, die ihre **rechtliche und ihre wirtschaftliche Selbstständigkeit aufgeben,** heißen **Trusts.** Trusts entstehen durch Verschmelzung (Fusion).

(2) Arten von Unternehmenszusammenschlüssen nach den beteiligten Wirtschaftsstufen

Nach den **beteiligten Wirtschaftsstufen** können wir folgende Zusammenschlüsse unterscheiden:

Arten des Zusammenschlusses	Erläuterungen	Beispiele
Horizontaler Zusammenschluss	Bei diesem Zusammenschluss arbeiten Unternehmen der gleichen Wirtschaftsstufe, die gleiche, gleichartige oder gegenseitig austauschbare Güter[4] herstellen und verkaufen, zusammen.	Mehrere Brauereien schließen sich zusammen, um gemeinsam Werbung zu betreiben; mehrere Hersteller von Haushaltsgeräten stimmen ihr Produktprogramm aufeinander ab.

1 Das Wort **Konsortium** (Mehrzahl: Konsortien) hängt mit dem lateinischen Wort Konsorte (Genosse, Mitglied) zusammen. Ein Konsortium ist ein vorübergehender, loser Zweckverband von Unternehmen zur Durchführung von Geschäften, die mit großem Kapitaleinsatz und hohem Risiko verbunden sind. So schließen sich z.B. Banken zu Konsortien zusammen, um z.B. Aktien zu platzieren, d.h. zu verkaufen.

2 **Joint Ventures** (engl.: Gemeinschaftsunternehmen) sind eine Art der wirtschaftlichen Zusammenarbeit zwischen zwei oder mehreren voneinander unabhängigen Unternehmen – der sogenannten Gesellschafterunternehmen –, die sich darin niederschlägt, dass ein rechtlich selbstständiges Unternehmen gemeinsam gegründet oder erworben wird mit dem Ziel, Aufgaben im gemeinsamen Interesse der Gesellschafterunternehmen auszuführen.

3 Das **Kartell** ist ein vertraglicher Zusammenschluss von Unternehmen eines Wirtschaftszweiges, die rechtlich selbstständig bleiben, aber einen Teil ihrer wirtschaftlichen Selbstständigkeit aufgeben. Aufgrund des Lehrplans wird das Kartell im Folgenden nicht behandelt.

4 Gegenseitig austauschbare Güter wie z.B. Kartoffeln und Teigwaren, Butter und Margarine, Metalle und Kunststoffe bezeichnet man als **Substitutionsgüter.**

Arten des Zusammenschlusses	Erläuterungen	Beispiele
Vertikaler Zusammenschluss	Bei diesem Zusammenschluss erfolgt die zwischenbetriebliche Zusammenarbeit zwischen Unternehmen, die verschiedenen Wirtschaftsstufen angehören.	Zusammenschluss von Forstwirtschaft, Sägerei, Möbelfabrik und Möbelgeschäft; Zusammenschluss von Getreideanbauern, Getreidemühle, Brotfabrik, Verkaufsläden.
Diagonaler Zusammenschluss	Diagonal ist ein Zusammenschluss dann, wenn an ihm Unternehmen unterschiedlichster Branchen beteiligt sind.	Eine Chemiefabrik und eine Maschinenfabrik; eine Brauerei, eine Textilfabrik und eine Konservenfabrik.

Horizontale und vertikale Unternehmenszusammenschlüsse werden auch als **organische Zusammenschlüsse** bezeichnet, weil sie aus einer inneren Ordnung herauswachsen. Dies bedeutet, dass zwischen den zusammengeschlossenen Unternehmen ein innerer Zusammenhang besteht. **Diagonale Zusammenschlüsse** nennt man auch **anorganische,**[1] **heterogene**[2] oder **laterale**[3] **Zusammenschlüsse,** weil zwischen den Beteiligten keine (natürliche) Beziehung besteht.

9.2 Unternehmenszusammenschlüsse durch Kapitalbeteiligung am Beispiel des Konzerns

(1) Begriff Konzern

Merke:

Konzerne sind Zusammenschlüsse von Unternehmen, die **rechtlich selbstständig** sind, ihre **wirtschaftliche Selbstständigkeit aber aufgeben,** indem sie sich einer **einheitlichen Leitung** unterstellen.

(2) Arten von Konzernen

Das **Aktiengesetz** unterscheidet zwischen **Unterordnungskonzern** und **Gleichordnungskonzern.**[4]

Unterordnungskonzern

Ein **Unterordnungskonzern** liegt vor, wenn ein oder **mehrere rechtlich selbstständige Unternehmen** (die Tochtergesellschaften) z.B. durch kapitalmäßige Bindungen oder Beherrschungsverträge von einem (herrschenden) Unternehmen (der Muttergesellschaft)

1 Anorganisch: nicht gewachsen, nicht zusammengehörend.

2 Heterogen: andersgeartet, ungleichartig.

3 Lateral (lat.): seitlich.

4 Die Konzerne gehören zu den rechtlich selbstständigen sogenannten **verbundenen Unternehmen,** zu denen auch die im Verhältnis zueinander in Mehrheitsbesitz bestehenden Unternehmen und mit Mehrheit beteiligten Unternehmen, abhängige und herrschende Unternehmen (Anteilmehrheit, Mehrheit der Stimmrechte; §§ 16, 17 AktG), die wechselseitig beteiligten Unternehmen [§ 19 AktG] sowie Unternehmen, die Vertragsteile eines Unternehmensvertrags (z.B. eines Beherrschungsvertrags, Gewinnabführungsvertrags, Betriebspacht- oder Betriebsüberlassungsvertrags, siehe §§ 291 f. AktG) sind, gehören [§ 15 AktG]. Aufgrund des Lehrplans werden die verbundenen Unternehmen nur am Beispiel des Konzerns dargestellt.

abhängig sind.[1] Die abhängigen Unternehmen sind zudem **unter der einheitlichen Leitung des herrschenden Unternehmens** zusammengefasst [§ 18 I AktG].

Das **herrschende Unternehmen kann auch eine „Dachgesellschaft" (Holdinggesellschaft)** sein. Hier werden die Aktien der Konzernunternehmen auf eine übergeordnete Gesellschaft übertragen, die lediglich Aufgaben der Verwaltung (Leitung) und Finanzierung übernimmt.

Beispiel für den Aufbau eines Konzerns:

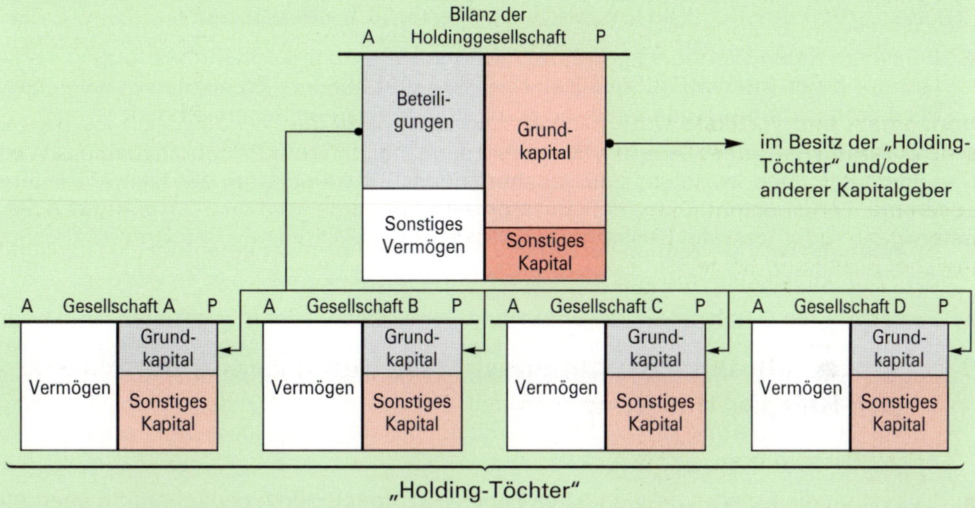

Gleichordnungskonzern

Bei einem **Gleichordnungskonzern** werden **rechtlich selbstständige Unternehmen,** ohne dass sie z.B. kapitalmäßig oder durch Beherrschungsvertrag voneinander abhängig (beherrscht) sind, **unter einer einheitlichen Leitung** zusammengefasst [§ 18 II AktG]. Bei den Gleichordnungskonzernen fehlt das Merkmal der Abhängigkeit (Beherrschung) zwischen den Konzernunternehmen.

9.3 Auswirkungen der Unternehmenskonzentration

Gesamtwirtschaftlich gesehen sind Unternehmenskonzentrationen aus folgenden Gründen nicht mit den Prinzipien einer sozialen Marktwirtschaft vereinbar:

(1) Bezüglich der Preisbildung

- In einer auf Wettbewerb ausgerichteten Wirtschaftsordnung muss eine freie Preisbildung gewährleistet sein, die sich stets nach den natürlichen Knappheiten der Güter richten muss (Knappheitsprinzip). Beide Bedingungen sind jedoch bei Wettbewerbsbeschränkungen und den damit verbundenen **künstlichen Güterknappheiten** nur noch formal gegeben.

1 Sind die Unternehmen kapitalmäßig so verbunden, dass jedes Unternehmen mehr als 25 % der Kapitalanteile des anderen Unternehmens erwirbt (Sperrminorität), so ist deren wirtschaftliche Selbstständigkeit eingeschränkt. Die Unternehmen erhalten dadurch gegenseitigen Einfluss auf die Geschäftsführung **(Schwestergesellschaften).**

- In der sozialen Marktwirtschaft muss die Preisbildung in Anlehnung an die Kosten erfolgen. Bei der Preispolitik der Unternehmenszusammenschlüsse fehlt diese Kostenorientierung der Preisbildung **(Durchbrechung des Preis-Kosten-Prinzips).** Die unmittelbare Zuordnung von Vorleistungen (Produktionskosten) und Gegenleistung (bezahlte Verkaufspreise) ist nicht gegeben.
- Durch die Wettbewerbsbeschränkungen entstehen **„künstliche Güterknappheiten"**, die zu tendenziell **höheren Preisen** führen (monopolistische Preisbildung).

(2) Bezüglich der Produktionsbedingungen und Investitionen

- Bei einem freien Wettbewerb müssen sich die Unternehmen mehr anstrengen, da sie hier nur durch **innovative,**[1] **qualitativ bessere und billigere Erzeugnisse** sowie durch **Produktionssteigerungen** auf ihren Märkten langfristig bestehen können.
- Der **Druck zur Rationalisierung** (Kostensenkung) ist bei einer Einschränkung des Wettbewerbs durch Kartelle oder marktbeherrschende Unternehmen **viel kleiner** als unter Wettbewerbsbedingungen.
- **Erfindungen** werden **zeitlich verzögert** oder **überhaupt nicht eingeführt,** da sie durch die Produktionssteigerung zu nicht gewollten Preissenkungen führen würden.
- Es besteht die Gefahr, dass die **unproduktiven Grenzbetriebe**[2] **nicht vom Markt verdrängt werden,** sondern die Preise an deren zu hohen Kosten ausgerichtet sind. Es findet bei Unternehmenszusammenschlüssen keine oder nur eine unzureichende Leistungsauslese unter den Unternehmen statt. Selbst wenn die Kosten durch eine erfolgreiche Rationalisierung sinken, so ist damit noch nicht gesagt, dass diese auch zu niedrigen Preisen führen.
- Es besteht die Gefahr von **möglichen Fehlinvestitionen** durch die Schaffung überhöhter, unausgenutzter Produktionskapazitäten. Volkswirtschaftlich gesehen bedeutet dies eine Verschwendung von Produktionsfaktoren und eine zusätzliche (vermeidbare) Umweltbelastung.

(3) Bezüglich der gesellschaftlichen Entwicklung

- Die im Vergleich zur möglichen Güterproduktion unter Wettbewerbsbedingungen erfolgten Produktionseinschränkungen bedeuten eine **Verminderung des möglichen Lebensstandards** (schlechtere Versorgung der Konsumenten) und eine **Einschränkung** der **Konsumfreiheit.**
- Insbesondere marktbeherrschende Unternehmenskonzentrationen führen aufgrund ihrer monopolistischen Preisbildung zu einer **nicht leistungsbezogenen** (ungerechtfertigten) **Einkommens- und Vermögensverteilung** (Einkommens- und Vermögenskonzentration). Die zusammengeschlossenen Unternehmen erreichen ihre Vorteile (Gewinnsteigerung, Verlustminderung, Vergrößerung ihrer Marktanteile) ungerechtfertigt auf Kosten der übrigen Marktteilnehmer.

  Mit einer sozialen Marktwirtschaft, die echte Leistungsgewinne verlangt, ist dies unvereinbar.

---

1 Innovation: Einführung von etwas Neuem.

2 **Grenzbetriebe** sind Betriebe, die (langfristig) mit den erzielten Verkaufserlösen gerade noch ihre (fixen und variablen) Kosten decken. Der Marktpreis deckt den Selbstkostenpreis, es wird kein Gewinn erzielt. Unter Wettbewerbsbedingungen sind Grenzbetriebe längerfristig nicht mehr konkurrenzfähig.

- Bei allen Unternehmenszusammenschlüssen besteht außerdem stets die Gefahr eines **Missbrauchs der wirtschaftlichen Macht,** vor allem zum Nachteil der sozial und wirtschaftlich schwächeren Verbraucher.
- Außerdem kann die wirtschaftliche Macht auch zur **politischen Macht** werden, welche nicht demokratisch legitimiert ist. Die vielfältigen Einflussnahmen großer Konzerne und deren Wirtschaftsverbände, vor allem auf die Wirtschaftsgesetzgebung, lassen die Gefahr wirtschaftlicher Macht deutlich erkennen.

9.4 Notwendigkeit der staatlichen Wettbewerbspolitik (Ordnungspolitik)

Die Unternehmen haben aufgrund der zunehmenden Fixkostenbelastung das Ziel, vor allem bei wirtschaftlichen Schwierigkeiten einem freien Wettbewerb durch Zusammenschlüsse auszuweichen. Deshalb muss der Staat den **Wettbewerb** durch eine **aktive Wettbewerbspolitik (Ordnungspolitik)** fördern und alle Unternehmenszusammenschlüsse, die erkennbar gegen die Prinzipien eines freien Wettbewerbs verstoßen, verbieten und unter Strafe stellen.

In der Bundesrepublik Deutschland wird mithilfe des **Gesetzes gegen Wettbewerbsbeschränkungen [GWB]** versucht, die Konzentration zu kontrollieren, ohne die Leistungsfähigkeit der Gesamtwirtschaft zu beeinträchtigen. Zuständig dafür, dass die Regelungen des GWB eingehalten werden, sind das **Bundeskartellamt,** das **Bundeswirtschaftsministerium** und die **Landeskartellbehörden (Landeskartellämter).** Sind die Auswirkungen einer Unternehmenskonzentration grenzüberschreitend, so sind die **europäischen** bzw. **ausländischen Wettbewerbsbehörden** zuständig.

Zusammenfassung

- **Kooperation (Unternehmenskooperation)** ist jede Zusammenarbeit zwischen Unternehmen. Von **Konzentration (Unternehmenskonzentration)** spricht man, wenn der Zusammenschluss von Unternehmen zur **Machtzusammenballung** führt.
- Nach den beteiligten **Wirtschaftsstufen** können wir folgende Zusammenschlüsse unterscheiden:

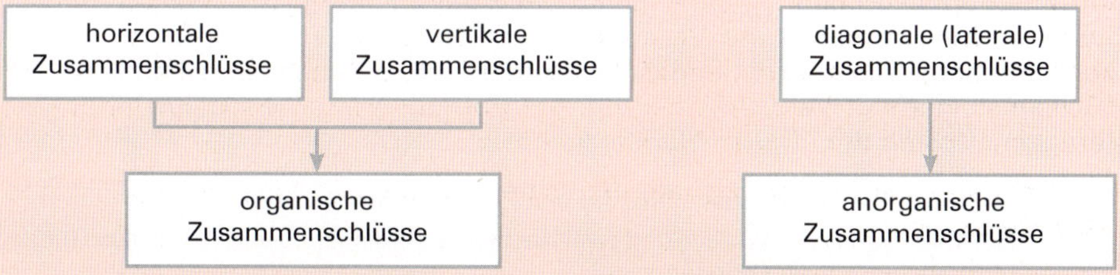

- **Konzerne** sind horizontale, vertikale oder anorganische (diagonale, heterogene, laterale) Zusammenschlüsse von Unternehmen, die **rechtlich selbstständig** sind, ihre **wirtschaftliche Selbstständigkeit** aber **aufgeben,** indem sie sich einer **einheitlichen Leitung** unterstellen.

- In der Bundesrepublik Deutschland wird mithilfe des **Gesetzes gegen Wettbewerbsbeschränkungen [GWB]** versucht, die Konzentration zu kontrollieren.
- **Argumente für und gegen Unternehmenszusammenschlüsse und Großunternehmen:**

Argumente der Befürworter	Argumente der Gegner
■ Möglichkeit, große und kostspielige Forschungsvorhaben durchzuführen (z. B. Entwicklung neuer Technologien zur Energiegewinnung und umweltverträglicher Erzeugnisse). ■ Durch den Einsatz moderner Fertigungsverfahren können trotz Lohnerhöhungen preiswerte Massengüter auf den Markt gebracht werden (Gesetz der Massenproduktion). ■ Bessere Versorgung der Verbraucher durch Erhöhung der Produktivität. ■ Schaffung größerer Markttransparenz durch Beschränkung des Produktprogramms und Produktvereinheitlichung. ■ Stärkere Marktmacht auf den Weltmärkten, dadurch Sicherung der Vollbeschäftigung. ■ Finanzstarke Großbetriebe sind gute Steuerzahler; dadurch wird der Staat in die Lage versetzt, den Kollektivbedarf zu befriedigen. ■ Sicherung der Rohstoffversorgung und rationellere Energiewirtschaft.	■ Die bloße Möglichkeit, den technischen Fortschritt voranzutreiben, besagt nicht viel; die fehlende Konkurrenz kann auch dazu führen, dass notwendige Rationalisierungsmaßnahmen nicht vorgenommen werden. ■ Es ist eine Frage, ob eventuell erreichte Massenproduktionsvorteile auch tatsächlich an die Abnehmer weitergegeben werden; im Gegenteil: Die Monopolstellung bringt die Gefahr überhöhter Preise mit sich. ■ Jederzeit ist die künstliche Verknappung des Angebots (oder der Nachfrage) möglich; die Folgen sind überhöhte Preise, Versorgungsschwierigkeiten und Verlust von Arbeitsplätzen. ■ Wirtschaftliche Macht bringt auch politische Macht mit sich, die demokratisch nicht legitimiert ist.

Übungsaufgabe

34 1. Beschreiben Sie, über welche Konzentrationsform nachstehende Zeitungsmeldung berichtet!

„… hat die Maschinenfabrik Sauerland AG ein Aktienpaket der Esslinger Motorenwerke AG in Höhe von 5 Mio. EUR Nennwert erworben. Zugleich wurde die einheitliche Leitung der Maschinenfabrik Sauerland AG übertragen."

2. Nennen Sie wichtige Ursachen der Unternehmenskonzentration!
3. Die Stuttgarter Lebensmittelwerke AG schließt sich mit der Handelskette „Gut & Fein GmbH" zusammen.

   3.1 Nennen Sie zwei Gründe, die für diesen Entschluss maßgebend gewesen sein könnten!

   3.2 Geben Sie an, wie man diese Art von Zusammenschluss bezeichnet!

   3.3 Nennen Sie zwei Vorteile und zwei Nachteile, die dieser Zusammenschluss für den Verbraucher mit sich bringen kann!

   3.4 Nennen Sie die Art des Zusammenschlusses, um den es sich handelt, wenn die beteiligten Wirtschaftsstufen betrachtet wird!

3.5 Das Bundeskartellamt in Bonn verweigert den Zusammenschluss. Nennen Sie die gesetzliche Grundlage auf der die Ablehnung gründet!

4. Die folgende Abbildung zeigt die Konzentration mehrerer Unternehmen:

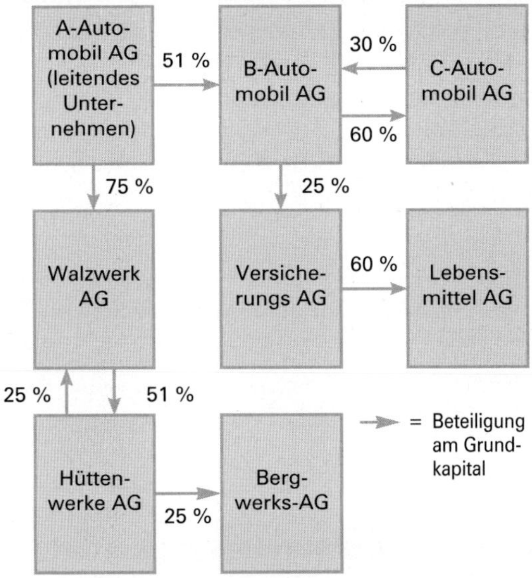

Aufgaben:

4.1 Nennen Sie die vorliegenden Konzentrationsarten! Begründen Sie Ihre Entscheidung!

4.2 Beschreiben Sie, welche Unternehmen einen
- 4.2.1 organischen,
- 4.2.2 diagonalen (lateralen),
- 4.2.3 horizontalen und
- 4.2.4 vertikalen Zusammenschluss bilden!

4.3 Erläutern Sie, in welchen Fällen es sich um ein „Mutter-Tochter-Verhältnis“ handelt!

4.4 Erläutern Sie, in welchen Fällen es sich um Schwestergesellschaften handelt!

5. 5.1 Erklären Sie jeweils zwei (mögliche) gesamtwirtschaftliche Vorteile und Nachteile (negative Auswirkungen) von Unternehmenszusammenschlüssen! Überwiegen Ihrer Ansicht nach die Vor- oder Nachteile? Begründen Sie Ihre Meinung!

5.2 Begründen Sie, warum der Staat in der sozialen Marktwirtschaft dazu aufgerufen ist, Wettbewerbspolitik zu betreiben und beschreiben Sie, welche Ziele der Staat mit seiner Wettbewerbspolitik verfolgt!

11 Speth - ISBN 978-3-8120-0584-5

Lehrplaneinheit 3: Unternehmensbezogene Finanzierungsarten

1 Übersicht über die Finanzierungsarten

(1) Begriff Finanzierung

Zur Durchführung von Investitionen muss Kapital beschafft und bereitgestellt werden. Dies ist Aufgabe der Finanzierung.

Merke:

Finanzierung ist die Bereitstellung von finanziellen Mitteln zur Durchführung der betrieblichen Leistungserstellung und Leistungsverwertung sowie aller sonstiger finanzieller Vorgänge.

(2) Finanzierungsarten

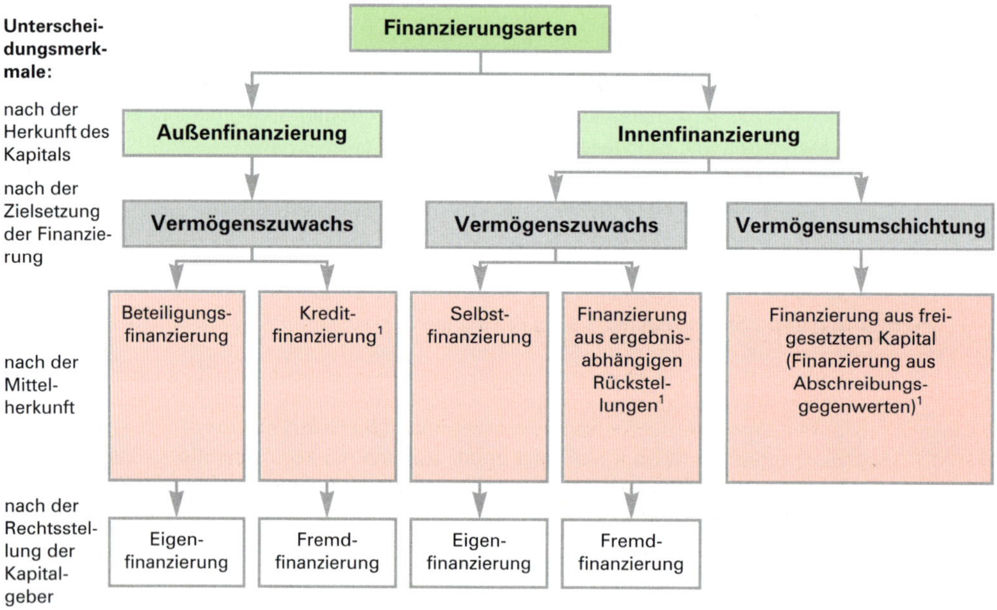

Aufgrund des Lehrplans werden im Folgenden nur die Beteiligungsfinanzierung und die Selbstfinanzierung dargestellt.

1 Diese Finanzierungsformen werden im Band „Betriebswirtschaft/Gesamtwirtschaft für das kaufmännische Berufskolleg II" dargestellt. Vgl. Lehrplaneinheit 4, Kap. 4.2, S. 198ff., Kap. 8.4, S. 236ff. und Kap. 8.2, S. 232ff.

2 Innenfinanzierung in Form der offenen Selbstfinanzierung

2.1 Begriff offene Selbstfinanzierung

Der Gewinn wird im Rahmen der Ergebnisrechnung als Saldo der Erträge und Aufwendungen ermittelt. Verbleibt ein Teil des Gewinnes in dem Unternehmen, erhöht sich das Eigenkapital. Dies ist ein von dem Unternehmen selbst erwirtschafteter Mittelzuwachs.

Merke:

Offene Selbstfinanzierung ist die Bereitstellung von **Finanzmitteln** aus dem **Gewinn des Unternehmens.**

Bei der **offenen Selbstfinanzierung**[1] wird der von der Buchführung **ausgewiesene Gewinn** ganz oder teilweise **nicht ausgeschüttet.**

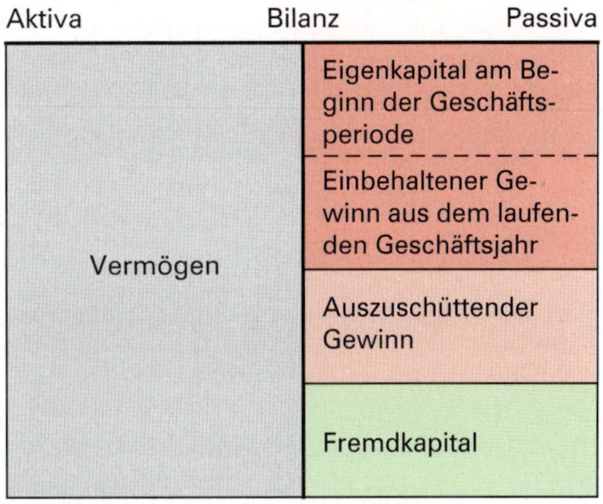

2.2 Offene Selbstfinanzierung bei der OHG

(1) Gesetzliche Regelungen zur Gewinnverwendung bei der OHG

Bei der Gewinnverteilung der OHG haben vertragliche Vereinbarungen Vorrang vor den gesetzlichen Regelungen. Gibt es keine vertragliche Basis, so kommen die §§ 120ff. HGB zur Anwendung, wonach jedem Gesellschafter zunächst vom Gewinn 4 % seines Kapitalanteils zustehen. Ein Restgewinn bzw. ein vorhandener Verlust wird nach Köpfen verteilt.

Reicht der Jahresgewinn für eine 4 %ige Verzinsung aller Kapitalanteile nicht aus, erfolgt die Verzinsung mit einem entsprechend niedrigeren Satz. Der Gewinnanteil eines jeden Gesellschafters wird nach Abzug der getätigten Privatentnahmen seinem Kapitalkonto gutgeschrieben. Bei einem Verlust wird der auf den Gesellschafter entfallende Anteil von seinem Kapitalanteil abgeschrieben.

1 Der Lehrplan sieht die Behandlung der stillen Selbstfinanzierung nicht vor.

(2) Beispiel für eine offene Selbstfinanzierung bei der OHG

Verzichten die OHG-Gesellschafter ganz oder teilweise auf die **Ausschüttung des Gewinns** und wird der Gewinn auf dem Kapitalkonto der OHG-Gesellschafter gutgeschrieben, so betreiben die OHG-Gesellschafter eine offene Selbstfinanzierung.

Merke:

- Eine **offene Selbstfinanzierung** bei der OHG liegt vor, wenn **Gewinne nicht ausgeschüttet** werden, sondern die Gewinnanteile den **Kapitalkonten der Gesellschafter** zugeführt werden.
- Die **Höhe des Selbstfinanzierungsanteils** der einzelnen Gesellschafter hängt ab von der **Höhe des Gesamtgewinns** und von der **Art der Gewinnverteilung.**

Beispiel:

Die Hauser & Meyer OHG hat im abgelaufenen Geschäftsjahr einen Gewinn von 240000,00 EUR erwirtschaftet.

Der Kapitalanteil von Hauser betrug zu Beginn des Geschäftsjahres 700000,00 EUR, der von Meyer 500000,00 EUR. Hauser hat am 30. März 96000,00 EUR entnommen. Meyer hat seine Einlage am 30. Juli um 60000,00 EUR erhöht.

Eine vertragliche Vereinbarung zur Gewinnverwendung besteht nicht.

Aufgaben:

1. Berechnen Sie für jeden Gesellschafter
   1.1 die 4%ige Verzinsung des Kapitalanteils sowie
   1.2 den Pro-Kopf-Anteil am Restgewinn!
2. Stellen Sie die Gewinnverwendung (einschließlich der Privatentnahmen und der neuen Eigenkapitalbeträge) in einer tabellarischen Übersicht (Gewinnverwendungstabelle) dar!
3. Berechnen Sie die Selbstfinanzierung der Hauser & Meyer OHG!

Lösungen:

Zu 1.1: Berechnung der Kapitalverzinsung

Hauser:	4% von 700000,00 EUR für 90 Tage	=	7000,00 EUR
	+ 4% von 604000,00 EUR für 270 Tage	=	18120,00 EUR
	Zinsanteil (Vordividende)		25120,00 EUR
Meyer:	4% von 500000,00 EUR für 210 Tage	=	11666,67 EUR
	+ 4% von 560000,00 EUR für 150 Tage	=	9333,33 EUR
	Zinsanteil (Vordividende)		21000,00 EUR

Zu 1.2: Berechnung des Pro-Kopf-Anteils

Jahresgewinn	240000,00 EUR	
– Verzinsung Kapital Hauser	25120,00 EUR	
– Verzinsung Kapital Meyer	21000,00 EUR	
= Restgewinn	193880,00 EUR	: 2 = 96940,00 EUR (Pro-Kopf-Anteil)

Zu 2.: **Gewinnverwendungstabelle**

Gesell-schafter	Anfangs-kapital	4 % Vor-dividende	Restgewinn 1 : 1	Gesamter Gewinnanteil	Entnahmen/ Einlagen	End-kapital
Hauser	700000,00 EUR	25120,00 EUR	96940,00 EUR	122060,00 EUR	– 96000,00 EUR	726060,00 EUR
Meyer	500000,00 EUR	21000,00 EUR	96940,00 EUR	117940,00 EUR	+ 60000,00 EUR	677940,00 EUR
OHG insgesamt	1200000,00 EUR	46120,00 EUR	193880,00 EUR	240000,00 EUR	– 36000,00 EUR	1404000,00 EUR

Zu 3.: **Höhe der Selbstfinanzierung**

Eigenkapital am Ende des Geschäftsjahres	1404000,00 EUR
– Eigenkapital zu Beginn des Geschäftsjahres	1200000,00 EUR
– Einlage Meyer	60000,00 EUR
= Höhe der Selbstfinanzierung	144000,00 EUR

2.3 Offene Selbstfinanzierung bei der KG

(1) Gesetzliche Regelungen zur Gewinnverwendung bei der KG

Bei der Verteilung von Gewinn und Verlust bei der KG verweist der Gesetzgeber nach § 168 I HGB auf die für die OHG geltenden Vorschriften. Ohne eine vertraglich anderslautende Regelung erhält demnach im Falle eines ausreichenden Gewinnes jeder Gesellschafter 4 % seiner Einlage. Aufgrund der andersartigen Rechtsverhältnisse ist der danach noch verbleibende Gewinn bei der KG nicht nach Köpfen, sondern nach § 168 II HGB in einem den Umständen nach angemessenen Verhältnis der Kapitalanteile aufzuteilen. Wegen dieser ungenauen Aussage des Gesetzgebers wird deutlich, dass zur Vermeidung von Streitigkeiten eine konkrete vertragliche Regelung der Gewinn- und Verlustverteilung wichtig ist.

(2) Gewinnverwendung beim Kommanditisten

Die Höhe des Kapitalanteils des Kommanditisten ist ins Handelsregister einzutragen. Daraus folgt, dass der Kommanditist **nicht zu Privatentnahmen berechtigt** ist und sein **Gewinnanteil** bis zur Ausschüttung eine **Verbindlichkeit der Gesellschaft** darstellt. Sofern der Kommanditist seinen Kapitalanteil noch nicht voll eingezahlt hat, besteht in Höhe der ausstehenden Einlage eine Forderung der Gesellschaft gegenüber dem Kommanditisten. Die dem Kommanditisten zustehende Gewinnanteile werden zunächst zur **Auffüllung seines Kapitalanteils** verwendet. Nur der danach verbleibende Restbetrag stellt bis zur Ausschüttung eine Verbindlichkeit der KG gegenüber dem Kommanditisten dar.

Ist eine **Verlustbeteiligung** des Kommanditisten vertraglich nicht ausgeschlossen, entsteht in Höhe des Verlustanteils eine **Forderung der Gesellschaft gegenüber dem Kommanditisten,** die praktisch einen Korrekturposten zur Kommanditeinlage darstellt. Im Falle eines späteren Gewinnes kann der Kommanditist eine Gewinnauszahlung nur verlangen, insoweit der ihm zustehende Gewinnanteil den wegen des früheren Verlustes gebildeten Korrekturposten übersteigt (vgl. § 169 I HGB).

(3) Beispiel für eine offene Selbstfinanzierung bei der KG

Verzichten die Komplementäre auf die **Ausschüttung des Gewinnes** und wird der Gewinn auf dem **Kapitalkonto der Komplementäre** gutgeschrieben, so betreiben die Komplementäre eine **offene Selbstfinanzierung.** Ist der **Kapitalanteil der Kommanditisten voll eingezahlt** und lassen die Kommanditisten ihren **Gewinn in der KG,** so stellt dies eine **Verbindlichkeit der KG gegenüber den Kommanditisten** dar. Es handelt sich damit um eine Form der **Fremdfinanzierung.**

Merke:

Eine **offene Selbstfinanzierung** liegt bei der KG vor, wenn der **Gewinn** (Teile des Gewinnes) **der Komplementäre** (des Komplementärs) **nicht ausgeschüttet** wird, sondern auf dem **Kapitalkonto der Komplementäre** (des Komplementärs) stehen bleibt.

Beispiel:

An der Wagner KG ist Fritz Wagner als Komplementär mit 400 000,00 EUR und Elisabeth Vollmar als Kommanditistin mit 100 000,00 EUR beteiligt. Von der Kommanditeinlage der Frau Vollmar sind 8 000,00 EUR noch nicht eingezahlt. Im abgelaufenen Geschäftsjahr, das mit dem Kalenderjahr übereinstimmt, wurde ein Gewinn in Höhe von 82 000,00 EUR erzielt. Der Komplementär F. Wagner entnahm am 30. September für private Zwecke 55 000,00 EUR.

Der Gesellschaftsvertrag enthält unter anderem folgende Regelungen:

§ 4 Vom erzielten Jahresgewinn erhält jeder Gesellschafter 6 % auf das eingezahlte Kapital. Rückständige Einlagen sind mit 6 % zu verzinsen. Ein danach verbleibender Restgewinn wird im Verhältnis 4 : 1 verteilt.

§ 5 Ein Verlust wird im Verhältnis 2 : 1 getragen.

Aufgaben:

1. Berechnen Sie für jeden Gesellschafter
   - 1.1 die 6 %ige Verzinsung des Kapitalanteils sowie
   - 1.2 den Anteil am Restgewinn!
2. Stellen Sie eine Gewinnverwendungstabelle auf (mit Angabe der Kapitalbeträge am Ende des Geschäftsjahres sowie des an Frau Vollmar auszuzahlenden Gewinnanteils)!
3. Berechnen Sie die Selbstfinanzierung der Wagner KG!

Lösungen:

Zu 1.1: Berechnung der Kapitalverzinsung

Wagner:	6 % von 400 000,00 EUR für 270 Tage	=	18 000,00 EUR
	+ 6 % von 345 000,00 EUR für 90 Tage	=	5 175,00 EUR
	Zinsanteil (Vordividende)		23 175,00 EUR
Vollmar:	6 % Habenzinsen von 92 000,00 EUR für 360 Tage	=	5 520,00 EUR
	– 6 % Sollzinsen von 8 000,00 EUR für 360 Tage	=	480,00 EUR
	Zinsanteil (Vordividende)		5 040,00 EUR

Zu 1.2: **Berechnung des Anteils am Restgewinn**

Jahresgewinn		82 000,00 EUR
– Verzinsung Komplementär Wagner	23 175,00 EUR	
– Verzinsung Kommanditistin Vollmar	5 040,00 EUR	28 215,00 EUR
= Restgewinn		53 785,00 EUR : 5 = 10 757,00 EUR
Anteil am Restgewinn Wagner 4 · 10 757,00 =		43 028,00 EUR
Anteil am Restgewinn Vollmar 1 · 10 757,00 =		10 757,00 EUR

Zu 2.: **Vereinfachte Gewinnverwendungstabelle**

Gesell-schafter	Anfangs-kapital	6 % Vor-dividende	Restgewinn 4 : 1	Gesamter Gewinnanteil	Privatent-nahmen	End-kapital	Auszuzahl. Gewinn
Komplem. Wagner	400 000,00	23 175,00	43 028,00	66 203,00	55 000,00	411 203,00	–
Komman. Vollmar	100 000,00 (92 000,00)	5 040,00	10 757,00	15 797,00	–	100 000,00	7 797,00
KG insgesamt	500 000,00 (492 000,00)	28 215,00	53 785,00	82 000,00	55 000,00	511 203,00	7 797,00

Zu 3.: **Höhe der Selbstfinanzierung**

Eigenkapital am Ende des Geschäftsjahres		
Komplementär Wagner	411 203,00 EUR	
Kommanditistin Vollmar	100 000,00 EUR	511 203,00 EUR
– Eigenkapital zu Beginn des Geschäftsjahres		
Komplementär Wagner	400 000,00 EUR	
Kommanditistin Vollmar	100 000,00 EUR	500 000,00 EUR
Höhe der Selbstfinanzierung		11 203,00 EUR

Merke:

- Die Kommanditeinlage erscheint mit dem vereinbarten Nennbetrag auf der Passivseite der Bilanz der KG.
- Bei einer noch ausstehenden Kommanditeinlage werden Gewinnansprüche des Kommanditisten zunächst mit der noch ausstehenden Einlage verrechnet. Erst den danach verbleibenden Gewinnanteil kann der Kommanditist beanspruchen.
- Bis zur Auszahlung des dem Kommanditisten zustehenden Gewinnanteils besteht für die KG eine Verbindlichkeit gegenüber dem Kommanditisten.

Übungsaufgaben

35 Auszug aus dem OHG-Gesellschaftsvertrag zwischen Bernhard Kern und Jürgen Engel vom 15. Dezember 20..

Pflichten der Gesellschafter

1. Bernhard Kern bringt zum Gesellschaftsbeginn sein Einzelunternehmen ein:

Maschinen	1200000,00 EUR
Betriebs- u. Geschäftsausstattung	210000,00 EUR
Barmittel	60000,00 EUR
Schulden	520000,00 EUR

2. Jürgen Engel bringt zum Gesellschaftsbeginn ein:

Grundstück mit Gebäude	430000,00 EUR

3. Kern wird als Geschäftsführer der Gesellschaft bestellt.

Rechte der Gesellschafter

1. Kern erhält vom Jahresgewinn als Tätigkeitsvergütung vorab einen Betrag in Höhe von 36000,00 EUR.
2. Gewinnverteilung
   2.1 Die Gesellschafter erhalten eine Verzinsung ihrer Einlage in Höhe von 6%.
   2.2 Der verbleibende Rest des Jahresgewinns wird im Verhältnis von 2 (Kern) zu 1 (Engel) verteilt.
3. Gewinnanteile werden zu Beginn des neuen Geschäftsjahres ausgezahlt, sofern sich nicht beide Gesellschafter einig sind, dass sie in der Gesellschaft verbleiben sollen.
4. Privatentnahmen sind nur in gegenseitigem Einvernehmen zulässig.

Am Ende des ersten Geschäftsjahres weisen die Kapitalkonten der Gesellschafter nach Buchung der Gewinnanteile und Privatentnahmen folgende Endbestände auf:

Kern 1034940,00 EUR, Engel 448770,00 EUR.

Privatentnahmen von Engel:	30000,00 EUR am 15. März,
Privatentnahmen von Kern:	18000,00 EUR am 30. Juni.

Die Anfangskapitalien der Gesellschafter entsprachen den Einlagen laut Gesellschaftsvertrag.

Aufgaben:

1. Berechnen Sie den Reingewinn des ersten Geschäftsjahres!
2. Stellen Sie eine Gewinnverwendungstabelle auf!
3. Berechnen Sie die Selbstfinanzierung im ersten Geschäftsjahr!

36 Die Kurz & Klein KG hatte folgende Entwicklung:

	Kapitalanteil in EUR	Entnahmen in EUR
Komplementär Fritz Kurz	400000,00 zum 1. Jan. 20..	32500,00 am 20. Juli
Komplementär Paul Klein	390000,00 zum 1. Jan. 20..	35000,00 am 10. Oktober
Kommanditist Martin Enderle	330000,00 zum 1. Jan. 20..	

Der Gewinn des Geschäftsjahres beträgt 297600,00 EUR.

Der Gesellschaftsvertrag regelt in §8 Folgendes zur Gewinnverteilung:

- Die Komplementäre erhalten vorab eine Arbeitsvergütung von je 4000,00 EUR monatlich.
- Das Jahresanfangskapital der Gesellschafter wird mit 5 % verzinst.
- Der Restgewinn wird nach dem Verhältnis der Kapitalkontostände zum Jahresanfang verteilt.

Aufgaben:

1. Stellen Sie eine Gewinnverwendungstabelle auf!
2. Berechnen Sie die Höhe der Selbstfinanzierung!

37 Die Burger OHG wurde vor Jahren von den Brüdern Alfred und Karl Burger gegründet. Für das Jahr 13 stehen Erweiterungsinvestitionen an.

Gegen Ende des Jahres 12 wurde deshalb Friedhelm Weis als Kommanditist in das Unternehmen aufgenommen. Der Gesellschaftsvertrag wurde am 1. Dezember 12 geändert. Die Eintragung ins Handelsregister erfolgte am 15. Dezember 12. Die Firmenbezeichnung lautet Burger KG.

Die Bilanz der Burger KG zum 31. Dezember 12 weist folgende Zahlen aus.

Aktiva	Zusammengefasste Bilanz Burger KG (in EUR)		Passiva
Ausstehende Kommandit-einlage Weis	10000,00	Kapital Alfred Burger	260000,00
		Kapital Karl Burger	350000,00
Anlagevermögen	730000,00	Kommanditkapital Weis	110000,00
Umlaufvermögen	630000,00	Verbindlichkeiten	650000,00
	1370000,00		1370000,00

Aufgaben:

1. Erläutern Sie zwei Gründe für die Umwandlung der Burger OHG in eine KG.
2. Im § 9 des Gesellschaftsvertrags der Burger KG wurden in Ergänzung zum HGB folgende Vereinbarungen zur Gewinn- und Verlustbeteiligung getroffen:
   - Die Komplementäre Alfred und Karl Burger erhalten für ihre Tätigkeit jährlich eine gewinnabhängige Vorausvergütung von je 15000,00 EUR.
   - Die Kapitalien der Gesellschafter werden nach ihrem Stand zu Beginn des Geschäftsjahres mit 5 % verzinst. Ausstehende Einlagen sind mit 5 % zu verzinsen.
   - Ein Restgewinn wird auf die Gesellschafter im Verhältnis 2 : 2 : 1 verteilt.
   - Ein Verlust wird auf die Gesellschafter im Verhältnis 2 : 2 : 1 verteilt.

Privatentnahmen im Jahr 13:	Alfred Burger	22000,00 EUR am 15. August
	Karl Burger	14000,00 EUR am 10. September

   Kommanditist Weis zahlte seine ausstehende Einlage am 15. Juli 13 ein.

   Der Reingewinn des Geschäftsjahres 13 beträgt 353098,61 EUR.

   2.1 Stellen Sie eine Gewinnverwendungstabelle auf!

   2.2 Berechnen Sie die Höhe der Selbstfinanzierung im Geschäftsjahr13!
3. Angenommen, die KG hätte im Jahr 13 keinen Gewinn, sondern einen Verlust von 55725,00 EUR erzielt.

   Berechnen Sie, wie viel EUR dann der Verlustanteil des Kommanditisten Weis betragen würde!

2.4 Offene Selbstfinanzierung bei der AG

2.4.1 Bilanzierung des Eigenkapitals im handelsrechtlichen Jahresabschluss von Kapitalgesellschaften

Für Kapitalgesellschaften ist der Ausweis des Eigenkapitals im § 266 III HGB, ergänzt durch § 272 HGB geregelt. Danach müssen große und mittelgroße Kapitalgesellschaften folgende Posten als Untergliederung des Eigenkapitals in die Bilanz aufnehmen:

Aktiva	Ausschnitt aus der Bilanz nach § 266 II, III HGB	Passiva
	A.	**Eigenkapital:**
	I.	Gezeichnetes Kapital
	II.	Kapitalrücklage
	III.	Gewinnrücklagen
		1. Gesetzliche Rücklage
		2. Rücklage für eigene Anteile
		3. Satzungsmäßige Rücklagen
		4. Andere Gewinnrücklagen
	IV.	Gewinnvortrag/Verlustvortrag
	V.	Jahresüberschuss/Jahresfehlbetrag

Erläuterungen zur Gliederung des Eigenkapitals bei einer AG

■ Gezeichnetes Kapital

Der Begriff **gezeichnetes Kapital** wird bei allen Kapitalgesellschaften zum Ausweis des in der **Satzung festgelegten Kapitals** verwendet (z.B. des Grundkapitals bei der AG). Das gezeichnete Kapital ist stets zum Nennwert auszuweisen **(Nominalkapital).** Das gezeichnete Kapital bleibt so lange in der Bilanz unverändert, bis z.B. die Hauptversammlung bei einer AG eine Kapitalerhöhung oder eine Kapitalherabsetzung beschließt.

Das Grundkapital einer AG ist die Summe der Nennwerte der ausgegebenen (emittierten) Aktien. Der Mindestnennbetrag des Grundkapitals ist 50000,00 EUR. Der Mindestnennbetrag einer Aktie beträgt einen Euro.

■ Rücklagen[1]

Rücklagen stellen das **variable Eigenkapital der Aktiengesellschaft** dar. Sie dienen insbesondere zwei Zwecken: Zum einen wird die Eigenkapitalbasis der AG erhöht und zum anderen erhöht sich durch ihre Bildung die Haftungsmasse der AG gegenüber ihren Gläubigern. Die in der Bilanz ausgewiesenen Rücklagen gliedern sich in Kapital- und Gewinnrücklagen.

■ Kapitalrücklage

In die Kapitalrücklage werden Beträge eingestellt, die nicht aus Gewinnen der Gesellschaft stammen. Sie gehen auf Zuzahlungen der Kapitalgeber von außen zurück (z.B. Agio bei der Ausgabe von Aktien, Zuzahlungen für Vorzugsrechte).

Kapitalerhöhung: 10 Mio. EUR, Nennwert junge Aktie 1,00 EUR, Ausgabekurs: 1,50 EUR

Kapitalrücklage: 10 Mio. EUR · 0,50 = 5 Mio. EUR

1 Da diese Rücklagen in der Bilanz ausgewiesen werden, bezeichnet man diese auch als **offene Rücklagen.**

Gewinnrücklage

Als **Gewinnrücklagen** dürfen nur Beträge ausgewiesen werden, die im Geschäftsjahr oder in einem früheren Geschäftsjahr aus dem Ergebnis gebildet worden sind [§ 272 III HGB]. Bei den Gewinnrücklagen handelt es sich somit um Mittel, die im Unternehmen durch die Einbehaltung eines Teils des Jahresergebnisses gebildet werden. Nach dem Gliederungsschema des § 266 III HGB sind die Gewinnrücklagen in **gesetzliche Rücklage, Rücklage für Anteile an einem herrschenden oder mehrheitlich beteiligten Unternehmen,**[1] **satzungsmäßige Rücklagen**[1] und **andere Gewinnrücklagen** zu untergliedern.

Gesetzliche Rücklage

Aktiengesellschaften sind nach § 150 I AktG zur Bildung einer gesetzlichen Rücklage verpflichtet **(gesetzlich erzwungene Selbstfinanzierung).** Der zwanzigste Teil (das sind 5 %) vom Jahresüberschuss (vermindert um einen Verlustvortrag aus dem Vorjahr) ist so lange in die gesetzliche Rücklage einzustellen, bis diese zusammen mit der Kapitalrücklage nach § 272 II HGB den zehnten (oder den in der Satzung bestimmten höheren) Teil des Grundkapitals erreicht hat [§ 150 II AktG].

	Jahresüberschuss
–	Verlustvortrag
=	bereinigter Jahresüberschuss
–	5 % gesetzliche Rücklage*
=	Zwischensumme

* **Höchstgrenze:** gesetzliche Rücklage + Kapitalrücklage betragen 10 % des Grundkapitals.

Andere Gewinnrücklagen

Die Einstellung von Teilen des Jahresüberschusses in die anderen Gewinnrücklagen ist im § 58 AktG festgelegt.

Stellen **Vorstand und Aufsichtsrat** den Jahresabschluss fest (Normalfall), dann können sie bis zur Hälfte des um den Verlustvortrag und um die Einstellung in die gesetzliche Rücklage verminderten Teils des Jahresüberschusses in die anderen Gewinnrücklagen einstellen [§ 58 II, S. 1, 4 AktG]. Ein Gewinnvortrag aus dem Vorjahr bleibt unberücksichtigt. Eine Einstellung in die anderen Gewinnrücklagen ist unabhängig von der bereits erreichten Höhe der anderen Gewinnrücklagen. Die Hauptversammlung kann im Beschluss über die Verwendung des Bilanzgewinnes weitere Beträge in andere Gewinnrücklagen einstellen [§ 58 III AktG].

	Zwischensumme
–	höchstens 50 % andere Gewinnrücklagen
=	restlicher Jahresüberschuss

Die Einstellung in die **anderen Gewinnrücklagen** ist eine freiwillige Rücklagenbildung **(freiwillig vorgenommene Selbstfinanzierung).**

Merke:

- Die **Bildung von Kapitalrücklagen** ist eine **Form der Beteiligungsfinanzierung.**
- Die **Bildung von Gewinnrücklagen** ist eine **Form der Selbstfinanzierung.**

1 Der Lehrplan sieht die Behandlung der Rücklage für Anteile an einem herrschenden oder mehrheitlich beteiligten Unternehmen und der satzungsmäßigen Rücklage nicht vor.

2.4.2 Überblick über die Gewinnverwendung bei der AG

Für die Verwendung des Jahresüberschusses[1] bestimmt das Gesetz [§ 158 AktG] nachstehende Reihenfolge:

Jahresüberschuss
– Verlustvortrag aus dem Vorjahr

bereinigter Jahresüberschuss
– Einstellung in die gesetzliche Rücklage

Zwischensumme
– Einstellung in andere Gewinnrücklagen

Restlicher Jahresüberschuss
\+ Gewinnvortrag aus dem Vorjahr
\+ Entnahmen aus Gewinnrücklagen oder aus der Kapitalrücklage

Bilanzgewinn (bzw. Bilanzverlust)[2]
– Dividendenausschüttung

Gewinnvortrag des laufenden Geschäftsjahres

2.4.3 Rechnerischer Ablauf der Gewinnverwendung

Beispiel:

Die Baustoffe Sigmaringen AG hat ein Grundkapital in Höhe von 6000000,00 EUR. Der Jahresüberschuss des laufenden Geschäftsjahres beträgt 2500000,00 EUR. Aus dem Vorjahr wurde ein Verlust in Höhe von 100000,00 EUR vorgetragen. Am Ende des laufenden Geschäftsjahres ergaben sich folgende Rücklagen:

Kapitalrücklage	100000,00 EUR
Gesetzliche Rücklage	400000,00 EUR
Andere Gewinnrücklagen	2400000,00 EUR

Die Baustoffe Sigmaringen AG hat 120000 Stückaktien ausgegeben.

Die Hauptversammlung beschließt, dass eine Dividende in Höhe von 18 % ausgeschüttet werden soll und der Restbetrag als Gewinnvortrag verbleibt.

Aufgaben:

1. Welche Beträge sind in die gesetzliche Rücklage einzustellen?
2. Wie viel EUR können in die anderen Gewinnrücklagen eingestellt werden, wenn der Vorstand und der Aufsichtsrat den Jahresabschluss nach § 58 II AktG feststellen?
3. Berechnen Sie den EUR-Betrag der Dividendenausschüttung und den Gewinnvortrag!
4. Stellen Sie den rechnerischen Ablauf der Gewinnverwendung in einer Übersicht dar!

1 Wir gehen im Folgenden davon aus, dass es sich um den Jahresüberschuss nach Steuern handelt.

2 Die Hauptversammlung kann im Beschluss über die Verwendung des Bilanzgewinnes weitere Beträge in die Rücklagen einstellen.

Lösungen:

Zu 1.: Berechnung der gesetzlichen Rücklage

Erforderliche Rücklagenbildung:

10 % von 6 000 000,00 EUR =	600 000,00 EUR
bisher gebildet	500 000,00 EUR
noch zu bilden	100 000,00 EUR

Rücklagenbildung im laufenden Geschäftsjahr:

Jahresüberschuss	2 500 000,00 EUR	
– Verlustvortrag	100 000,00 EUR	
Bereinigter Jahresüberschuss	2 400 000,00 EUR	: 20 = 120 000,00 EUR

Ergebnis: Es sind 100 000,00 EUR in die gesetzliche Rücklage einzustellen.

Zu 2.: Berechnung der anderen Gewinnrücklagen

Jahresüberschuss	2 500 000,00 EUR
– Verlustvortrag aus dem Vorjahr	100 000,00 EUR
Bereinigter Jahresüberschuss	2 400 000,00 EUR
– Einstellung in gesetzliche Rücklagen	100 000,00 EUR
Zwischensumme	2 300 000,00 EUR
Einstellung in die anderen Gewinnrücklagen 50 % =	1 150 000,00 EUR

Zu 3.: Berechnung der Dividende und des Gewinnvortrags

6 000 000,00 EUR Grundkapital: 120 000 Aktien = 50,00 EUR Grundkapital/Aktie

18 % von 50,00 EUR = 9,00 EUR Dividende/Aktie

120 000 Aktien · 9,00 EUR = 1 080 000,00 EUR Gesamtdividende

Bilanzgewinn	1 150 000,00 EUR
– Dividendenausschüttung	1 080 000,00 EUR
Gewinnvortrag aus dem Berichtsjahr	70 000,00 EUR

Zu 4.: Zusammenfassende Übersicht

Jahresüberschuss	2 500 000,00 EUR
– Verlustvortrag aus dem Vorjahr	100 000,00 EUR
Bereinigter Jahresüberschuss	2 400 000,00 EUR
– Einstellung in gesetzliche Rücklagen	100 000,00 EUR
Zwischensumme	2 300 000,00 EUR
– Einstellung in andere Gewinnrücklagen	1 150 000,00 EUR
Bilanzgewinn	1 150 000,00 EUR
– Dividendenausschüttung	1 080 000,00 EUR
Gewinnvortrag	70 000,00 EUR

Merke:

- Da das Grundkapital der AG eine (relativ) konstante Größe darstellt, werden zurückbehaltene Gewinnteile in der Bilanz der AG unter der besonderen Position **„Gewinnrücklagen"** ausgewiesen.
- Neben der speziellen Rücklage für eigene Aktien sind im Allgemeinen **zwei Arten von Gewinnrücklagen** zu unterscheiden:
  - **gesetzliche Rücklage** (die **gesetzlich erzwungene Selbstfinanzierung** [gesetzliche Rücklagenzuweisung nach § 150 AktG]) und
  - **andere Gewinnrücklagen** (die **freiwillig vorgenommene Selbstfinanzierung** nach § 58 AktG [z. B. Zuweisung in die anderen Gewinnrücklagen]).

Übungsaufgabe

38 Bei den nachfolgenden Übungsaufgaben 1. und 2. ist jeweils die Einstellung in die gesetzliche Rücklage und in die anderen Gewinnrücklagen zu ermitteln.

1.

Grundkapital	18,75 Mio. EUR	Gewinnvortrag	8,145 Mio. EUR
Kapitalrücklage	0,375 Mio. EUR	Andere Gewinnrücklagen	0,105 Mio. EUR
Gesetzliche Rücklage	1,305 Mio. EUR	Jahresüberschuss	2,25 Mio. EUR

Einstellung in die gesetzliche Rücklage nach § 150 AktG, in die anderen Gewinnrücklagen nach § 58 II AktG.

2.

Grundkapital	12,0 Mio. EUR	Gewinnvortrag	0,5 Mio. EUR
Gesetzliche Rücklage	0,4 Mio. EUR	Jahresüberschuss	1,8 Mio. EUR
Kapitalrücklage	0,72 Mio. EUR		

Einstellung in die gesetzliche Rücklage nach § 150 AktG, in die anderen Gewinnrücklagen 50 % des Jahresüberschusses nach Einstellung in die gesetzliche Rücklage. Die Einstellung erfolgt durch Vorstand und Aufsichtsrat.

3.

Grundkapital	80,0 Mio. EUR	Verlustvortrag	0,5 Mio. EUR
Gesetzliche Rücklage	4,5 Mio. EUR	Jahresüberschuss	6,5 Mio. EUR
Kapitalrücklage	1,2 Mio. EUR		
Andere Gewinnrücklagen	38,2 Mio. EUR		

Einstellung in die gesetzliche Rücklage nach § 150 AktG. Einstellung in die anderen Gewinnrücklagen: Höchstbetrag nach § 58 II AktG.

Ausgegebene Stückaktien: 1600000

Aufgaben:

3.1 Ermitteln Sie die gesetzliche Rücklage und die anderen Gewinnrücklagen!

3.2 Berechnen Sie die höchstmögliche Dividendenzahlung (auf 5 Cent gerundet)!

3.3 Stellen Sie den rechnerischen Ablauf der Gewinnverwendung in einer Übersicht dar!

2.4.4 Ausweis der Gewinnverwendung in der Bilanz

(1) Aufstellung der Bilanz ohne Berücksichtigung der Ergebnisverwendung

Der Ausweis der Bilanzposten ist ohne Berücksichtigung der Ergebnisverwendung geregelt (vgl. § 266 III HGB). Daher erscheint in dem durch § 266 HGB vorgeschriebenen Gliederungsschema für Bilanzen von Kapitalgesellschaften im Abs. III unter V der Posten „Jahresüberschuss/Jahresfehlbetrag".

Jahresüberschuss/Jahresfehlbetrag
des laufenden Geschäftsjahres

Anmerkung: Die Ergebnisverwendung wird außerhalb der Bilanz im Anhang ausgewiesen.

(2) Aufstellung der Bilanz unter teilweiser Berücksichtigung der Ergebnisverwendung

Üblicherweise erfolgt die Bilanzaufstellung bei der AG unter Berücksichtigung der teilweisen Gewinnverwendung. Unter der Voraussetzung, dass aus dem Vorjahr ein Gewinnvortrag übernommen wurde und während des laufenden Geschäftsjahrs keine Entnahmen aus bereits gebildeten Rücklagen vorgenommen wurden, errechnet sich der Bilanzgewinn wie folgt:

Jahresüberschuss
– neue Gewinnrücklagen
+ alter Gewinnvortrag

Bilanzgewinn

Anmerkung: Im Fall eines Verlustvortrags ist für die Berechnung des Anteils der gesetzlichen Rücklage der Jahresüberschuss um den Verlustvortrag zu korrigieren (vgl. § 150 II AktG).

Beispiel 1:

Die Württembergische Autowerke AG (WAW AG) kann nach einem schlechten Vorjahr für das Berichtsjahr wieder einen Jahresüberschuss ausweisen. Hier ein Ausschnitt aus der vorläufigen Bilanz:

Aktiva — Ausschnitt aus der Bilanz der WAW AG vor der Gewinnverwendungsrechnung — Passiva

Aktiva	Passiva	
	A. Eigenkapital	
	I. Gezeichnetes Kapital*	492 000 000,00
	II. Kapitalrücklage	16 000 000,00
	III. Gewinnrücklage	
	1. Gesetzliche Rücklage	28 000 000,00
	2. Andere Gewinnrücklagen	61 000 000,00
	IV. Verlustvortrag	– 3 000 000,00
	V. Jahresüberschuss	68 000 000,00

*Die WAW AG hat 98,4 Mio. Stückaktien ausgegeben.

Aufgaben:

1. Ermitteln Sie den Bilanzgewinn! Die Einstellung in die gesetzliche Rücklage erfolgt nach § 150 AktG. In die anderen Gewinnrücklagen werden 30 875 000,00 EUR eingestellt.
2. Gliedern Sie das Eigenkapital der WAW AG unter Berücksichtigung der teilweisen Verwendung des Jahresüberschusses!

Lösungen:

Zu 1.: Ermittlung des Bilanzgewinnes durch Vorstand und Aufsichtsrat

Jahresüberschuss	68 000 000,00 EUR
– Verlustvortrag aus dem Vorjahr	3 000 000,00 EUR
= Bereinigter Jahresüberschuss	65 000 000,00 EUR
– Einstellung in die gesetzliche Rücklage	3 250 000,00 EUR
= Zwischensumme	61 750 000,00 EUR
– Andere Gewinnrücklagen	30 875 000,00 EUR
= Bilanzgewinn	30 875 000,00 EUR

Zu 2.: Gliederung des Eigenkapitals nach der teilweisen Verwendung des Jahresüberschusses

A. Eigenkapital	
I. Gezeichnetes Kapital	492 000 000,00
II. Kapitalrücklage	16 000 000,00
III. Gewinnrücklage	
1. Gesetzliche Rücklage	31 250 000,00
2. Andere Gewinnrücklagen	91 875 000,00
IV. Bilanzgewinn	30 875 000,00

(3) Aufstellung der Bilanz unter vollständiger Berücksichtigung der Ergebnisverwendung

Die Aktionäre haben nach § 58 IV AktG Anspruch auf den Bilanzgewinn, soweit er nicht nach Gesetz, Satzung oder aufgrund eines Beschlusses der Hauptversammlung von der Verteilung an die Aktionäre ausgeschlossen ist. Die Hauptversammlung kann z.B. nach § 58 III, S. 1 AktG beschließen, dass weitere Beträge in die Gewinnrücklagen eingestellt werden oder dass ein Teil des Bilanzgewinnes als Gewinnvortrag in der Gesellschaft verbleibt.

Unter der Annahme, dass ein Teil des Bilanzgewinnes als Gewinnvortrag auf das folgende Geschäftsjahr übertragen wird und dass weitere Beträge in die Gewinnrücklagen eingestellt werden sollen, ergibt sich folgende weitere Berechnung:

Bilanzgewinn
– weitere Gewinnrücklagen
– Dividende
= neuer Gewinnvortrag

Anmerkung: Bis zur Auszahlung stellt der für die Ausschüttung vorgesehene Dividendenbetrag eine Verbindlichkeit der Aktiengesellschaft gegenüber den Aktionären dar.

Beispiel 2:

Wir erweitern das Beispiel 1 von S. 175 in der folgenden Weise:

Die Hauptversammlung genehmigt die Rücklagenbildung und beschließt, dass eine Dividende in Höhe von 6 % ausgeschüttet werden soll und der Restbetrag als Gewinnvortrag verbleibt.

Aufgaben:

1. Berechnen Sie den EUR-Betrag der Dividendenausschüttung und den Gewinnvortrag!
2. Gliedern Sie das Eigenkapital der WAW AG nach der vollständigen Verwendung des Jahresüberschusses, wobei unterstellt werden soll, dass die Dividende bereits ausgezahlt wurde!
3. Berechnen Sie die Selbstfinanzierung!

Lösungen:

Zu 1.: Berechnung der Dividende und des Gewinnvortrags

492 000 000,00 EUR Grundkapital : 98 400 000 Aktien = 5,00 EUR Grundkapital/Aktie

6 % von 5,00 EUR = 0,30 EUR Dividende/Aktie

98 400 000 Aktien · 0,30 EUR = 29 520 000,00 EUR Dividende

Bilanzgewinn	30 875 000,00 EUR
– Dividendenausschüttung	29 520 000,00 EUR
= Gewinnvortrag aus dem Berichtsjahr	1 355 000,00 EUR

Zu 2.: Gliederung des Eigenkapitals nach der vollständigen Verwendung des Bilanzgewinnes

A. Eigenkapital	
I. Gezeichnetes Kapital	492 000 000,00
II. Kapitalrücklage	16 000 000,00
III. Gewinnrücklage	
1. Gesetzliche Rücklage	31 250 000,00
2. Andere Gewinnrücklagen	91 875 000,00
IV. Gewinnvortrag	1 355 000,00

Zu 3.: Berechnung der Selbstfinanzierung[1]

Ausgleich des Verlustvortrags	3 000 000,00 EUR
+ Einstellung in die gesetzliche Rücklage	3 250 000,00 EUR
+ Andere Gewinnrücklagen	30 875 000,00 EUR
+ Gewinnvortrag aus dem Berichtsjahr	1 355 000,00 EUR
= Höhe der Selbstfinanzierung	38 480 000,00 EUR

Übungsaufgabe

39
1. Nennen Sie die Bilanzposten, die zum Eigenkapital einer Aktiengesellschaft gehören!
2. Nennen Sie die Bilanzposten einer Aktiengesellschaft, die die offene Selbstfinanzierung zeigen!
3. Stellen Sie ein allgemein gültiges Berechnungsschema für die Ermittlung der gesetzlichen Gewinnrücklagen (ohne satzungsmäßige Änderungen) auf!

1 Die Höhe der Selbstfinanzierung kann auch als Differenz zwischen dem Jahresüberschuss (68 000 000,00 EUR) und der Dividendenausschüttung (29 520 000,00 EUR) berechnet werden.

12 Speth - ISBN 978-3-8120-0584-5

4. Stellen Sie unter der Annahme, dass ein Verlustvortrag vorliegt, ein allgemein gültiges Berechnungsschema für die Ermittlung des Bilanzgewinnes auf!

5. Beschreiben Sie, welchem Zweck Rücklagen dienen!

6. Die Triberger Uhren AG hat vor dem Beschluss über die Verwendung des Jahresüberschusses in Höhe von 10300000,00 EUR folgende Rücklagen ausgewiesen:

Kapitalrücklage	550000,00 EUR,
Gewinnrücklagen:	
1. Gesetzliche Rücklage	3200000,00 EUR,
2. Andere Gewinnrücklagen	11650000,00 EUR.

Außerdem lag ein Gewinnvortrag aus dem Vorjahr in Höhe von 500000,00 EUR vor.

Aufgaben:

6.1 Berechnen Sie den Bilanzgewinn aufgrund folgender Angaben:
Nach Einstellung des erforderlichen Betrags in die gesetzliche Gewinnrücklage sollen 3000000,00 EUR in andere Gewinnrücklagen eingestellt werden.

6.2 Gliedern Sie das Eigenkapital unter Berücksichtigung der teilweisen Verwendung des Jahresüberschusses!

6.3 Berechnen Sie die höchstmögliche Dividende! Die Triberger Uhren AG hat 50000000 Stückaktien ausgegeben.

6.4 Gliedern Sie das Eigenkapital nach der vollständigen Verwendung des Jahresüberschusses, wobei unterstellt werden soll, dass die Stückdividende bereits ausbezahlt wurde!

6.5 Berechnen Sie

6.5.1 die gesetzlich erzwungene Selbstfinanzierung,

6.5.2 die freiwillig vorgenommene Selbstfinanzierung,

6.5.3 die offene Selbstfinanzierung insgesamt!

2.4.5 Interessenkonflikt zwischen Aktionären und Geschäftsleitung und seine Auswirkungen auf die Dividendenpolitik

Bei der Gewinnverwendung tritt ein **Interessenkonflikt** zwischen der Geschäftsleitung, die eine möglichst hohe **Selbstfinanzierung** wünscht, und den **Dividendenansprüchen** der Aktionäre auf. Deshalb betont der Gesetzgeber in § 58 IV AktG ausdrücklich das Recht der Aktionäre auf den Bilanzgewinn (auf Dividende).

Je nachdem, welche Gruppe sich beim Interessenkonflikt um die Gewinnverwendung durchsetzen kann, sind folgende Extremlösungen denkbar:

- Die **Unternehmensleitung setzt sich** durch und erreicht die Ausweisung des **kleinstmöglichen Bilanzgewinnes** und damit eine möglichst kleine Dividendenzahlung.
- Die **Aktionäre setzen sich durch** und erreichen die Ausweisung des **größtmöglichen Bilanzgewinnes** und damit eine möglichst hohe Dividendenzahlung.

Beispiel:

Das Eigenkapital der EXTREM AG weist bei einem Jahresüberschuss von 455000,00 EUR vor der Gewinnverwendungsrechnung folgende Positionen auf:

Gezeichnetes Kapital	4500000,00 EUR
Kapitalrücklage	110000,00 EUR
Gesetzliche Rücklage	170000,00 EUR
Andere Gewinnrücklagen	280000,00 EUR
Gewinnvortrag	1625,00 EUR

Der kleinste Aktiennennwert beträgt 5,00 EUR. Höchstmögliche Dividendenausschüttung.

Aufgaben:

1. Ermitteln Sie den minimalen Bilanzgewinn, den Vorstand und Aufsichtsrat mindestens ausweisen müssen, sowie den Gewinnvortrag und den sich dabei ergebenden Betrag, der zur Selbstfinanzierung zur Verfügung steht!
2. Ermitteln Sie den maximalen Bilanzgewinn, den Vorstand und Aufsichtsrat höchstens ausweisen können, sowie den Gewinnvortrag und den sich dabei ergebenden Betrag, der zur Selbstfinanzierung zur Verfügung steht bzw. verloren geht!

Lösungen:

Zu 1.: Situation bei Ermittlung eines minimalen Bilanzgewinnes

Soll ein minimaler Bilanzgewinn ermittelt werden, können neben der gesetzlichen Rücklage im Fall, dass Vorstand und Aufsichtsrat den Jahresabschluss feststellen (Normalfall), noch zusätzlich Beträge in andere Gewinnrücklagen eingestellt werden. Im Folgenden wird unterstellt, dass Vorstand und Aufsichtsrat die höchstmöglichen Beträge nach § 58 II, S. 1 AktG in die anderen Gewinnrücklagen einstellen. Wir erhalten folgende Berechnung:

Jahresüberschuss	455000,00 EUR
– Einstellung in die gesetzliche Rücklage	22750,00 EUR
= Zwischensumme	432250,00 EUR
– Einstellung in andere Gewinnrücklagen	216125,00 EUR
= Restlicher Jahresüberschuss	216125,00 EUR
+ Gewinnvortrag aus dem Vorjahr	1625,00 EUR
= Bilanzgewinn	217750,00 EUR
– Dividendenausschüttung 0,24 EUR	216000,00 EUR
= Gewinnvortrag	1750,00 EUR

Die offene Selbstfinanzierung errechnet sich wie folgt:

Einstellung in die gesetzliche Rücklage	22750,00 EUR
+ Einstellung in andere Gewinnrücklagen	216125,00 EUR
+ neuer Gewinnvortrag	1750,00 EUR
= Zwischensumme	240625,00 EUR
– alter Gewinnvortrag	1625,00 EUR
= gesamte neue Selbstfinanzierung	239000,00 EUR

Erläuterung: Da der alte Gewinnvortrag im Bilanzgewinn enthalten ist, ist er in der Dividendenausschüttung enthalten und steht daher zur Selbstfinanzierung nicht mehr zur Verfügung. Dagegen bleibt der neue Gewinnvortrag des Unternehmens zur Selbstfinanzierung erhalten.

Zu 2.: Situation bei der Ermittlung eines maximalen Bilanzgewinnes

Soll ein maximaler Bilanzgewinn ermittelt werden, wird der Jahresüberschuss nur um die gesetzliche Rücklage gekürzt. Um den Bilanzgewinn möglichst hoch auszuweisen, können die vorhandenen anderen Rücklagen aufgelöst werden. Dann erhalten wir folgende Berechnung:

Jahresüberschuss	455000,00 EUR
– Einstellung in die gesetzliche Rücklage	22750,00 EUR
= Zwischensumme	432250,00 EUR
+ Entnahme aus den anderen Gewinnrücklagen	280000,00 EUR
+ Gewinnvortrag aus dem Vorjahr	1625,00 EUR
= Bilanzgewinn	713875,00 EUR
– Dividendenausschüttung 0,79 EUR/Aktie	711000,00 EUR
= Gewinnvortrag aus dem Berichtsjahr	2875,00 EUR

Die offene Selbstfinanzierung errechnet sich wie folgt:

Einstellung in gesetzliche Rücklage	22750,00 EUR
– Entnahme aus anderen Gewinnrücklagen	280000,00 EUR
+ Neuer Gewinnvortrag	2875,00 EUR
= Zwischensumme	– 254375,00 EUR
– Alter Gewinnvortrag	1625,00 EUR
= Auflösung der Selbstfinanzierung insgesamt	– 256000,00 EUR

Zur Entschärfung des Interessenkonflikts hat sich in der Praxis das so genannte **Schütt-aus-Hol-zurück-Verfahren** herausgebildet. Die AG schüttet dabei eine hohe Dividende an die Aktionäre aus (allerdings ohne Rücklagen aufzulösen), gestaltet dabei gleichzeitig die Konditionen für eine Wiederanlage der erhaltenen Dividenden in junge Aktien so, dass sie für die Aktionäre attraktiv ist.

Merke:

Die Höhe des für die Dividendenausschüttung bereitgestellten Bilanzgewinnes beeinflusst den Umfang der offenen Selbstfinanzierung in starkem Maße.

2.5 Beurteilung der Selbstfinanzierung

Wichtige Vor- und Nachteile der Selbstfinanzierung sind in der nachfolgenden Tabelle einander gegenübergestellt.

Vorteile	Nachteile
■ Die Mittel stehen dem Unternehmen ohne zeitliche Begrenzung zur Verfügung, da es sich um Eigenkapitalbestandteile handelt. ■ Kein Zinsaufwand, weil kurzfristig auf eine Verzinsung des Eigenkapitals verzichtet werden kann. ■ Keine Tilgung und somit keine Belastung der Liquidität. ■ Unabhängigkeit (kein Einfluss von Gläubigern auf das Unternehmen). ■ Erhöhung der Kreditwürdigkeit. ■ Keine Kapitalbeschaffungskosten.	■ Es ist ein Beschluss der Hauptversammlung über die Verwendung des Bilanzgewinns nötig. ■ Das erhöhte Eigenkapital kann den Vorstand dazu verleiten, zu risikoreiche Investitionen vorzunehmen. ■ Bei einer geringen Dividendenzahlung kommt es zu einer negativen Stimmung bei den Aktionären (insbesondere bei den Kleinaktionären). ■ Die Aktie ist wegen der geringen Dividendenzahlung wenig attraktiv (geringe Kurssteigerungen). ■ Unerwünschte Einkommensumverteilung zugunsten der Unternehmen, wenn die Selbstfinanzierung über ungerechtfertigt hohe Preise vorgenommen wird.

Übungsaufgaben

40 1. Das Eigenkapital der Tübinger Reifen AG wurde im Jahresabschluss für das Berichtsjahr wie folgt ausgewiesen:

Gezeichnetes Kapital	12,00 Mio. EUR	Andere Gewinnrücklagen	0,60 Mio. EUR
Kapitalrücklage	16,80 Mio. EUR	Gewinnvortrag aus dem Vorjahr	0,06 Mio. EUR

Für das Berichtsjahr wurden Aufwendungen von 83,6 Mio. EUR und Erträge von 87,9 Mio. EUR ermittelt. Vorstand und Aufsichtsrat stellten den Jahresabschluss fest, wobei sich die Gewinnverwendung ausschließlich nach den Vorschriften des Aktiengesetzes richtete. Es wurden 12 000 000 Stückaktien ausgegeben.

Aufgaben:

1.1 Erläutern Sie, inwieweit die Gewinnansprüche der Aktionäre dieser AG bei der Feststellung des Jahresabschlusses durch Vorstand und Aufsichtsrat geschmälert werden können!

1.2 Berechnen Sie die minimale ganzzahlige Stückdividende, die Vorstand und Aufsichtsrat der AG den Aktionären für das Berichtsjahr anbieten müssen!

Ermitteln Sie dabei auch in übersichtlicher Form den Bilanzgewinn und den Gewinnvortrag für das Berichtsjahr!

1.3 Berechnen Sie die freiwillige und erzwungene Selbstfinanzierung!

2. Der Jahresabschluss der IMMO AG für 20.. wurde durch Vorstand und Aufsichtsrat festgestellt. Folgende Werte sind der Schlussbilanz entnommen:

Grundkapital	8 000 000,00 EUR		
Kapitalrücklage	1 100 000,00 EUR	Andere Gewinnrücklagen	240 000,00 EUR
Gesetzliche Rücklage	140 000,00 EUR	Verlustvortrag	28 000,00 EUR

Der Jahresüberschuss beträgt 1 025 000,00 EUR. Die Einstellung in die gesetzliche Rücklage erfolgt nach § 150 II AktG; den anderen Gewinnrücklagen wollen Vorstand und Aufsichtsrat 200 000,00 EUR zuführen. Der auf eine Stückaktie entfallende anteilige Wert am Grundkapital beträgt 1,00 EUR.

Aufgaben:

2.1 Berechnen Sie die höchstmögliche Stückdividende!

2.2 Stellen Sie in einer Übersicht die Posten des Eigenkapitals dar
- vor Gewinnverwendung,
- nach teilweiser Gewinnverwendung und
- nach vollständiger Gewinnverwendung!

3. Die BIOTEX AG hat für ihre vorläufige Bilanz folgende Zahlen ermittelt:

Gezeichnetes Kapital	5 000 000,00 EUR	Andere Gewinnrücklagen	400 000,00 EUR
Kapitalrücklagen	300 000,00 EUR	Gewinnvortrag	20 000,00 EUR
Gesetzliche Rücklagen	250 000,00 EUR	Jahresfehlbetrag	170 000,00 EUR

Der Aktiennennwert beträgt 1,00 EUR.

Die AG möchte für das abgelaufene Geschäftsjahr dennoch möglichst viel Dividende ausschütten, da das neue Geschäftsjahr sehr Erfolg versprechend angelaufen ist. Die Satzung enthält keine besonderen Vorschriften.

Aufgaben:

Ermitteln Sie den Bilanzgewinn, der für die Ausschüttung bereitgestellt werden kann, und den Dividendensatz (in EUR und in Prozent)!

41 Die Hoffmann Bautechnik AG weist folgendes Eigenkapital aus:

Vorstand und Aufsichtsrat stellen den Jahresabschluss fest. Die Gewinnverwendung richtet sich ausschließlich nach den Vorschriften des Aktiengesetzes.

Für das Geschäftsjahr 20.. wird eine möglichst hohe Selbstfinanzierung angestrebt.

Aufgaben:

1. Berechnen Sie den Jahresüberschuss für das Geschäftsjahr 20.. Berücksichtigen Sie dabei einen Gewinnvortrag aus dem Vorjahr in Höhe von 50 000,00 EUR.
2. 2.1 Berechnen Sie die höchstmögliche Dividende für eine 5-EUR-Aktie in Euro!

   2.2 Ermitteln Sie den neuen Gewinnvortrag!
3. Berechnen Sie die Höhe der Selbstfinanzierung!
4. Nennen Sie zwei Gründe, die gegen die maximale Ausschöpfung der offenen Selbstfinanzierung sprechen!

42 Die Franz Heine AG legt für das laufende Geschäftsjahr folgende Daten für das Eigenkapital vor:

Gezeichnetes Kapital	200
Kapitalrücklage	10
Gewinnrücklagen	
– Gesetzliche Rücklage	9
– Andere Gewinnrücklagen	290,5
Jahresüberschuss	60
Verlustvortrag	– 1,5

Die Franz Heine AG hat seit ihrer Gründung 40 Mio. Stückaktien ausgegeben.

Aufgaben:

1. Zeigen Sie in einer übersichtlichen Darstellung unter Berücksichtigung aktienrechtlicher Bestimmungen die Ermittlung und die Verwendung des Bilanzgewinnes sowie den maximalen Betrag der offenen Selbstfinanzierung der AG, wenn eine Stückdividende von 0,15 EUR ausgeschüttet wird!
2. Nennen Sie die Organe der AG, welche für die notwendigen Entscheidungen jeweils zuständig sind!

3 Beteiligungsfinanzierung als Möglichkeit der Beschaffung finanzieller Mittel

3.1 Begriff Beteiligungsfinanzierung

Merke:

Der Begriff der **Beteiligungsfinanzierung** betrifft die **Rechtsstellung des Kapitalgebers.** Sie ist durch folgende **Merkmale** gekennzeichnet:

- Die Kapitalgeber (Gesellschafter) erwerben in Höhe ihrer Einlage **Anteilsrechte** (Beteiligungsrechte) **am Eigenkapital** der Unternehmen.
- Die Kapitalgeber (Gesellschafter) erhalten eine **gewinnabhängige Vergütung.**
- Die Kapitalgeber (Gesellschafter) erwerben **Mitwirkungsrechte** (z. B. Geschäftsführungs- und Vertretungsrechte).

Die aus der Beteiligungsfinanzierung (Eigenfinanzierung) stammenden Mittel bezeichnet man bilanzrechtlich als **Eigenkapital.** Unter dem **Gesichtspunkt der Kapitalherkunft** zählt die Eigenfinanzierung durch Einlagen bzw. Beteiligungen zur Außenfinanzierung, weil dem Unternehmen Finanzmittel von außen zugeführt werden.

3.2 Beteiligungsfinanzierung am Beispiel der Aktiengesellschaft – ordentliche Kapitalerhöhung (Kapitalerhöhung gegen Einlagen)

Das Aktiengesetz sieht für die Beteiligungsfinanzierung der Aktiengesellschaft folgende Formen der Kapitalerhöhung (Kapitalbeschaffung) vor: (1) **ordentliche Kapitalerhöhung** (Kapitalerhöhung gegen Einlagen), (2) **genehmigte Kapitalerhöhung** und (3) **bedingte Kapitalerhöhung.** Die Kapitalerhöhung bedarf einer Satzungsänderung, wozu ein **Beschluss der Hauptversammlung mit qualifizierter Mehrheit** (drei Viertel des bei der Beschlussfassung vertretenen Grundkapitals) notwendig ist.[1]

1 Im Folgenden beschränken wir uns aufgrund des Lehrplans auf die Darstellung der ordentlichen Kapitalerhöhung (Kapitalerhöhung gegen Einlagen) [§§ 182–191 AktG].

(1) Grundbegriffe und Ablauf der ordentlichen Kapitalerhöhung

Bei der Kapitalerhöhung gegen Einlagen (ordentliche Kapitalerhöhung nach §§ 182ff. AktG) erfolgt die Beschaffung der liquiden Mittel gegen Ausgabe junger (neuer) Aktien. Der **Emissionskurs** (Ausgabekurs, Bezugskurs) **der jungen Aktien** darf bei Nennwertaktien **nicht unter dem Nennwert (unter pari)** liegen. Bei **Stückaktien** darf der Emissionskurs **nicht unter dem Beteiligungswert einer Aktie** (dem „fiktiven Nennwert") liegen. Eine Überpari-Emission ist zulässig. Sie hat zur Folge, dass der Nennwert der Kapitalerhöhung wesentlich geringer sein kann als der erforderliche Kapitalbedarf der AG.

Bei einer Kapitalerhöhung gegen Geldeinlagen fließen der Aktiengesellschaft entsprechende Geldmittel, bei einer Kapitalerhöhung gegen Sachmittel (z.B. Einbringung von Grundstücken) entsprechende Sachmittel zu (siehe § 183 AktG). In **Höhe des Nennbetrags der gezeichneten Aktien** erhöht sich das **gezeichnete Kapital (Grundkapital)** der Gesellschaft. Bei einer AG mit Stückaktien muss sich die Zahl der Aktien in demselben Verhältnis wie das Grundkapital erhöhen [§ 182 I, S. 5 AktG]. Der über den Nennbetrag hinausgehende Mittelzufluss, das sogenannte **Agio,** wird als **Kapitalrücklage ausgewiesen** [§ 272 II, Nr. 1 HGB].[1] In Höhe des gesamten Mittelzuflusses erhöht sich das **bilanzierte Eigenkapital** der AG.

Damit die bisherigen Aktionäre bei der Ausgabe junger (neuer) Aktien nicht benachteiligt werden, muss nach § 186 I AktG jedem Altaktionär auf sein Verlangen ein seinem Anteil an dem bisherigen Grundkapital entsprechender Teil der neuen Aktien zugeteilt werden.

(2) Berechnung des Bezugsverhältnisses

Das Bezugsverhältnis drückt das Verhältnis zwischen dem Nennwert des bisherigen Grundkapitals und dem Nennwert der Kapitalerhöhung aus.

Beispiel:

Die Maschinenfabrik Franz Baier AG mit einem Grundkapital in Höhe von 6000000,00 EUR beschließt eine Kapitalerhöhung auf 8000000,00 EUR. Sie gibt hierzu Aktien im Nennwert von 2000000,00 EUR aus.

Aufgabe:

Berechnen Sie das Bezugsverhältnis!

Lösung:

$$\text{Bezugsverhältnis} = \frac{6\,000\,000 \text{ EUR}}{2\,000\,000 \text{ EUR}} = \underline{\underline{\frac{3}{1}}}$$

Ergebnis: Das Bezugsverhältnis beträgt 3 : 1 und besagt, dass drei Altaktien (Bezugsrechte) erforderlich sind, um eine junge Aktie erwerben zu können.

Merke:

$$\text{Bezugsverhältnis} = \frac{\text{Nennwert des bisherigen Grundkapitals}}{\text{Nennwert der Kapitalerhöhung}}$$

1 Zu der Definition der Begriffe „gezeichnetes Kapital" und Kapitalrücklage siehe S. 170.

(3) Begriff und Bedeutung des Bezugsrechts

Merke:

Bezugsrecht ist das dem Aktionär zustehende Recht, bei einer Kapitalerhöhung einen seinem Anteil am bisherigen Grundkapital entsprechenden Teil der jungen (neuen) Aktien zu beziehen.

Das **Bezugsrecht** hat für die Altaktionäre zwei wichtige Bedeutungen:

- Aufrechterhaltung der bisherigen Stimmrechtsanteile der Aktionäre.
- Ausgleich von Vermögensnachteilen infolge der Kurssenkung.

Zu 1.: Veränderung der bisherigen Stimmrechtsanteile der Altaktionäre

Beispiel:

Die Karlsruher Chemie AG mit einem Grundkapital in Höhe von 4000000,00 EUR beschließt eine ordentliche Kapitalerhöhung auf 6000000,00 EUR. Sie gibt hierzu Aktien im Nennwert von 2000000,00 EUR aus. Der Altaktionär Franz Wohlhaben besitzt ein Aktienpaket im Nennwert von 1000000,00 EUR an dieser AG. Der Mindestnennwert der Aktie beträgt 5,00 EUR.

Aufgaben:

1. Berechnen Sie das Bezugsverhältnis!
2. Ermitteln Sie, mit wie viel Prozent Herr Wohlhaben am Grundkapital vor der Grundkapitalerhöhung beteiligt ist!
3. Ermitteln Sie, auf wie viel Prozent der Anteil von Herrn Wohlhaben am Grundkapital absinken könnte, wenn kein Bezugsrecht besteht!
4. Berechnen Sie die Anzahl an jungen Aktien, die Herr Wohlhaben erwerben muss, um nach der Grundkapitalerhöhung den gleichen Anteil am erhöhten Grundkapital der Karlsruher Chemie AG zu haben wie vor der Grundkapitalerhöhung!

Lösungen:

Zu 1.: $\text{Bezugsverhältnis} = \frac{4000000\ \text{EUR}}{2000000\ \text{EUR}} = \underline{\underline{\frac{2}{1}}}$

Zu 2.: Herr Wohlhaben ist mit $^1/_4$ (1 Mio. EUR : 4 Mio. EUR), das sind 25 %, an der AG beteiligt.

Zu 3.: Ohne die Einräumung eines Bezugsrechts sinkt der Anteil von Herrn Wohlhaben am Grundkapital der AG auf $^1/_6$ (1 Mio. EUR : 6 Mio. EUR), das sind 16 $^2/_3$ %, ab.

Zu 4.: Das Aktienpaket von Herrn Wohlhaben muss nach der Kapitalerhöhung $^1/_4$ des neuen Grundkapitals (6 Mio. EUR : 4), also 1,5 Mio. EUR betragen, d.h., er müsste 100000 junge Aktien erwerben.

Probe: Herr Wohlhaben besitzt 200000 Aktien (Bezugsrechte) und kann damit 100000 junge Aktien (100000 Aktien · 5,00 EUR = 500000,00 EUR Nennwert) kaufen.

Zu 2.: Vermögensnachteile infolge der Kurssenkung

Die Ausgabe junger Aktien[1] findet nur dann das Interesse von Kapitalanlegern, wenn der Ausgabekurs unter dem bisherigen Börsenkurs der Aktien der betreffenden Gesellschaft liegt.

Die richtige Wahl des **Emissionskurses** der jungen Aktien ist ein wesentlicher Faktor für das Gelingen einer Kapitalerhöhung. Niedrige Emissionskurse erleichtern zwar die Emission, haben für das Unternehmen jedoch den Nachteil, dass ihr weniger Mittel zufließen. Ein hoher Börsenkurs der alten Aktien ermöglicht auch einen hohen Emissionskurs der jungen Aktien.

Nach der Emission der jungen Aktien sinkt der Börsenkurs meist auf den „Mittelkurs". Rechnerisch ist das der gewogene Durchschnitt des alten Börsenkurses und des Emissionskurses der jungen Aktien. Dem dabei entstehenden Wertverlust einer Altaktie entspricht rein rechnerisch der Wert des Bezugsrechts.

Für die Ermittlung des Mittelkurses (gewogener Durchschnitt) sind der Kurswert der alten Aktien (Anzahl alter Aktien · Kurs alte Aktien), der Kurswert der jungen Aktien (Anzahl junger Aktien · Emissionskurs), die Anzahl der alten Aktien und die Anzahl der jungen Aktien maßgebend. Der Mittelkurs ergibt sich daher aufgrund folgender Berechnungsformel:

$$\text{Mittelkurs} = \frac{\text{Anzahl alter Aktien} \cdot \text{Kurs alte Aktien} + \text{Anzahl junger Aktien} \cdot \text{Emissionskurs}}{\text{Anzahl alter Aktien} + \text{Anzahl junger Aktien}}$$

Beispiel: Ergänzung zum Beispiel auf S. 185

Der Börsenkurs der Aktien der Karlsruher Chemie AG mit einem Grundkapital von 4000000,00 EUR (800000 Aktien zu je 5,00 EUR) beträgt vor der Kapitalerhöhung 25,00 EUR je Stück.

Der Emissionskurs von 400000 Stück jungen Aktien im Nennwert von 5,00 EUR je Stück wird auf 22,00 EUR je Stück festgesetzt.

Aufgaben:

1. Berechnen Sie den Mittelkurs!
2. Berechnen Sie den Vermögensverlust der Altaktionäre je Aktie!
3. Ermitteln Sie den rechnerischen Wert des Bezugsrechts!
4. Weisen Sie nach, dass Herr Wohlhaben, der ein Aktienpaket im Nennwert von 1000000,00 EUR an der Chemie AG hält, durch die Kapitalerhöhung rechnerisch keinen Vermögensnachteil erlitten hat!

Lösungen:

Zu 1.: $$\text{Mittelkurs} = \frac{800000 \cdot 25 + 400000 \cdot 22}{800000 + 400000} = \underline{\underline{24{,}00\ \text{EUR}}}$$

Verkürzt über das Bezugsverhältnis: $$\frac{2 \cdot 25 + 1 \cdot 22}{3} = \underline{\underline{24{,}00\ \text{EUR}}}$$

Ergebnis: Der Mittelkurs beträgt 24,00 EUR.

---

1 Junge Aktien sind Aktien, die bei einer Grundkapitalerhöhung [§§ 182 ff. AktG] den Aktionären zum Kauf angeboten werden. Die alten Aktionäre können ihr Bezugsrecht verkaufen, sodass auch Dritte die jungen Aktien erwerben können.

Zu 2.: Der Vermögensverlust der Altaktionäre beträgt damit 1,00 EUR je Aktie (bisheriger Börsenkurs 25,00 EUR – Mittelkurs 24,00 EUR). Da das Bezugsrecht einen marktfähigen Wert für sich darstellt, muss diesem Vermögensverlust der rechnerische Wert des Bezugsrechts entsprechen.

Zu 3.: Allgemein lässt sich der Wert des Bezugsrechts mithilfe folgender Berechnungsformel ermitteln:[1]

$$\text{Wert des Bezugsrechts} = \frac{\text{Kurs der alten Aktien} - \text{Kurs der jungen Aktien}}{\dfrac{\text{Anzahl}^2\text{ der alten Aktien}}{\text{Anzahl}^2\text{ der jungen Aktien}} + 1}$$

Auf die Daten unseres Beispiels angewandt, ergibt das folgenden Wert:

$$\text{Wert des Bezugsrechts} = \frac{25 - 22}{\dfrac{800\,000}{400\,000} + 1} = \frac{3}{3} = \underline{\underline{1{,}00\ (\text{EUR/Stück})}}$$

Der rechnerisch ermittelte Wert des Bezugsrechts entspricht damit dem Wert des Vermögensverlusts, den der Altaktionär durch die Ausgabe neuer Aktien zu einem unter dem Börsenkurs liegenden Emissionskurs erleidet. Falls der Altaktionär von seinem Bezugsrecht keinen Gebrauch macht, muss der neue Aktionär den Wert des Bezugsrechts mitbezahlen.

Zu 4.:

Wert des Aktienpakets vor der Kapitalerhöhung		Wert des Aktienpakets nach der Kapitalerhöhung	
200 000 Aktien · 25,00 EUR	= 5 000 000,00 EUR	200 000 Aktien · 24,00 EUR	= 4 800 000,00 EUR
		+ Wert des Bezugsrechts 200 000 Aktien zu je 1,00 EUR	= 200 000,00 EUR
			5 000 000,00 EUR

Da an der Börse die Nachfrage- und Angebotsverhältnisse den Wert des Bezugsrechts bestimmen, weicht der tatsächliche Wert meist etwas vom rechnerischen Wert ab.

Merke:

- **Junge Aktien** können nur zusammen mit einer bestimmten **Anzahl von Bezugsrechten** erworben werden. Die Altaktionäre erhalten diese Bezugsrechte, die in der Bezugsfrist getrennt von den Aktien an der Börse gehandelt werden.
- Bei der Emission von jungen Aktien ist das **Agio in die Kapitalrücklagen** einzustellen.
- Durch die Wahrnehmung des Bezugsrechts bleibt der **Anteil des Altaktionärs am Grundkapital** der AG **erhalten.**

---

1 Bei dieser „Berechnungsmethode" wird unterstellt, dass weder „Dividendenvorteile" noch „Dividendennachteile" vorliegen. Ist dies der Fall, müssen diese bei der Ermittlung des rechnerischen Werts des Bezugsrechts berücksichtigt werden. Ein Dividendenvorteil liegt z.B. vor, wenn die neuen Aktien einen Bonus erhalten. Ein Dividendennachteil ist z.B. gegeben, wenn die neuen Aktien zunächst keine oder eine geringere Dividende erhalten.

2 Hierbei handelt es sich um das Bezugsverhältnis, d. h., der Bruch kann auch durch das Bezugsverhältnis ersetzt werden. Die Formel lautet dann:

$$\text{Wert des Bezugsrechts} = \frac{\text{Kurs der alten Aktien} - \text{Kurs der jungen Aktien}}{\text{Bezugsverhältnis} + 1}$$

■ Nach der Emission bildet sich ein **Mittelkurs,** der rechnerisch dem gewogenen Durchschnitt von bisherigem Kurs und Bezugskurs der jungen Aktien entspricht.

(4) Beispiel für eine ordentliche Kapitalerhöhung

Die ordentliche Hauptversammlung der Maschinenfabrik Hempel AG hat am 15. Mai 20.. beschlossen, das Grundkapital von 90 Mio. EUR auf 150 Mio. EUR durch Ausgabe von 60 Mio. EUR junger Aktien zu erhöhen. Der Emissionskurs der jungen Aktien beträgt 26,00 EUR je 5-EUR-Aktie. Der Börsenkurs der alten Aktien beträgt 32,00 EUR je 5-EUR-Aktie. Die Emissionskosten betragen 1,42 Mio. EUR.

Aufgaben:

1. Berechnen Sie den Vermögenszuwachs der Maschinenfabrik Hempel AG! Ermitteln Sie die Höhe des Agios!
2. Stellen Sie die Eigenkapitalposten nach der Kapitalerhöhung dar!
3. Ermitteln Sie das Bezugsverhältnis!
4. Berechnen Sie den Mittelkurs und den rechnerischen Wert des Bezugsrechts!
5. Berechnen Sie den Betrag, den der Aktionär Sigi, der 150 Aktien besitzt, aufzubringen hat, wenn er an der Kapitalerhöhung teilnimmt![1]
6. Berechnen Sie, ob der Aktionär Sigi einen Vermögensverlust erleidet, wenn er an der Kapitalerhöhung nicht teilnimmt?[1]

Lösungen:

Zu 1.: Kapitalzufluss:

60 Mio. EUR : 5,00 EUR = 12 000 000 Aktien · 26,00 EUR =	312,00 Mio. EUR
– Emissionskosten:	1,42 Mio. EUR
Vermögenszuwachs	310,58 Mio. EUR
Agio: 12 000 000 Aktien · (26,00 EUR – 5,00 EUR) =	252,00 Mio. EUR

Zu 2.:

- Gezeichnetes Kapital (90 Mio. EUR + 60 Mio. EUR) 150 Mio. EUR
- Kapitalrücklage 252 Mio. EUR

Zu 3.: $\text{Bezugsverhältnis} = \frac{90}{60} = \frac{3}{2}$

Zu 4.: $\text{Mittelkurs} = \frac{18\,000\,000 \cdot 32 + 12\,000\,000 \cdot 26}{18\,000\,000 + 12\,000\,000} = 29{,}60\ \text{EUR}$

$\text{Wert des Bezugsrechts} = \frac{32 - 26}{\frac{3}{2} + 1} = 2{,}40\ \text{EUR}$

Zu 5.: Der Aktionär Sigi besitzt 150 Bezugsrechte, d. h., er kann 100 junge Aktien beziehen. Er muss hierzu 100 · 26,00 EUR = 2 600,00 EUR aufwenden.

Zu 6.: Vermögensverlust des Aktionärs Sigi: 150 · (32,00 EUR – 29,60 EUR) = 360,00 EUR

Erlös aus dem Verkauf von Bezugsrechten: 150 · 2,40 EUR = 360,00 EUR

Der Vermögensverlust wird durch den Erlös aus dem Verkauf der Bezugsrechte ausgeglichen.

1 Kauf- und Verkaufsspesen bleiben unberücksichtigt.

(5) Bilanzkurs

Merke:

Der **Bilanzkurs** ist das Verhältnis des bilanzierten Eigenkapitals zum Grundkapital.

$$\text{Bilanzkurs} = \frac{\text{bilanziertes Eigenkapital} \cdot 100}{\text{Grundkapital}}$$

Der Bilanzkurs zeigt auf, wie viele in der Bilanz ausgewiesene Rücklagen auf eine Aktie entfallen. Da im Bilanzkurs die angenommenen stillen Rücklagen nicht berücksichtigt sind, ist der Börsenkurs in der Regel wesentlich höher als der Bilanzkurs.

Beispiel:

Das Grundkapital einer AG beträgt 150 Mio. EUR, die gesetzlichen Rücklagen 10 Mio. EUR, die anderen Gewinnrücklagen 120 Mio. EUR und die Kapitalrücklagen 215 Mio. EUR.

$$\text{Bilanzkurs} = \frac{495 \cdot 100}{150} = \underline{\underline{330\ \%}}$$

Beträgt der Nennwert einer Aktie im angegebenen Beispiel 5,00 EUR, dann ergibt dies einen Bilanzkurs von 16,50 EUR, d.h., jede Aktie ist mit 11,50 EUR an den Rücklagen beteiligt.

3.3 Beurteilung der Beteiligungsfinanzierung

Die Vor- und Nachteile der Beteiligungsfinanzierung sind in der nachfolgenden Übersicht aufgelistet.

Vorteile	Nachteile
■ Die Mittel stehen dem Unternehmen ohne zeitliche Begrenzung zur Verfügung. ■ Keine Tilgung und somit keine Belastung der Liquidität. ■ Kein Zinsaufwand, weil kurzfristig auf eine Verzinsung des Eigenkapitals verzichtet werden kann. ■ Unabhängigkeit (kein Einfluss von Gläubigern auf das Unternehmen). ■ Erhöhung der Kreditwürdigkeit. ■ Keine Kapitalbeschaffungskosten bei Einzelunternehmen und Personengesellschaften. (Bei Aktiengesellschaften entstehen jedoch z.B. Verwaltungs- und Emissionskosten anlässlich der Emission von Aktien.)	■ Bei Einzelunternehmen und Personengesellschaften ist die Finanzkraft des Inhabers bzw. der Gesellschafter i.d.R. begrenzt. ■ Bei Personengesellschaften kann die Aufnahme weiterer Gesellschafter zu Schwierigkeiten führen, wenn diesen ebenfalls Geschäftsführungs- und Vertretungsrechte eingeräumt werden müssen. ■ Bei Aktiengesellschaften entsteht dieses Problem nicht. Dennoch liegt eine gewisse Begrenzung der Beteiligungsfinanzierung bei Aktiengesellschaften dann vor, wenn durch eine Kapitalerhöhung bisherige gewünschte Mehrheitsverhältnisse gefährdet werden.

Übungsaufgaben

43 1. Die Ulmer Baustoffe AG gibt 500000 Stück junge Aktien im Nennwert von 5,00 EUR je Stück zum Kurs von 180,00 EUR/Stück heraus. An Emissionskosten fallen 9000000,00 EUR an.

Aufgaben:

1.1 Ermitteln Sie den Betrag, um den sich das Grundkapital der AG erhöht!

1.2 Berechnen Sie den Finanzmittelzufluss bei der AG!

1.3 Ermitteln Sie den Betrag, um den sich das Eigenkapital der AG erhöht!

2. Eine AG weist auf der Passivseite der Bilanz u.a. folgende Posten aus:

Gezeichnetes Kapital	8000000,00 EUR
Kapitalrücklage	1500000,00 EUR
Gewinnvortrag	28000,00 EUR
Jahresfehlbetrag	750000,00 EUR

Aufgaben:

2.1 Berechnen Sie das bilanzierte Eigenkapital!

2.2 Berechnen Sie das Haftungskapital der AG!

2.3 Ermitteln Sie die Anzahl der Aktien, die die Aktionäre besitzen, wenn die Aktien einen Nennwert von 5,00 EUR je Stück aufweisen!

2.4 Ermitteln Sie den Vermögenswert, den die Aktien repräsentieren, wenn ihr Kurs 85,00 EUR je Stück beträgt!

44 1. Die Hauptversammlung der Kolbinger Mineral AG beschließt mit qualifizierter Mehrheit eine ordentliche Kapitalerhöhung um 36 Mio. EUR auf 96 Mio. EUR. Der Börsenkurs der Altaktien wird mit 200,00 EUR notiert. Der Emissionskurs beträgt 150,00 EUR je 10-EUR-Aktie.

Aufgaben:

1.1 Ermitteln Sie das Bezugsverhältnis und den rechnerischen Wert des Bezugsrechts!

1.2 Berechnen Sie den Finanzmittelzufluss der Kolbinger Mineral AG! Ermitteln Sie die Höhe des Agios und geben Sie an, wo das Agio ausgewiesen wird!

1.3 Erläutern Sie, ob die AG auch einen höheren Emissionskurs für die jungen Aktien hätte, festlegen können!

2. Die Wagner Tiefbau AG plant eine Investition über 27 Mio. EUR. Der erzielbare Emissionskurs je 5-EUR-Aktie liegt bei 70,00 EUR.

Aufgabe:

Berechnen Sie, wie hoch die Kapitalerhöhung mindestens sein muss, damit das Investitionsvorhaben durchgeführt werden kann! (Emissionskosten 1 Mio. EUR)

45 Die Lörracher Feintechnik AG stellt hochwertige Präzisionswerkzeuge her. Das Eigenkapital weist folgende Werte auf:

A. Eigenkapital

I. Gezeichnetes Kapital	50000 TEUR
II. Kapitalrücklage	25000 TEUR

Die 10 Mio. Stückaktien der Lörracher Feintechnik AG befinden sich zu 70 % im Besitz der Gründerfamilie. Im Jahr 12 ging die AG an die Börse. Seither sind 30 % der Aktien, die früher auch im Familienbesitz waren, breit gestreut.

Aufgaben:

1. Nennen Sie zwei Gründe, die die AG im Jahr 12 zum Schritt an die Börse veranlasst haben könnten!
2. Die Expansion des Unternehmens macht die Zuführung von weiterem Eigenkapital notwendig. Im Jahr 14 soll eine Kapitalerhöhung gegen Einlagen von 10 Mio. EUR durchgeführt werden. Die Emissionskosten betragen 750000,00 EUR. Die Börse notiert die Lörracher Feintechnik-Aktie vor der Kapitalerhöhung mit 42,00 EUR.

   2.1 Die AG muss für die jungen Aktien den Emissionskurs festlegen. Nennen Sie Gesichtspunkte, die hierbei zu berücksichtigen sind! Gehen Sie dabei auch auf den höchstmöglichen und den theoretisch niedrigsten Emissionskurs ein!

   2.2 Der Börsenkurs wird nach der Kapitalerhöhung mit 39,00 EUR notiert.
   - Ermitteln Sie den rechnerischen Emissionskurs in EUR!
   - Berechnen Sie, wie sich die entsprechenden Eigenkapitalposten verändert haben!

46 Die Göppinger Maschinenbau-AG plant, ihr Produktprogramm um den Bereich Umwelttechnologie zu erweitern. Der Vorstand rechnet mit einem Investitionsvolumen im Anlagenbereich von 250 Mio. EUR.

Gliederung des Eigenkapitals:

A. Eigenkapital

I. Gezeichnetes Kapital	210 Mio. EUR
II. Kapitalrücklage	316 Mio. EUR
III. Jahresüberschuss	47 Mio. EUR

Die Göppinger Maschinenbau-AG hat bisher 42 Mio. Stückaktien ausgegeben. Der Vorstand schlägt der Hauptversammlung vor, eine Kapitalerhöhung gegen Einlagen im Verhältnis 3 : 2 durchzuführen. Der gegenwärtige Kurs der Aktie beträgt 14,50 EUR.

Aufgaben:

1. Berechnen Sie, zu welchem Emissionskurs die jungen Aktien ausgegeben werden müssten, wenn der Mittelzufluss den Kapitalbedarf und die Emissionskosten von 10,4 Mio. EUR decken soll!
2. Stellen Sie die Auswirkungen der Kapitalerhöhung auf die Bilanzposten dar!
3. Aktionär Häberle, der über 10,2 Mio. Stückaktien verfügt, wendet sich in der Hauptversammlung gegen die vorgeschlagene Kapitalerhöhung. Prüfen Sie, ob es denkbar wäre, dass sich Häberle durchsetzt!
4. Aktionär Müller, der keine jungen Aktien kaufen will, ist über den zu erwartenden Kursrückgang seiner siebzig Altaktien als Folge der Kapitalerhöhung empört. Weisen Sie rechnerisch nach, dass er insgesamt keinen Vermögensnachteil erleidet!

47 Die FEM AG, Feinmechanik Aktiengesellschaft, gehört zu den Marktführern auf dem Gebiet der Medizintechnik. Sie erwägt die Durchführung umfangreicher Investitionen zur Erweiterung der Produktion elektromedizinischer und elektronischer Geräte. Das gezeichnete Kapital der FEM AG beträgt zurzeit 64 Mio. EUR. Sie weist zudem Kapitalrücklagen in Höhe von 15 Mio. EUR auf. Zur Investition werden 24 Mio. EUR benötigt. Die Hauptversammlung hat beschlossen, diese Mittel durch eine Kapitalerhöhung gegen Einlagen in Höhe von 8,0 Mio. EUR zu beschaffen. Die Aktien der FEM AG notieren gegenwärtig mit 22,20 EUR je 5,00 EUR Nennwert.

Aufgaben:

1. Berechnen Sie
   - das Bezugsverhältnis,
   - den Emissionskurs der neuen Aktien,
   - den rechnerischen Wert des Bezugsrechts!
2. Nennen Sie zwei Gründe, die den Gesetzgeber veranlasst haben, ein Bezugsrecht auf neue Aktien einzuführen!
3. Berechnen Sie, wie sich die Kapitalerhöhung auf die betroffenen Bilanzposten auswirkt und ermitteln Sie das neue Eigenkapital der FEM AG!
4. Berechnen Sie die Anzahl der jungen Aktien, die ein Aktionär beziehen kann, der Aktien im Nennwert von 250,00 EUR besitzt, wenn er höchstens 100,00 EUR anlegen möchte und der rechnerische Wert des Bezugsrechts zugrunde gelegt wird! Spesen bleiben unberücksichtigt.

48 Der Vorstand einer AG schlägt der Hauptversammlung zur Finanzierung von Erweiterungsinvestitionen eine Erhöhung des Grundkapitals um 50 Mio. EUR auf 550 Mio. EUR vor. Der Börsenkurs der alten Stückaktien mit einem Grundkapitalanteil von 5,00 EUR je Aktie beträgt 26,00 EUR. Die jungen Aktien sollen in Stücken mit je 5,00 EUR Grundkapitalanteil zum Emissionskurs von 18,00 EUR ausgegeben werden.

Aufgaben:

1. Ermitteln Sie den Finanzzufluss und die Höhe des Agios (ohne Berücksichtigung von Emissionskosten)!
2. Ermitteln Sie den rechnerischen Wert des Bezugsrechts in EUR!
3. Berechnen Sie, wie hoch der Emissionskurs für die emittierten jungen Aktien sein müsste, dass bei einem Bezugsverhältnis von 5 : 1 und dem bisherigen (alten) Grundkapital nicht 50 Mio. EUR, sondern 250 Mio. EUR beschafft werden können!
4. Im Zusammenhang mit der Kapitalerhöhung will ein Aktionär, der 40 alte Aktien besitzt, Auskunft darüber haben, wie viel Bezugsrechte er zum Erwerb von 9 jungen Aktien noch kaufen muss. Geben Sie Auskunft!
5. Berechnen Sie, wie viel junge Aktien ein anderer Aktionär kaufen kann, der 70 alte Aktien zu je 5,00 EUR Nennwert besitzt, wenn er noch insgesamt 960,00 EUR anlegen will (Kosten bleiben unberücksichtigt)!

3.4 Vergleich der Eigenfinanzierung mit der Fremdfinanzierung

3.4.1 Grundlegendes

Zur Finanzierung von Investitionsvorhaben setzen die Unternehmen Eigenkapital und Fremdkapital ein. Während das **Eigenkapital** dem Unternehmen **unbefristet** zur Verfügung steht, können die Unternehmen über das **Fremdkapital** nur **befristet** verfügen. Die Folge hieraus ist, dass die Unternehmen gezwungen sind, zum einen die **Laufzeit der Investitionen** mit der Laufzeit des Kapitals abzustimmen und zum anderen auf das **Verhältnis von Eigenkapital zu Fremdkapital** zu achten. Dies geschieht mithilfe von Finanzierungsregeln.

Merke:

Finanzierungsregeln haben das Ziel – bei gegebenem Vermögensaufbau – die Kapitalaufbringung so zu gestalten, dass die **Zahlungsfähigkeit des Unternehmens** langfristig gesichert ist.

Man unterscheidet Finanzierungsregeln, die eine Beziehung zwischen **Vermögens- und Kapitalaufbau** herstellen **(horizontale Finanzierungsregeln)** und Finanzierungsregeln, die das **Verhältnis von Eigenkapital und Fremdkapital** betrachten **(vertikale Finanzierungsregel)**.

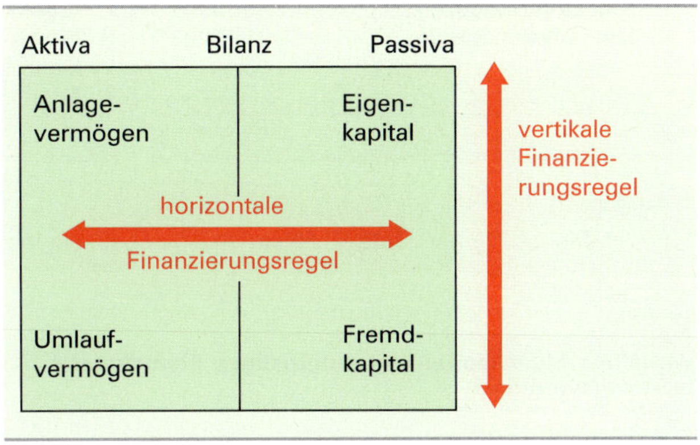

3.4.2 Horizontale Finanzierungsregeln

Die **goldene Finanzierungsregel (Bilanzregel)** besagt, dass die **Dauer der Investition (Bindung der Finanzmittel)** mit der **Dauer ihrer Finanzierung (Verfügbarkeit der Finanzmittel)** übereinstimmen muss **(Grundsatz der Fristengleichheit)**. Danach gilt:

Beispiel:

Der Bau einer Fabrikhalle mit einer geschätzten Nutzungsdauer von 30 Jahren ist mit Eigenkapital oder mit einem Darlehen mit einer Laufzeit von 30 Jahren zu finanzieren.

- **Anlagevermögen** (z. B. Grundstücke, Gebäude, Beteiligungen, technische Anlagen und Maschinen), das das Unternehmen **langfristig nutzt,** ist **langfristig zu finanzieren.** Die **Grundregel** besagt, dass das **Anlagevermögen** möglichst mit **Eigenkapital** zu finanzieren ist. Kann das Unternehmen dies nicht voll erfüllen, ist die benötigte **Restsumme** mit **langfristigem Fremdkapital** zu finanzieren.

- **Umlaufvermögen** (z. B. Werkstoffe, fertige und unfertige Erzeugnisse) ist **kurzfristig zu finanzieren,** da die dort gebundenen Finanzmittel durch den Verkauf der Erzeugnisse in **absehbarer Zeit** wieder zurückfließen.

  Die **Grundregel** besagt, dass das **Umlaufvermögen** mit **kurzfristigem Fremdkapital** zu finanzieren ist.

Beispiel:

Der Kauf von Rohstoffen mit einem Ziel von 30 Tagen ist so zu finanzieren, dass zum Zahlungszeitpunkt das erforderliche Bankguthaben bereitsteht bzw. dass kurzfristige Forderungen zu diesem Zeitpunkt fällig sind.

13 Speth - ISBN 978-3-8120-0584-5

Beispiel:

Eine kleine Werkzeugfabrik weist am Ende des Geschäftsjahres folgende (vereinfachte) Bilanz aus:

Aktiva		Bilanz	Passiva
I. Anlagevermögen	450 000,00	**I. Eigenkapital**	250 000,00
II. Umlaufvermögen	180 600,00	**II. Fremkapital**	
		1. Langfristige Verbindlichkeiten	180 000,00
		2. Kurzfristige Verbindlichkeiten	200 600,00
	630 600,00		630 600,00

Aufgabe:

Prüfen Sie, ob die horizontalen Finanzierungsregeln eingehalten sind!

Lösung:

Verhältnis Eigenkapital und langfristiges Fremdkapital zu **Anlagevermögen**

$$\frac{430\,000 \cdot 100}{450\,000} = \underline{\underline{95{,}6\,\%}}$$

Verhältnis kurzfristige Verbindlichkeiten zu **Umlaufvermögen**

$$\frac{200\,600 \cdot 100}{180\,600} = \underline{\underline{111{,}1\,\%}}$$

Auswertung:

Bei der Finanzierung des **Anlagevermögens** gibt es eine **Unterdeckung** von 4,4 %, bei der Finanzierung des **Umlaufvermögens** eine **Überdeckung** von 11,1 %. Ein Teil des Anlagevermögens (4,4 %) ist somit kurzfristig finanziert. Die horizontale Finanzierungsregel ist bei der Finanzierung des Anlagevermögens nicht eingehalten.

3.4.3 Vertikale Finanzierungsregel

Die vertikale Finanzierungsregel besagt, dass die Kreditwürdigkeit eines Unternehmens umso größer ist, je höher ein Unternehmen mit Eigenkapital ausgestattet ist. Ein hoher Fremdkapitalanteil bedeutet eine hohe Liquiditätsbelastung durch Zins- und Tilgungszahlungen. Bei einer zu hohen Verschuldung besteht die Gefahr, dass die Gläubiger Einfluss auf Entscheidungen des Unternehmens gewinnen.

Maßstab für die Einhaltung der vertikalen Finanzierungsregel ist das Verhältnis von Fremdkapital zu Eigenkapital **(Verschuldungsgrad).** In der Praxis bezeichnet man ein Verhältnis von[1]

- Fremdkapital : Eigenkapital = 1 : 1 als erstrebenswert,
- Fremdkapital : Eigenkapital = 2 : 1 als solide,
- Fremdkapital : Eigenkapital = 3 : 1 als noch zulässig.

1 Wöhe, Günter: Einführung in die Allgemeine Betriebswirtschaftslehre, 24. Aufl., München 2010, S. 657.

Beispiel:

Wir greifen auf die Bilanz von oben zurück.

Aufgabe:

Prüfen Sie, ob die vertikale Finanzierungsregel eingehalten ist!

Lösung:

Verhältnis von Fremdkapital zu Eigenkapital $\frac{380\,600 \cdot 100}{250\,000} = \underline{\underline{152{,}2\,\%}}$

Auswertung:

Das Verhältnis Fremdkapital zu Eigenkapital liegt bei 152,2 %, d. h., das Fremdkapital übersteigt das Eigenkapital um 52,2 %. Das bedeutet, dass ein solider Kapitalaufbau vorliegt und die vertikale Finanzierungsregel eingehalten ist.

Übungsaufgaben

49 1. Nennen Sie die Aufgabennummern, bei denen die horizontalen Finanzierungsregeln eingehalten sind:

1.1 EK ≤ AV

1.2 EK + langfr. FK ≥ AV

1.3 EK ≥ AV

1.4 EK + langfr. FK ≤ AV + langfr. UV

1.5 EK + langfr. FK ≤ AV

1.6 EK + langfr. FK ≥ AV – langfr. UV

1.7 EK + langfr. FK ≥ AV + langfr. UV

2. Folgende Bilanz ist gegeben:

Aktiva	Bilanz		Passiva
I. Anlagevermögen	6 182 000,00	**I. Eigenkapital**	2 610 000,00
II. Umlaufvermögen	4 650 000,00	**II. Fremdkapital**	
		1. langfristig	5 908 000,00
		2. kurzfristig	2 314 000,00
	10 832 000,00		10 832 000,00

Aufgaben:

Beurteilen Sie, ob die horizontalen und vertikalen Finanzierungsregeln eingehalten sind!

50 Die Stolz & Krug OHG möchte in Freiburg einen Filialbetrieb errichten. Sie ist hierbei auf Kapitalgeber angewiesen. Die Gesellschafter Stolz und Krug sind unschlüssig, ob sie sich Eigen- oder Fremdkapital beschaffen sollen.

Die Stolz & Krug OHG weist vor der Filialgründung folgende (vereinfachte) Bilanz aus:

Aktiva		Bilanz Stolz & Krug OHG		Passiva
I. Anlagevermögen	2100000,00	**I. Eigenkapital**		
II. Umlaufvermögen		1. Gesell. Stolz	300000,00	
1. kurzfristig	458000,00	2. Gesell. Krug	270000,00	570000,00
2. sofort fällig	320000,00	**II. Fremdkapital**		
		1. langfristig		1522000,00
		2. kurzfristig		786000,00
	2878000,00			2878000,00

Zur Finanzierung stehen der Stolz & Krug OHG folgende zwei Möglichkeiten offen: (1) Aufnahme eines Darlehens in Höhe von 200000,00 EUR oder (2) Eintritt des bisherigen Prokuristen Ludwig Huber als Gesellschafter in die OHG mit einer Einlage von 200000,00 EUR.

Aufgaben:

1. Prüfen Sie für beide Finanzierungsmöglichkeiten, ob die vertikale Finanzierungsregel eingehalten wird! Berechnen Sie hierzu den Anteil der Eigenkapitals am Gesamtkapital sowie das Verhältnis von Fremdkapital zu Eigenkapital.
2. Unterbreiten Sie der Stolz & Krug OHG Ihren Finanzierungsvorschlag!

Stichwortverzeichnis